BAEDEKER SMART

Neuseeland

MairDumont – www.baedeker.com

Wie funktioniert der Reiseführer?

Wir präsentieren Ihnen Neuseelands Sehenswürdigkeiten in sechs Kapiteln. Jedem Kapitel ist eine spezielle Farbe zugeordnet. Um Ihnen die Reiseplanung zu erleichtern, haben wir alle wichtigen Sehenswürdigkeiten jedes Kapitels in drei Rubriken gegliedert: Einzigartige Sehenswürdigkeiten sind in der Liste der *TOP 10* zusammengefasst und zusätzlich mit zwei Baedeker-Sternen gekennzeichnet. Ebenfalls bedeutend, wenngleich nicht einzigartig, sind die Sehenswürdigkeiten der Rubrik *Nicht verpassen!* Eine Auswahl weiterer interessanter Ziele birgt die Rubrik *Nach Lust und Laune!*

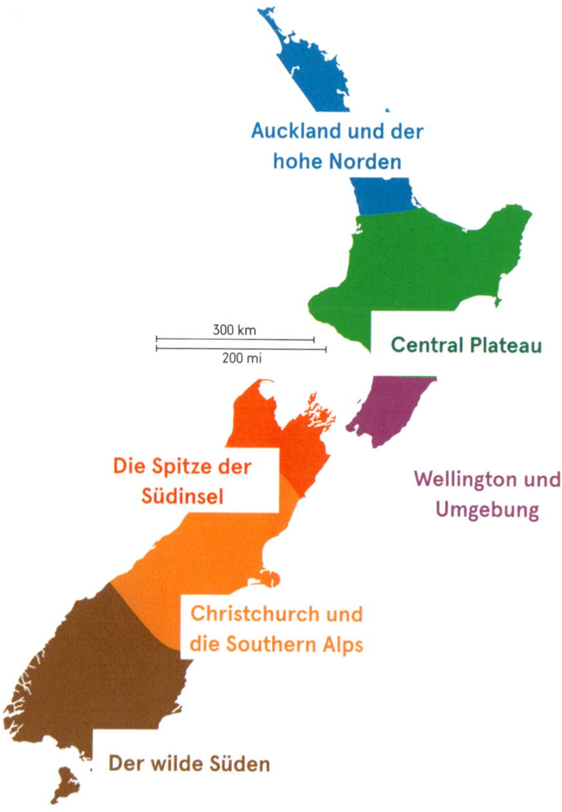

Magische Momente

Kommen Sie zur rechten Zeit an den richtigen Ort und erleben Sie Unvergessliches.

Abenteuerspielplatz Neuseeland: Bungy Jumping von der Kawarau Bridge in der Nähe von Queenstown.

Hongi: Beim traditionellen Begrüßungsritual der Maori werden die Nasen aneinander gedrückt.

1

2

3

4

Skyline
5

6

7

8

9

10

★★ Baedeker Topziele

Was muss ich gesehen haben? Unsere TOP 10 helfen Ihnen, von der absoluten Nummer eins bis zur Nummer zehn, die wichtigsten Reiseziele einzuplanen.

❶ ★★ Milford Sound
Abgelegene Naturschönheiten: mystische Fjorde, donnernde Wasserfälle und dichte Urwälder. Seite 164

❷ ★★ Bay of Islands
Ein zauberhaftes subtropisches Landschaftsidyll – und die Wiege der neuseeländischen Nation. Seite 40

❸ ★★ West Coast
Hier ragen die imposanten Southern Alps mit ihren mächtigen Gletscherzungen vor dem immergrünen Regenwalddickicht und der türkisblau tosenden Tasman Sea auf. Seite 140

❹ ★★ Thermal Areas
Rotorua ist das Zentrum einer Wunderwelt aus kochenden Seen, blubbernden Schlammlöchern, malerischen Sinterterrassen und zischenden Geysiren. Seite 70

❺ ★★Queenstown
Vor einer traumhaften Kulisse aus schneebedeckten Bergen und türkisblauen Seen toben sich hier Tausende Abenteuerlustige in den verschiedensten Sportarten aus. Seite 167

❻ ★★ Dunedin & Otago Peninsula
Eine Stadt voller Erinnerungen an die Pioniertage – und davor eine bezaubernde Halbinsel mit Seebären, Pinguinen und Königsalbatrossen. Seite 169

❼ ★★ Abel Tasman National Park
Neuseelands kleinster Nationalpark ist für viele zugleich der hübscheste des Landes. Seite 118

❽ ★★ Te Papa Museum
Das Nationalmuseum in der Hauptstadt Wellington präsentiert fantasievoll und oft mit einem Augenzwinkern Neuseeland und seine Bewohner. Seite 96

❾ ★★ Coromandel Peninsula
Die Halbinsel im Osten von Auckland ist ein Strandparadies. Wärmstens zu empfehlen: der Hot Water Beach mit seinen Thermalquellen unter dem Sand. Seite 43

❿ ★★ Kaikoura
Das Hafenstädtchen ist Ausgangspunkt für spektakuläre Walbeobachtungstouren. Im nährstoffreichen, tiefen Wasser kommen Pottwale, Blauwale und andere Meeressäuger der Küste sehr nah. Seite 122

Entdeckerfreuden: Cathedral Cove nahe dem Hahei Beach auf der Coromandel Peninsula (Nordinsel).

Ein Gefühl für Neuseeland bekommen ...

Erleben, was das Land ausmacht, sein einzigartiges Flair spüren. So, wie die Neuseeländer selbst.

Breakfast & Brunch

Samstags wird in Neuseeland gern auswärts und ausgiebig gefrühstückt. Dann kommen Klassiker wie Bacon & Eggs oder Eggs Benedict auf den Tisch, dazu ein schaumiger Cappuccino oder köstlicher Flat White. Ganz besonders wird die Frühstückskultur in der Hauptstadt Wellington (S. 88) gepflegt. Zu empfehlen sind: Caffe L'affare (S. 106), Floriditas (161 Cuba St.) und Mojo Waterfront (33 Customhouse Quay).

Spazieren fahren

Einfach ins Auto steigen, losfahren und schauen, wohin einen die Straße führt: Die Neuseeländer nennen das »Tiki Tour« und lieben die Überraschungen, die sich dabei ergeben können (siehe auch: »Mein Tag ... auf einem echten Kiwi-Roadtrip«, S. 66). Das kleine Land mit der langen Küste birgt zahllose versteckte Strände, Buchten und Wasserfälle, die direkt am Straßenrand liegen. Volltanken, Picknickkorb packen und schon geht's los!

Geschichte erleben

In der Bay of Islands gehört ein Besuch der Waitangi Treaty Grounds (S. 41) zum Pflichtprogramm – für patriotische Kiwis ebenso wie für geschichtsinteressierte Reisende. Neben dem historisch bedeutsamen Treaty House steht auch ein Maori-Versammlungshaus für Besucher offen. Beschreiten Sie den Rasen, auf dem Neuseeland am 6. Februar 1840 per Vertrag zwischen Maori und Briten gegründet wurde.

Ganz entspannt im Hier und Jetzt

Die müden Knochen nach einer Wanderung oder Autofahrt ausruhen und dabei entspannt plaudern: Neuseelands zahlreiche, von Thermalquellen gespeisten Bäder sind so gesellige wie gesundheitsfördernde Orte; diverse Wellnessangebote inklusive. Lassen Sie sich verwöhnen im Polynesian Spa (S. 80) in Rotorua oder in den Hanmer Springs Thermal Pools and Spa (S. 128), ca. 130 km nördlich von Christchurch (S. 143).

Frische aus der Fritteuse

Fish and Chips geraten in Neuseeland nicht selten zum kulinarischen Erlebnis: die Pommes knusprig, das Fischfilet fast fangfrisch und unter zarter Panade erstarrt. Im Schnellimbiss geht die reichliche Portion in Papier verpackt über die Theke und wird traditionell mit den Fingern verspeist, am liebsten irgendwo am Wasser sitzend. Im Northland geht das am besten an der Doubtless Bay: Feinschmecker pilgern hierher zum Mangonui Fish Shop (137 Waterfront Road, im Sommer tgl. 10–19 Uhr, S. 206 B4). Guten Appetit!

Auf Schusters Rappen

Erkunden Sie Neuseeland wie die Neuseeländer zu Fuß, auf ungezählten, bestens präparierten Pfaden. Kurze Spaziergänge und mehrtägige Wanderungen führen durchs ganze Land. Geführte Touren, z. B. auf dem 54 km langen Milford Track zum berühmten Milford Sound (S. 164), bieten Komfort mit Vollpension, Hüttenübernachtung und Gepäcktransport.

Inselhüpfen per Fähre

Etwa drei Stunden sind die Autofähren zwischen Nord- und Südinsel unterwegs. Bei ruhiger See ist das eine Mini-Cruise, während der man an Deck in der Sonne dösen und mit einheimischen Passagieren plaudern kann. Mit ein bisschen Glück begleiten Delfinschwärme die Schiffe durch die Cook Strait.

Cheers!

Neuseelands Weine gehören zur Weltspitze. Martinborough, Central Otago und Hawke's Bay sind hier die berühmtesten Weinregionen, auch Gisborne und Waipara liefern exzellente Tropfen. Touren gibt es z. B. rund um Blenheim (S. 126).

Outdoor-Freuden

Kaum denkbar, in Neuseeland aufzuwachsen, ohne viel Zeit mit Wandern oder Surfen zu verbringen. So überrascht es kaum, dass einige der schwierigsten Outdoor- und Abenteuersportarten ihren Ursprung in Neuseeland haben. Ob Bungy-Springen, Segeln oder extreme Rennen – die Wahrscheinlichkeit, dass ein Kiwi den Rekord hält, ist groß. Sport gehört hier zum Alltag und ist eine wichtige Quelle des Nationalstolzes. Erfolgreiche Athleten werden wie Helden gefeiert, während Niederlagen die ganze Nation in Trauer versetzen.

Bebende Erde

Jeder Neuseeländer hat schon mindestens ein Erdbeben erlebt. Damit Sie dieser Gefahr so gelassen begegnen wie ein echter Kiwi, informieren Sie sich im Te Papa Museum (S. 96) oder im Quake City in Christchurch (S. 143). Fortgeschrittene machen eine Tour nach White Island (S. 81, seit der Katastrophe 2019 für Touristen gesperrt) und schauen aus dem Helikopter in den Krater eines aktiven Vulkans.

Kellermeisterin Helen Masters mit Gerry Rodman, dem Manager des Weinguts Ata Rangi in Martinborough, wo edelste Reben gedeihen.

Bestens präparierte Pfade wie hier auf Stewart Island erschließen Wanderern eine wunderbare Natur.

Strandläuferin im Abel Tasman National Park: »Drehe dein Gesicht zur Sonne und die Schatten fallen hinter dich«, lautet eine Maori-Weisheit.

Das Magazin

Neuseeland ist anders. Ganz anders. Das schönste Ende der Welt. Ein Ort, an dem es viel zu sehen und noch mehr zu erleben gibt.

Seite 12–31

Leben am Ring of Fire

Die neuseeländische Inselgruppe ist Teil des Pazifischen Feuerrings: eines vulkanischen Gürtels, der den Pazifik U-förmig umschließt. Mehrere Kontinentalplatten treffen hier aufeinander. Enorme Druck- und Temperaturunterschiede in der Erdkruste sorgen für die Entstehung von Vulkanen, Geysiren, Thermalquellen und Erdbeben.

Die Grenze zwischen den tektonischen Platten verläuft mitten durch das Land – von der Bay of Plenty durch Wellington und dann längs über die Südinsel. Die Platten bewegen sich etwa so schnell, wie Fingernägel wachsen: ca. 30–60 mm pro Jahr. Diese Reibung verursacht Vulkanausbrüche und Erdbeben, aber sie hat auch die außergewöhnlichen Thermalgebiete des Central Plateau, die spektakulären Gipfel des Tongariro National Park und die Bergkette der Southern Alps geschaffen. Kleinere Erdbeben sind in Neuseeland nicht ungewöhnlich, starke Beben wie zuletzt bei Kaikoura zum Glück nur selten: Nach den schweren Erschütterungen im November 2016 blieb der Ort ein Jahr lang nur von Süden aus erreichbar. NASA-Luftbilder zeigen, wie dramatisch damals die Küstenlinie angehoben wurde: bis zu fünfeinhalb Meter in einem Bereich.

Mythen und Legenden: Wie die Vulkane entstanden

Die Maori haben eine poetische Erklärung für die Vulkane Neuseelands: Ngatoroirangi, ein Priester und Entdecker, wurde bei der Besteigung des Mount Ngauruhoe von einem Blizzard überrascht. Daraufhin rief er seine Schwestern in der fernen Heimat Hawaiki, ihm Feuer zu senden, um sich warm zu halten. Die glühenden Kohlen, von den Schwestern gesandt, landeten zunächst auf White Island; dann erst erreichten sie den Ort, wo Ngatoroirangi stand. Sie bilden die Vulkane des Central Plateau.

Verwüstungen und Verluste

Fünf Jahre zuvor, am 22. Februar 2011, bekamen die Einwohner von

White Island: Weiße Dampfschwaden zeugen von einem aktiven Meeresvulkan.

Christchurch die zerstörerische Kraft der Natur zu spüren, als ein Erdbeben der Stärke 6,3 auf der Richterskala die zweitgrößte Stadt des Landes erschütterte. Während sich die Alten noch an die Verwüstungen und Verluste nach dem Napier-Erdbeben 1931 erinnern und Narben in der Landschaft vom mächtigen Beben bei Edgecumbe in der Bay of Plenty zeugen, war dieses Beben das heftigste seit über 80 Jahren gewesen. Seine Zerstörungen sind immer noch zu sehen, der Tod von 185 Menschenleben wird ihre Familien noch lange schmerzen.

Hightech-Überwachung

Doch die Neuseeländer sind nicht untätig: Geologen und Vulkanologen überwachen mit Hightech jeden aktiven Vulkan und messen täglich die Erdbeben-Aktivität. Selbst die erloschenen Vulkane, die das Stadtbild Aucklands bestimmen, werden ständig kontrolliert. Das vulkanische Gebiet ist nur inaktiv, jederzeit können sich neue Schlote bilden.

Neuseelands Hauptstadt Wellington liegt auf einer Bruchlinie, die zuletzt im Jahr 1855 ein schweres Erdbeben verursachte. Dieses Beben der Stärke 8,2 auf der Richterskala war von Auckland bis Dunedin spürbar und schuf 5000 m² neues Land: Wo heute der zentrale Lambton Quay-Boulevard verläuft, war vorher Küste. Auf einer Führung durch das Parliament Building kann man im Basement sehen, wie das massive Bauwerk aus dem Jahr 1912 nachträglich erdbebensicher gemacht wurde: Es ruht auf Gummipuffern. Und die Wahrscheinlichkeit für einen weiteren »Big one« steigt täglich.

Sprudelnde und dampfende Schlammlöcher im Wai-o-tapu Thermal Wonderland (Nordinsel).

Stets aktuell informiert

www.eqc.govt.nz Seite der neuseeländischen Erdbeben-Kommission mit viel Hintergrundwissen.

www.geonet.org.nz Wo hat es wann und wie gebebt? Dazu gibt die Seite Auskunft – auch mittels einer App.

www.quakelive.co.nz Die Richterskala visualisiert – bis ins Kleinste wird hier das Beben analysiert.

Das zeigte sich 2019, als der Vulkan auf White Island in der Bay of Plenty urplötzlich ausbrach und 22 Menschen tötete.

Menschen mit Mana

»Nau mai«, »haere mai« (Willkommen!) sind wahrscheinlich die ersten Wörter, die Sie bei der Ankunft in Neuseeland hören werden. In Aotearoa, dem Land der langen weißen Wolke, erleben Sprache und Kultur der Maori eine Renaissance.

Die wichtigste Legende der Maori ist die vom Seefahrer Kupe, der die neuseeländische Inselgruppe erreichte und seine Familie als erste Bewohner zurückließ. Eine Tochter hatte weit vor der Küste »he ao, he ao« gerufen – »eine Wolke, eine Wolke«, weshalb die Maori ihre neue Heimat »Aotearoa« nannten, »Land der langen weißen Wolke«.

Ahnenfigur der Maori im Mataatua Wharenui, einem traditionellen Versammlungshaus in Whakatane (Nordinsel).

Mythos und Legende(n)

Woher die ersten Einwanderer ursprünglich kamen? Auch dafür gibt es eine Legende: »Hawaiki« heißt ihre Urheimat, ein mythischer Ort irgendwo im Südpazifik, an den die Seelen der Verstorbenen wieder zurückkehren. Gesichert ist allein, dass die Maori Neuseeland ab dem 13. Jh. besiedelten, vermutlich in mehreren Einwanderungswellen. Warum sie das taten, ist allerdings nach wie vor ein Rätsel. Womöglich zwangen sie Kriege, Hungersnot oder eine Überbevölkerung zum Exodus.

Kulturelle Vielfalt

Nach jahrzehntelanger Unterdrückung der Maori-Traditionen ist das Interesse an ihnen neu erwacht. Heute ist keine offizielle Veranstaltung ohne eine Maori-Zeremonie komplett. *Te Reo*, die Sprache der Maori, ist neben Englisch und der Gebärdensprache die offizielle Landessprache, viele Wörter wurden ins neuseeländische Englisch übernommen. Die Neuseeländer wollen ihre kulturelle Vielfalt hegen und ein gerechtes Zusammenleben von Maori, Pakeha (Menschen europäischer Abstam-

Treaty of Waitangi

Der Vertrag von Waitangi (benannt nach dem Ort in der Bay of Islands, wo er zuerst am 6. Februar 1840 unterzeichnet wurde) sprach der Englischen Krone in verklausulierter Form die Souveränität in der Kolonie und das Vorkaufsrecht für Maori-Ländereien zu. Allerdings ist dies der (allzu freien) Übersetzung des Vertragstextes in die Maori-Sprache so konkret nicht zu entnehmen, weshalb der Vertragstext umstritten bleibt. Seit 1975 beschäftigt sich ein außerordentlicher Gerichtshof, das »Waitangi Tribunal«, mit Landrechten und Rückforderungen. Bei den bislang erstrittenen Entschädigungen geht es um einen Gesamtwert von um die 2,8 Milliarden Neuseeland-Dollar. Und eine ganze Reihe von Urteilen steht noch aus.

mung) und anderen ermöglichen. Das geht nicht ohne Spannungen: Maori sind noch immer in vielerlei Hinsicht benachteiligt. Aber sie sind stolz auf ihre Helden: Menschen mit *mana* (spiritueller Autorität).

Krieger, Ehrenmänner, Ehrenfrauen

Hone Heke Pokai (1810–1850) war der erste Stammesfürst, der im Jahr 1840 den Vertrag von Waitangi unterzeichnete. Doch schon bald erkannten die Maori, dass die Europäer den Vertrag nur aufgesetzt hatten, um ihr Land in Besitz nehmen zu können. Hone Heke protestierte gegen die britischen »Besatzer«, indem er viermal eines ihrer Symbole – einen Schiffssignal-Fahnenmast auf dem Maiki Hill – absägte. Horonuku Te Heuheu Tukino IV. (1821–1888) gab im Jahr 1887 einen Teil des wertvollsten Besitzes seines Stammes ab: die drei heiligen Gipfel, die heute den Tongariro National Park bilden. Der weitsichtige Oberhäuptling der Ngati Tuwharetoa verhinderte durch die Übergabe des Landes an die Regierung, dass es gespalten und verkauft wurde. Das Gebiet wurde zum ersten Nationalpark Neuseelands.

Sir Apirana Ngata (1874–1950) war der erste Maori, der eine neuseeländische Universität besuchte. Er betrachtete es als seine Aufgabe, sein Volk vor der Auslöschung zu schützen, und rief dazu auf, die eigene Kultur und Identität zu erhalten.

Dame Whina Cooper (1895 bis 1994) gründete die »Maori Women's Welfare League« und wurde zur nationalen Vertreterin friedlicher Proteste. 1975 führte sie den Marsch der Maori aus dem Northland zum Parlament in Wellington an, um die Entschlossenheit der Maori im Kampf für den Erhalt ihres Landes und ihrer Kultur zu unterstreichen.

Dame Te Atairangikaahu (1931 bis 2006) war die erste Maori-Königin der Kingitanga-Bewegung auf

Maori-Vorführungen im New Zealand Maori Arts and Crafts Institute: »Du bist eingeladen, deinen Ärger, deine Unzufriedenheit und deine Fragen mitzubringen, aber wenn du gehst, nimm Frieden, Gutmütigkeit und Freundschaft mit.« (Maori-Spruch)

der Nordinsel. Sie machte sich für den Erhalt ihrer Kultur stark, aber auch für die Eingliederung ihrer Untertanen in die moderne neuseeländische Gesellschaft.

Eine starke Minderheit

Rund 700 000 Neuseeländer bezeichnen sich heute als Maori – fast jeder siebte. Wirtschaftlich geht es vielen gut: Den Stämmen, *iwi* genannt, gehören Großunternehmen, Radio- und Fernsehsender. Auch im Tourismus spielen Maori eine wichtige Rolle. Aber es gibt auch Schattenseiten. Schon früh tat sich zwischen dem traditionellen Stammesleben und der modernen Gesellschaft eine Kluft auf, als immer mehr Maori in urbane Gebiete zogen. Den jungen Leuten fehlte bald die Großfamilie als Halt, traditionelle Werte gingen verloren, den Anforderungen in modernen Berufen waren viele nicht gewachsen. Die daraus entstanden Probleme sind bis heute eine Herausforderung für die neuseeländische Gesellschaft.

Die Maori im Internet

www.tearawhiti.govt.nz Das »Office for Maori Crown Relations/Te Arawhiti« dokumentiert den Stand von Verhandlungen zwischen Maori-Stämmen und der Regierung.
www.waitangitribunal.govt.nz Details rund um die Auslegung des Vertrags von Waitangi.
www.maoriparty.org.nz Offizielle Seite der Maori-Partei (»Te Pati Maori«).
www.maoritelevision.com Zweisprachige Website des nationalen Maori-TV-Senders.

Austern satt gibt es in der neuseeländischen Küche – und gern frittiert wie hier im Moa Tap Room in Blenheim, Südinsel.

Kulinarische Genüsse

Bis in die 1980er-Jahre hinein war Neuseeland noch eine gastronomische Wildnis. Das hat sich geändert: Heute sind Kiwi-Küchenchefs auf der ganzen Welt gefragt.

Neuseeland brachte schon immer Produkte von hervorragender Qualität hervor – Fleisch, Fisch, Gemüse und Obst. Allerdings waren die Neuseeländer neuen kulinarischen Ideen gegenüber nicht immer so offen wie heute: Es gab Zeiten, da war Lammbraten mit fadem Gemüse das Aufregendste, was die Küche zu bieten hatte.

Fleisch mit Gemüse ist nach wie vor ein Klassiker. Doch daneben haben die Kiwis eine Fusion aus Aromen mit starken Einflüssen aus Asien, den Pazifik-Inseln und dem Mittelmeerraum erschaffen.

Die Anzahl der Restaurants und kleinen Lokale in Neuseeland hat sich seit den 1990er-Jahren mehr als verdreifacht. Edle Restaurants genauso wie Sandwichbars stehen in den Städten zur Auswahl. Auf den Speisekarten findet man häufig regionale Produkte, die meisten bieten zumindest auch ein paar vegetarische Gerichte. Mit Sicherheit lecker sind gebratener Fisch wie Kabeljau, Tarakihi oder der dem Barsch verwandte Snapper, gebratenes Wild oder Lamm, Langusten, Austern und viele andere Meeresfrüchte.

Eher nichts für Menschen mit empfindlichem Gaumen ist dagegen das jährlich in der kleinen Stadt Hokitika an der West Coast stattfindende Wildfoods Festival (www.wildfoods.co.nz): An mehr als 100 Essensständen serviert man hier »Bush Tucker«-Delikatessen für abenteuerlustige Gourmets. Beliebte Klassiker sind Possum-Burger, gegrillte Grashüpfer, »Berg-Austern« (vulgo: Lammhoden) und die Larven des Huhu-Käfers. Bei der Verdauung hilft ein »Worm Slammer« – in Wodka eingelegte Regenwürmer.

Maori-Küche

Die Maori sammelten Lebensmittel an Land wie im Wasser und bauten auch Produkte wie *kumara* (Süßkartoffeln) an. Beliebt sind Thunfisch, Aal, *kina* (Seeigel) und andere *kai moana* (Meeresfrüchte), *titi* (Sturmtaucher) und Wildschwein. Als Beilagen und Gewürze dienen *puha* (ein spinatartiges Gemüse), *horopito* (ein pfeffrig schmeckender Strauch), *kawakawa* (auch Busch-Basilikum genannt) und *pikopiko* (Farnwedel). Viele werden gegrillt oder gedünstet bzw. bei besonderen Gelegenheiten in einem *hangi* (Erdofen) zubereitet. Dabei handelt es sich um ein Loch im Boden, das mit heißen Steinen ausgekleidet wird. Dann werden Blätter auf die Steine und darauf Fleisch, Meeresfrüchte und Gemüse gelegt. Zum Schluss wird der *hangi* mit Erde abgedeckt und das Essen darin gedämpft. Probieren Sie mal einen *hangi* in Rotorua auf der Nordinsel.

Kleine neuseeländische Weinkunde

Weißweine

- Sauvignon Blanc: der berühmteste Wein Neuseelands, vor allem der aus Marlborough – der trockene Wein hat häufig ein Stachelbeeraroma.
- Chardonnay: Hier reicht das Angebot von schweren, buttrigen Weinen mit starker Eichennote bis hin zu leichteren Sorten – ideal zum Essen.
- Riesling: ein brillanter Wein zum Essen. Die besten Sorten kommen aus Canterbury (Waipara).
- Schaumwein: Die Schaumweine Neuseelands reichen von günstigem, süßem Sekt bis zu traditionell in der Flasche fermentiertem Brut im Champagner-Stil.

Rotweine

- Pinot Noir: Neuseeland produziert Pinot Noir von Weltklasse, in der Regel eher vollmundig im Geschmack. Anbau und Produktion sind schwierig, deshalb ist er nur in kleinen Mengen erhältlich und teuer. Die besten Tropfen kommen aus Martinborough und Central Otago.
- Cabernet Sauvignon/Merlot: Hawke's Bay gehört zu den wenigen Regionen Neuseelands, in denen Cabernet Sauvignon so gleichmäßig reift, dass das markante, fruchtige Rot entsteht. Häufig wird er mit Merlot gemischt, um ihn etwas weicher zu machen.

Wunderbare Welt der Tiere

Neuseelands Fauna ist einzigartig, weil sie sich lange Zeit isoliert vom Rest der Erde entwickeln konnte. Doch sie ist auch sehr bedroht – seit sich Menschen auf den Inseln breitmachten und fremde Tiere einführten, die den einheimischen Tieren das Leben schwermachen.

Neuseeland ist die Heimat einiger der seltensten Kreaturen der Welt: Kakapo – Papageien, die das Fliegen verlernt haben; Tuatara – Reptilien, die sich einst unseren Planeten mit den Dinosauriern teilten; Weta – Insekten, so groß wie Mäuse; und der flugunfähige Kiwi, das Nationalsymbol des Landes.

Blinde Passagiere bedrohen das ökologische Gleichgewicht

Als Neuseeland vor Millionen von Jahren vom einstigen Superkontinent Gondwana abgetrennt wurde, existierten hier nur Vögel, Reptilien und Insekten. Die einzigen an Land lebenden Säugetiere waren Fledermäuse. Ohne Raubtiere oder Konkurrenz durch andere Arten mussten Vögel nicht mehr fliegen, und Insekten konnten eine enorme Größe entwickeln.

Inzwischen gibt es aber viele »blinde Passagiere«: Eingeführte Säugetiere setzen der Natur zu, seit es Menschen in Neuseeland gibt. Ratten wurden bereits von den Maori mitgebracht, die Europäer schleppten später Frettchen, Hermeline und Wiesel ein, um der sich rasant vermehrenden Kaninchen Herr zu werden. Die sind bis heute eine Plage, weil die kleinen Raubtiere lieber in der flugfaulen neuseeländischen Vogelwelt plündern, als flinken Nagern nachzujagen.

Possums holte man Anfang des 19. Jh.s aus Australien, um eine Pelzzucht aufzubauen. Genau genommen handelt es sich um den Fuchskusu *(Trichosurus vulpecula)*. Das Vorhaben scheiterte, also entließ man die gefräßigen Beuteltiere in die freie Natur. Heute sind sie fast in ganz Neuseeland verbreitet. In einer einzigen Nacht können sie sich ganze Gemüse- oder Blumenbeete einverleiben, zudem machen sie junge Aufforstungen platt und rauben den Vögeln die Eier aus den Nestern. Zig Millionen Neuseeland-Dollar investiert die Regierung in die Eindämmung der Plage – einige Naturschutzgebiete, vor allem auf vorgelagerten Inseln, sind inzwischen wieder frei von den räuberischen Beutelsäugern.

Gefiederte Favoriten

Zu den unvergesslichen Wildtierbegegnungen zählt die Beobachtung von Pinguinen, die nach der Futtersuche an Land zurückkehren. Wenn Sie zur richtigen Zeit am richtigen Ort sind, können Sie miterleben, wie die Tiere an Land watscheln oder ein aufwendiges Ritual mit ihrem Partner vollziehen. Auf der Otago Peninsula sind die seltenen Gelbaugenpinguine (Abb. S. 23) zu beobachten, am Milford Sound bekommen Sie vielleicht Dickschnabelpinguine zu Gesicht. Der Bestand des Keas oder Bergpapageien *(Nestor notabilis)* ist gefährdet, weil er seine Nester schutzlos am Boden baut und sich beim Knabbern an alten, bleihaltigen Bauelementen vergiftet. Da hilft auch nicht viel, dass die Vögel seit 1986 unter Schutz stehen – nachdem sie jahrzehntelang von Farmern getötet wurden, im irrtümlichen Glauben, ihre Schafe auf den Weiden würden von Keas angegriffen.

Große Sorgen bereitet auch der Kakapo oder Eulenpapagei *(Strigops habroptilus)*: Von dem schwergewichtigen Tier leben heute gerade mal noch um die 250 Exemplare, geschützt auf raubtierfreien Inseln. Definitiv ausgestorben ist schon lange ein Riesenvogel, der allerdings nicht von eingeführten Tieren, sondern von Menschen ausgerottet wurde: Moas waren für die Maori leichte Beute, denn die riesigen, flugunfähigen Laufvögel kannten weder Flucht- noch Abwehrverhalten.

Neuseelands Nationalsymbol

Ein Federkleid wie struppige Haare, unter dem plumpen Körper spindelige Beinchen, fast blind und flugunfähig: Der Kiwi ist wahrhaftig keine Schönheit und wurde dennoch zum neuseeländischen Nationalsymbol. Vielleicht auch aus Respekt, weil er sich von Katzen, Wieseln, Possums und anderen tierischen Räubern nicht ausrotten lässt. Beistand von den anderen Kiwis – wie sich die Neuseeländer auch gern selbst nennen –, gab es erst ab dem Jahr 1921, als die Vogelart unter Schutz gestellt wurde. Seither kümmern sich die Kiwis um den Kiwi und helfen mittels Aufzuchtstationen dem Nachwuchs auf

Links: Ein letztes, nur in Neuseeland vorkommendes Relikt aus dem Erdmittelalter ist die Tuatara. Sie wird auch Brückenechse genannt, weil ein Knochenstück zwischen zwei Schädeldurchbrechungen im Schläfenbereich eine Brücke zum Schuppenbein bildet.

Ohne natürliche Feinde verloren viele Vogelarten die Fähigkeit zu fliegen. Das gilt für den Kiwi (oben) genauso wie für den Kea (ganz oben rechts). Rechts: ein Seebär am Milford Sound.

die Beine. An die 70 000 Vögel sollen derzeit in freier Natur leben.

Meeressäuger

Vor der rund 15 000 km langen Küste Neuseelands leben Wale, Delfine und Seebären. Die bekommen Sie am besten in Kaikoura an der Ostküste der Südinsel zu Gesicht. Viele Pottwale sind das ganze Jahr über hier. Delfinschulen können Sie auch in der Bay of Islands antreffen. Der Hector-Delfin (*Cephalorhynchus hectori*), mit einer Länge von 1,50 m eine der kleinsten Delfinarten der Welt und nur in den Gewässern um Neuseeland verbreitet, bringt im Sommer in Kaikoura und Akaroa Harbour seine Jungen zur Welt.

Übrigens: Wenn Sie Neuseeländische Seebären (*Arctocephalus forsteri*) sehen möchten, spitzen Sie einfach mal Ihre Nase – der fischige Geruch verrät die Tiere.

Von Mansfield bis Mittelerde

Vor nicht allzu langer Zeit waren neuseeländische Künstler überzeugt, dass sie nur im Ausland zu Ruhm und Reichtum gelangen könnten. Heute kommen Filmstars und Regisseure in Scharen nach Neuseeland, und Kiwi-Künstler werden sowohl in ihrer Heimat als auch weltweit gefeiert.

Katherine Mansfield (1888–1923) gilt als eine der bedeutendsten Autorinnen des Landes. Die Werke, die sie in ihrem kurzen Leben verfasste, werden bis heute an ihrem Geburtsort in Wellington gefeiert. Sehr beliebt bei den Neuseeländern ist auch Janet Frame (1924–2004), deren autobiografischer Roman *Ein Engel an meiner Tafel* von der neuseeländischen Regisseurin Jane Campion (u.a. *Das Piano, Top of the Lake*) zu einem preisgekrönten Film gemacht wurde. Keri Hulmes Roman *Unter dem Tagmond* wurde mit dem renommierten Booker Prize ausgezeichnet. Internationales Renommee erschrieb sich auch Witi Ihimaera: Der ehemalige Diplomat und Konsul Neuseelands in den USA veröffentlichte als erster Maori-Schriftsteller einen Roman auf Englisch. Berühmt ist er für sein auch erfolgreich verfilmtes Buch *Whale Rider*, die anrührende Coming-of-age-Geschichte eines zwölfjährigen Maori-Mädchens. Als erste Maori-Autorin überhaupt veröffentlichte die 1937 in Wellington geborene Patricia Grace im Jahr 1975 den Erzählband *Wairaki*.

Der Mount Ruapehu ist der höchste Vulkan Neuseelands.

Jährlich erscheinen mehr als 2000 neue Buchtitel in Neuseeland.

Links: *Im Alphabet des Erinnerns und Bewahrens* (so die Neue Zürcher Zeitung) schreibt die Autorin Patricia Grace. Rechts: Witi Ihimaera (*Whale Rider*) in seinem Haus in Auckland.

Über Novitäten (und die nächstgelegene Buchhandlung) informiert die Association of New Zealand Booksellers (www.booksellers.co.nz). Autoren werden auf der Seite der New Zealand Society of Authors vorgestellt (www.authors.org.nz). Für die besten Bücher gibt es jährliche Bookawards (www.nzbookawards.nz).

Bildende Kunst und Cineastisches

Die bekannteste bildende Künstlerin des Landes ist Frances Hodgkins (1869–1947), deren Aquarell- und Ölgemälde in den Galerien von Wellington und Dunedin hängen. Andere bekannte Maler sind Colin McCahon (1919–1987), Rita Angus (1908–1970), Charles Goldie (1870 bis 1947) und Ralph Hotere (geb. 1931).

Mit seinen *Der Herr der Ringe*- und *Der Hobbit*-Trilogien hat sich der Regisseur Peter Jackson (geb. 1961) seinen Platz in der Filmgeschichte gesichert. Vor der atemberaubenden Naturkulisse des Landes wurden die realen Szenen gedreht und später in Wellington animiert.

Cineasten begeistern sich auch für *Die letzte Kriegerin* von Lee Tamahori und Niki Caros *Whale Rider*. Besonderes Renommee als Autor und Regisseur genießt Taika Waititi, der mit *Boy* (2010) und *Hunt for the Wilderpeople* (2016) so viel Aufmerksamkeit erregte, dass er auch für den Superheldenfilm *Thor: Tag der Entscheidung* (2017) als Regisseur verpflichtet wurde.

Wenn Sie in Neuseeland Film-Locations besuchen wollen (z.B. *King Kong, The Last Samurai, The Chronicles of Narnia*), ist Ian Brodies Buch *A Journey through NZ Films* der beste Guide. Vom selben Autor ist auch auf Deutsch das Buch *Der Herr der*

Ringe – Reiseführer zu den Schauplätzen erhältlich. Die für 2018 geplante Einrichtung eines großen Filmmuseums in Wellington scheiterte an Finanzierungsfragen. Interessant ist auch ein Blick hinter die Kulissen der neuseeländischen Filmindustrie im Weta Workshop in Wellington und Auckland (1 Weka St., Miramar, tgl. 9–17.30 Uhr, 88 Federal Street Level 5, Auckland, tgl. 10–18 Uhr, www.wetaworkshop.com).

Musikalische Kiwis

Die Sopranistin Kiri Te Kanawa (Abb. unten) ist wahrscheinlich die bekannteste Sängerin Neuseelands. Sehr beliebt ist auch die Sopranistin Hayley Westenra, die 2003 im Alter von nur 16 Jahren mit ihrem Album *Pure* international bekannt wurde. Zu den Stars der Popmusik zählen die Sängerin und Songwriterin Bic Runga, der Hiphop-Künstler Che Fu und die Band Crowded House um den Sänger und Songwriter Neil Finn, einen Neuseeländer mit irischen Wurzeln. Die mit dem Grammy Award ausgezeichneten Musik-Comedians Flight of the Conchords, Bret McKenzie und Jermaine Clement, waren in Großbritannien und den USA mit ihrer Fernsehshow erfolgreich.
Der neuseeländisch-kroatischen Elektropop-Musikerin Lorde (eigentlich: Ella Marija Lani Yelich-O'Connor) gelang 2012 der internationale Durchbruch – zwei Jahre später bekam sie zwei Grammys: für den »Song des Jahres« und die »beste Pop-Darbietung«.

Abenteuer TranzAlpine

Die 223 km lange Fahrt über die Neuseeländischen Alpen gehört zu den schönsten Zugreisen der Welt. Von Küste zu Küste – vom Pazifik zur Tasman Sea – durchquert der TranzAlpine die schönsten Landschaften der Südinsel.

Die TranzAlpine-Route zwischen der wilden West Coast und den sanften Canterbury Plains ist enorm beliebt. Reisende schätzen auch den Komfort: Der Zug hat bequeme Waggons mit Panoramafenstern sowie eine überdachte Aussichtsplattform – ideal zum Filmen und Fotografieren. An Bord gibt es ein Café, das Wraps, Sandwiches und andere Snacks sowie warme Speisen anbietet. Jährlich reisen ca. 170 000 Menschen mit dem Zug über die Neuseeländischen Alpen (engl. *Southern Alps*).

Von Arthur's Pass aus haben Zugreisende einen herrlichen Ausblick.

Jetzt geht's los!

Der Bahnhof von Christchurch liegt in Addington am Troup Drive und grenzt an das Tower Junction Einkaufszentrum, wo man das Auto für den Ausflug abstellen kann. In den ersten 20 Minuten der Fahrt von hier nach Greymouth geht es durch die ländlichen Außenbezirke von Christchurch nach Rolleston, wo die Bahn nach Westen in die Berge abbiegt. Dann rumpelt sie durch das flache Schwemmland der Canterbury Plains bis nach Springfield. Nun beginnt der lange Aufstieg in die Berge bis zum Arthur's Pass. Buschbewachsene Ausläufer erheben sich hier bereits über die Baumgrenze, blanke Felsen und Gipfel kommen zum Vorschein. Jetzt fährt der Zug durch ein Labyrinth aus Schluchten und Hügeln, überquert den ersten Viadukt, der sich mehr als 200 m über das trockene Kiesbett des Kowai Rivers erstreckt.

Tiefe Täler, hohe Berge

In der nächsten Stunde wird die Fahrt zu einer spektakulären, sehr abwechslungsreichen Show. Nicht weniger als 19 Tunnel unterbrechen die fantastischen Ausblicke auf tief eingeschnittene Flusscanyons und majestätische Berge. Etwa 85 km von Christchurch verbindet das rostfarbene »T« des Staircase Viaducts zwei Tunnel. Es ist die höchste einer imposanten Reihe von großen Stahlbrücken, die der Zug überqueren muss, bevor er die weiten Flusstäler des Waimakariri und Bealey River erreicht. Im Sommer fließt der verzweigte Waimakariri (Maori für »kaltes Wasser«) als Rinnsal durch sein breites Kiesbett. Aber wenn es regnet, schwillt er zu einem reißenden Fluss an.

Den Endpunkt des Anstiegs markiert der 737 m über dem Meeresspiegel gelegene Arthur's Pass. Während der steilen Abfahrt hinunter zur West Coast durchfährt der Zug in zehn Minuten den 8,5 km langen Otira-Tunnel.

Die TranzAlpine-Züge fahren durch die spektakuläre Landschaft der Neuseeländischen Alpen.

Die andere Seite

Auf der Westseite der Südinsel sieht die Landschaft ganz anders aus. Dichter Regenwald hängt über den Gleisen, und riesige Flachsbüsche wachsen am Bahndamm. Zu den Geheimtipps an dieser Strecke zählen das Otira Hotel, der Taramakau River, reich an Fisch und neuseeländischer Jade, Bergregenwälder und der Lake Brunner. In Greymouth können Sie ein paar Tage bleiben, um die West Coast zu erkunden. Passagiere mit weniger Zeit bringt der Zug eine Stunde später wieder zurück.

Auf einen Blick

Der Zug fährt in Christchurch um 8.15 Uhr ab, erreicht Greymouth um 13.05 Uhr, fährt eine Stunde später zurück und ist um 18.31 Uhr wieder in Christchurch. Buchen können Sie telefonisch unter 0800 87 24 67 oder aus dem Ausland unter 0064 44 95 07 75. Alternativ können Sie dies über Verlinken erledigen oder Ihre Tickets beim Reservierungsbüro am Bahnhof erwerben, das täglich von 6.15 bis 15 Uhr geöffnet ist.

City Lights: Auckland ist die einzige wirkliche Großstadt in Neuseeland.

Auckland und der hohe Norden

Im Norden der Nordinsel treffen sich die Millionen-Metropole Auckland und das abgeschiedene Northland.

Seite 32–61

Erste Orientierung

Auckland kommt regelmäßig unter die Top 10 der lebenswertesten Städte der Welt. Die »City of Sails« ist das Tor zum subtropischen Northland, der Bay of Islands im Norden und zur südöstlich gelegenen Coromandel-Halbinsel. Weite Strände, Regenwald und der glitzernde Hauraki Gulf sind nur einen Katzensprung entfernt.

Das Hafengebiet mit seinen geschäftigen Kais, den Jachthäfen und einer einladenden Café-Szene ist das Herz der Stadt. Die Hauptverkehrsader Queen Street führt vom Britomart-Bahnhof am Queens Wharf vorbei am Aotea Square bis zur ebenso berühmten Karangahape Road (»K Road«) schnurgerade nach Südwesten. Maori nennen Auckland *Tamaki Makau Rau* – »die Braut mit 100 Liebhabern« –, und die Aucklander lieben ihre Stadt. Rund 1,5 Millionen Menschen – fast ein Drittel aller Neuseeländer – sind hier zu Hause. Viele können nicht verstehen, warum jemand südlich der Bombay Hills wohnen möchte, der imaginären Grenzlinie im Süden der Stadt. Sie haben gute Gründe für ihren Lokalpatriotismus. Auckland verbindet die Vorzüge des Lebens in Neuseelands einziger Metropole mit einem leichtem Zugang zur Natur. Selbst in der Innenstadt ist die Luft recht gut, dank der vielen Parks. Und zum nächsten Strand oder hinaus aufs Wasser haben es die Aucklander nie weit. Die in der Stadt lebenden Polynesier bereichern Auckland mit ihrer Vielfalt an Sprachen und Traditionen zusätzlich.

TOP 10

❷ ★★ Bay of Islands

❾ ★★ Coromandel Peninsula

Nicht verpassen!

⓫ Auckland CBD

⓬ Auckland Harbour

⓭ Auckland War Memorial Museum

⓮ Hauraki Gulf

Nach Lust und Laune!

15 Auckland Art Gallery

16 One Tree Hill

17 Mount Eden

18 Piha Beach

19 Muriwai Beach

20 Paihia

21 Ninety Mile Beach

22 Cape Reinga

23 Te Paki Dunes

24 Waipoua Forest & Tane Mahuta

Mein Tag am (und auf dem) Meer

Die größte Stadt Neuseelands ist von so vielen Buchten durchzogen, dass sie eher *im* als *am* Meer liegt. In jedem Fall spielt das Meer in der »City of Sails« die Hauptrolle.

9 Uhr: Frühstück am Meer

Das italienisch angehauchte Ortolana liegt praktisch am Verkehrsknotenpunkt Britomart und serviert nahe am Hafen ein hervorragendes Frühstück (33 Tyler Street, Di–Sa 7–22 Uhr, Tel. 09 368 9487, www.ortolana.co.nz).

10 Uhr: Mutprobe mit Panoramablick

Mit seinen 328 m ragt der Sky Tower in ⓫ Auckland CBD als höchstes Gebäude der Südhalbkugel hoch über Aucklands überschaubarer Innenstadt auf. Die frischste Meeresluft schnuppern Sie draußen vor den dicken Glasscheiben: Der Sky Walk in 192 m Höhe bietet einen grandiosen Rundumblick und sorgt für eine ordentliche Ladung Adrenalin (Victoria Street West, 160 NZ$ inklusive Eintritt in den Sky Tower, bei gutem Wetter tgl. außer 25. Dezember 9.30–20, Mo u. Di. nur bis 18 Uhr, www.skycityauckland.co.nz).

11.30 Uhr: Entspannen am Hafen

Verarbeiten Sie die Aufregung bei einem Spaziergang am nur knapp 15 Gehminuten entfernten ⓬ Auckland Harbour. Laufen Sie im Uhrzeigersinn um das vom restlichen Hafen abgetrennte Viaduct Basin herum, vom Viaduct Lookout am Hotel Sofitel vorbei durch den schicken Stadtteil Wynyard Quarter, der auf dem Gelände des alten Handelshafens entstanden ist. Staunen Sie

13.30 Uhr: Raus aufs Meer
Little Barrier I.
Great Barrier Island
20 km
10 mi
Kawau I.
Channel I.
13.30 Uhr
Hauraki Gulf
14
Tiritiri Matangi I.
Rakino I.
Waiheke I.
Rangitoto Island
Auckland
Ponui I.
18 Uhr: Fisch auf die Hand
21 Uhr: Nächtliches Spektakel
13.30 Uhr
300 m
300 yd
Devonport
21 Uhr
Ende
18 Uhr
Fish Market
Jellicoe St
WYNYARD QUARTER
Viaduct Harbour
Wynyard Crossing
New Zealand Maritime Museum
Viaduct Basin
Viaduct Lookout
Downtown Ferry Terminal
Start
11.30 Uhr
Market Pl
Tyler St
Ortolana
Sturdee St
Fanshawe St
Customs St East
Albert St
Hobson St
Queen St
Nelson St
Victoria St West
Sky Tower
10 Uhr
10 Uhr: Mutprobe mit Panoramablick
11.30 Uhr: Entspannen am Hafen

Oben: beim Sky Walk in 192 m Höhe.
Rechts: Werft im Wynyard Quarter.

über die großen und kleinen Jachten, die hier vor Anker liegen. Bei sportlichen Großereignissen wie dem »America's Cup« drängen sich hier tausende Schaulustige. Über die Hebebrücke Wynyard Crossing schließt sich die 1,5 km lange Runde am New Zealand Maritime Museum – dem Schifffahrtsmuseum, vor dessen Eingang Sie an einem der Food Trucks die dringend benötigte Stärkung bekommen.

13.30 Uhr: Raus aufs Meer

Was Sie zuvor aus luftiger Höhe gesehen haben, erleben Sie jetzt direkt: die steife Brise, die spritzende Gischt und den Seegang auf dem Hauraki Gulf im Osten Aucklands. Der Katamaran der Auckland Whale and Dolphin Safari pflügt sich durch das türkisblaue Wasser bis zur 60 km im Norden liegenden Kawau- und der abgelegenen Little Barrier-Insel. Die vier Stunden vergehen wie im Flug, während Sie nicht nur viele Delfine beobachten können: Mit ein bisschen Glück zeigt Ihnen der Meeres-Experte an Bord auch Orcas, Buckelwale, Seelöwen oder Zwergpinguine. Meeresschildkröten, Mantarochen und Haie werden ebenfalls ganzjährig gesichtet.

Die Touren starten tgl. außer am 25. Dezember um 10 Uhr, eine

Bei der nächtlichen Fahrt mit der Fähre nach Devonport hat man einen herrlichen Blick auf die Auckland Harbour Bridge vor der stimmungsvoll erleuchteten Skyline der Stadt.

Buchung ist bis 20 Minuten vor der Abfahrt möglich (Ticket 199 NZ$/Erwachsene, 179 NZ$/Senioren ab 65 J., Start am Counter im Schifffahrtsmuseum).

18 Uhr: Fisch auf die Hand

Laufen Sie vom Schifffahrtsmuseum wieder zurück bis zum Auckland Fish Market im Wynyard Quarter. Was darf es sein – frisches Sashimi, eine Lobster Roll oder der Klassiker Fish and Chips? Mit Ihrer Beute setzen Sie sich dann ganz entspannt im Silo Park gegenüber auf eine Bank, genießen den Tagesausklang und mit hoher Wahrscheinlichkeit ein Konzert oder Straßenmusik vor dem Panorama der alten Silos (Jellicoe/Beaumont Street).

21 Uhr: Nächtliches Spektakel

Sie sind noch nicht müde? Dann machen Sie einen Verdauungsspaziergang zum schmucken Haupt-Fährterminal an der Quay Street. Besteigen Sie dort die Fähre nach Devonport (Mo–Sa alle 30 Min. bis 22.30 Uhr, So bis 22, zurück bis 0.30 Uhr/22.15 Uhr, Tickets 8 NZ$ hin oder zurück). Der beschauliche Stadtteil an der North Shore ist auf dem Wasserweg viel schneller zu erreichen als über die stauverstopften Straßen – und die nächtliche Kulisse mit Harbour Bridge und Skyline schlicht unbezahlbar.

❷ ★★ Bay of Islands

Warum?	Hier ist man der Seele Neuseelands ganz nah.
Was?	Mit dem Boot durch eine paradiesische Inselwelt
Wie lange?	Mindestens 4 Stunden
Wann?	Je wärmer es ist, desto besser.
Was noch?	Mittel gegen Seekrankheit nicht vergessen!

Die mit fast 150 Inseln gesprenkelte Bucht ist ein subtropisches Refugium mit abgeschiedenen kleinen Buchten, grünen Inselchen und türkisblauem Wasser.

Dieses Gebiet ist auch von großer historischer Bedeutung, denn hier ließen sich die Europäer zuerst dauerhaft nieder. Paihia, im Jahr 1823 als eine der ersten christlichen Missionsstationen Neuseelands gegründet, ist heute ein guter Ausgangspunkt für Ausflüge.

Die Inseln vom Wasser aus

Besonders beliebt sind Bootstouren, auf denen man Delfine beobachten kann. Andere Touren führen zum Hole in the Rock an der Spitze des Cape Brett. Der Tunnel im Fels durch-

Faszinierende Inselwelt der Bay of Islands.

stößt Piercy Island am Eingang der Bucht und ist gerade breit genug für einen Katamaran. Die geschützte Otehei Bay auf Urupukapuka Island ist ein beliebter Stopp für Ausflugsboote und Privatjachten. Urupukapuka ist die größte Insel in der Bucht. Von ihrem Gipfel blickt man auf die Inseln rundum und die zerklüftete Küstenlinie zum Cape Brett. Stilvoller als ein Katamaran ist eine Fahrt auf dem Zweimaster R. Tucker Thompson. Auf der Rückfahrt kann man in Russell aussteigen. Die erste europäische Siedlung in diesem Gebiet ist heute eine beschauliche kleine Küstenstadt. Am Ende von Russells Uferpromenade stößt man auf ein historisches Schmuckstück: Das in den Jahren 1841/1842 errichtete Pompallier House war nicht, wie man zunächst vermuten könnte, Residenz des katholischen Bischofs Pompallier, der 1838 die erste katholische Missionsstation in Neuseeland einrichtete, sondern vielmehr Standort der Missionsdruckerei. In dem denkmalgeschützten Haus steht auch noch die alte Druckerpresse. Die im Jahr 1836 erbaute Christ Church – das älteste erhaltene christliche Gotteshaus in Neuseeland – entstand nicht wie die anderen Sakralbauten an der Bay als Missionskirche, sondern als Gemeindekirche für die weißen Siedler. Beachtung verdienen die alten Grabsteine rund um die Kirche. Walfänger, Seeleute, Maori und frühe Siedler sind hier bestattet.

Bei den meisten Tagestouren gehört auch das Hole in the Rock zum Programm.

Auf historischem Grund

Am 6. Februar 1840 unterzeichneten Emissäre der Britischen Krone mit Maori-Häuptlingen aus der näheren Umgebung einen Vertrag, der das staatliche Zusammenleben der polynesischen und europäischen Einwanderer gleichberechtigt regeln sollte. Damals glaubten die Maori noch, dass dieser Treaty of Waitangi ein Segen für ihr Volk wäre. Doch schon bald schlug der Optimismus in wütende Enttäuschung um,

Maori-Schnitzereien im Versammlungshaus Whare Runanga auf den Waitangi Treaty Grounds.

weil mehr und mehr Stammesland von europäischen Siedlern okkupiert wurde, ohne dass die Kolonialregierung einschritt. Zudem wurde Kritik an der Übersetzung des Vertragstextes in die Maori-Sprache laut: bis heute ein Stein des Anstoßes und 1975 Anlass für die Gründung des Waitangi-Tribunals, um Landansprüche der Maori im Einzelfall zu untersuchen (S. 18). Auf dem weitläufigen Gelände der Waitangi Treaty Grounds, knapp 2,5 km nördlich von Paihia, kann man leicht einen halben Tag verbringen – inklusive Multimediashow und Picknick auf dem kurzgeschorenen Rasen oberhalb der Bucht, wo das historische Ereignis stattfand. Hier stehen das Treaty House – ursprünglich das Wohnhaus von James Busby, der die britischen Interessen in der Kolonie schützen sollte – und ein prächtiges Versammlungshaus der Maori, Whare Runanga. Im Innern repräsentieren 14 geschnitzte Tafeln die größten Maori- Stämme.

KLEINE PAUSE

Im landschaftlich sehr reizvoll am Ende einer Nebenbucht der Bay of Islands gelegenen Kerikeri reihen sich einige historische Gebäude um die Mündung des gleichnamigen Flusses; den Ort umgeben Zitrusplantagen. Inmitten dieser Idylle bietet das **Café Jerusalem** authentische Mezze aus Israel und guten Kaffee (Kerikeri Road, 09 407 10 01).

ℹ

206 C4

Bay of Islands i-Site
✉ The Wharf, 69 Marsden Road, Paihia ☎ 09 402 73 45 🌐 www.fndc.govt.nz ◔ Dez.–Jan. tgl. 8–18, sonst bis 17 Uhr

Fullers Great Sights Bay of Islands
✉ The Maritime Building, 69 Marsden Road, Paihia ☎ 0800 653 339 🌐 www.dolphincruises.co.nz ◔ Nov.–März tgl. 7–19.30, sonst 7.30–17 Uhr

»R. Tucker Thompson«
✉ Start ab Russell Wharf ☎ 09 402 84 30 🌐 www.tucker.co.nz ◔ Abfahrt im Sommer tgl. 10 Uhr 🎟 Tagestrip 179 NZ$

Waitangi Treaty Grounds
✉ 1 Tau Henare Drive, Paihia ☎ 09 402 74 37 🌐 www.waitangi.org.nz ◔ Ende Dez.–Ende Febr. tgl. 9–18, sonst bis 17 Uhr 🍴 Whare Waka Café 🎟 60 NZ$

9 ★★ Coromandel Peninsula

Warum?	Fantastische Natur
Was?	Dichter Regenwald und goldene Strände
Wie lange?	Mindestens 2 Tage
Wann?	Bloß nicht am Wochenende!
Was noch?	»Good for your soul« lautet der Wahlspruch der Halbinsel – und das stimmt!

Eine Landschaft wie aus dem Reiseprospekt: an der Ostseite wunderschöne Buchten und bezaubernde Badestrände zwischen hübschen Feriensiedlungen, im Westen charmante Orte aus der Ära reicher Goldfunde – mittendrin eine steil aufragende, zu Wanderungen durch dichten Regenwald animierende Berglandschaft.

Bei der Ankunft der ersten Europäer bedeckten noch ausgedehnte Regenwälder den Norden der Nordinsel. Doch bald lichteten Siedler die Vegetation. Zu reizvoll war die Qualität des Holzes – und der gerade gewachsene Stamm riesiger Kauri-Bäume wie geschaffen für die Masten der Segelschiffe. Nicht minder begehrt war das Harz der Bäume: »Kauri Gum« diente zunächst als Rohstoff für Lacke, später auch für Linoleum. Gerodet wurde bis weit ins 20. Jh. hinein, erst seit dem Jahr 1985 sind Kauri- Bäume für die Holzwirtschaft tabu.

Schöne Buchten und goldene Strände erwarten den Reisenden auf der Coromandel-Halbinsel.

Natürliche Schönheit und Goldminen

Auch auf der Coromandel Peninsula wurden die Kauri-Bestände weitgehend vernichtet. Einer, der sich damit nicht abfinden wollte, war Barry Brickell. Der im Jahr 2016 verstorbene Kunsthandwerker und Naturliebhaber begann in den 1970er-Jahren auf seinem Anwesen bei der Ortschaft Coromandel mit der Aufforstung einheimischer Arten, darunter viele Kauris. Hilfreich dabei war eine eigenhändig über Viadukte angelegte Schmalspurbahn: die Driving

Natürliche Thermalquellen liegen unter dem Sand des Hot Water Beach.

Creek Railway, heute eine touristische Hauptattraktion auf der Halbinsel. Deren Eingangstor ist die Stadt Thames am Firth of Thames, etwa 90 Minuten von Auckland entfernt, wo im seichten Meer Zug- und Watvögel beobachtet werden können. Hauptsehenswürdigkeit von Thames ist die alte Goldmine mit ihren Stampfmühlen zur Zerkleinerung des goldhaltigen Erzes. Am Driving Creek wurde das erste Gold in Neuseeland gefunden.

Besonders malerisch ist die 55 km lange Fahrt von Thames nach Coromandel Town im Dezember und Januar, wenn die Pohutukawa-Bäume die Küste in ein feuerrotes Blütenmeer verwandeln. Hinüber zur Ostküste geht es über den State Highway 25 oder die kürzere, aber unasphaltierte »309 Road«, die an den Waterworks, einem verrückten Freizeitpark, vorbeiführt.

Whitianga ist der Hauptferienort der Halbinsel. Von hier aus kann man die Mercury Bay erkunden. Die beliebtesten Strände liegen südlich, in der Nähe von Hahei. Nördlich befindet sich die Cathedral Cove, eine gewaltige Sandsteinhöhle. Hier wurden Teile des Films *Die Chroniken von Narnia* gedreht. Am berühmtesten ist der Hot Water Beach, wo heiße Quellen dicht unter dem Sand liegen. Bei Ebbe können Sie sich im Sand Ihren eigenen Spa-Pool graben. (Achtung: Das Wasser kann sehr heiß sein!)

KLEINE PAUSE

Das **Café Coghill House** in Whitianga (10 Coghill, Tel. 07 866 05 92) bietet guten Kaffee und hausgemachte Speisen.

ℹ

207 E1

Thames i-Site
200 Mary Street ☎ 07 868 72 84
www.thamesinfo.co.nz Mo–Fr 9–16, Sa/So 9–13 Uhr

Whangamata Information Centre
616 Port Road
☎ 027 311 41 02
www.whangamatainfocentre.co.nz, www.thecoromandel.com
Mo–Fr 8.30–16, Sa 8.30–12 Uhr

»Thames Goldmine Experience«
Tararu Road ☎ 07 868 85 14
www.goldmine-experience.co.nz
tgl. 10–16 Uhr, im Winter nur Sa und So 10–13 Uhr) 20 NZ$

⓫ Auckland CBD

Warum?	Viele Parks und lebendige Kultur
Was?	Die »City of Sails«
Wie lange?	Planen Sie ruhig mehr als den halben Tag vor dem Abflug ein!
Wann?	Immer – hier herrscht ganzjährig bestes Städtetrip-Wetter.
Was noch?	Vielleicht ein kleiner Tanz auf einem erloschenen Vulkan?

Auckland vereint alle Attribute einer modernen, kosmopolitischen Ansiedlung mit den Vorzügen ihrer begünstigten Lage an der schmalsten Stelle der Nordinsel – eingebettet in die faszinierende Wasserwelt der buchtenreichen Naturhäfen Waitemata und Manukau.

Auckland ist die größte Stadt Neuseelands.

Die Erkundung der Innenstadt beginnt am Aotea Square. Dort steht auch die Town Hall mit ihrer Fassade aus Oamaru-Kalkstein. Ihr gegenüber wurde auf Initiative der Sopranistin

Die Aussichtsplattformen des Sky Tower bieten atemberaubende Ausblicke auf den Ballungsraum Auckland.

Kiri Te Kanawa das Aotea Centre errichtet, der bedeutendste Konzertsaal des Landes. Der nahe gelegene Albert Park hinter der Art Gallery ist eine Oase der Ruhe im hektischen Treiben. Geschäftige Hauptverkehrsachse und Prachtstraße in einem ist die zum Hafen führende Queen Street. Zwischen Ferry Building und »K' Road« kann man durch Kaufhäuser, Geschäfte und Restaurants bummeln. Von der Queen Street biegt die vor allem mittags und abends sehr quirlige Vulcan Lane ab, die bunte »Fressgasse« der Stadt.

Vulkane

Auckland siedelt auf einem weiten vulkanischen Feld: Der letzte von rund 50 Kratern eruptierte vor etwa 600 Jahren und hinterließ die Insel Rangitoto draußen im Hafen, heute ein Naturreservat mit Lavahöhlen und einem faszinierenden Rundumblick vom 260 m hohen Gipfel. Die erloschenen Vulkankegel an Land sorgen ebenfalls für tolle Aussichten bis weit über die Küstenlinie. Schon die Maori ließen sich gern auf den Erhebungen nieder, in mit Palisaden befestigten Dörfern. Die Terrassierung der Hänge ist vielerorts noch erkennbar, beispielsweise auf dem Mount Eden, dem wohl populärsten natürlichen Aussichtspunkt der Stadt.

KLEINE PAUSE

In der **Depot Eatery & Oyster Bar** am Fuß des Sky Tower bekommen Sie zu jeder Tageszeit gutes Essen – vor allem die Austern sind wirklich Weltklasse (86 Federal Street, Tel. 09 21 95 41 32, www.depoteatery.co.nz, Mo–Fr 8–21, Sa ab 11, So ab 16 Uhr).

i

218 A4

Auckland i-Site
218 B5 HSBC Building Shop 1 Level 3/188 Quay Street 09 365 99 18
www.aucklandisite.com
Do–Mo 9.30–16 Uhr

Sky Tower
218 A4 Victoria Street 09 363 60 00, 0800 759 24 89 www.skycityauckland.co.nz Mi–So 9.30–20, Mo/Di 9–18 Uhr; letzter Ticketverkauf 30 Min. vor Schließung
Sky Deck und Observation: 40 NZ$
Link-Bus

Blick aus luftiger Höhe

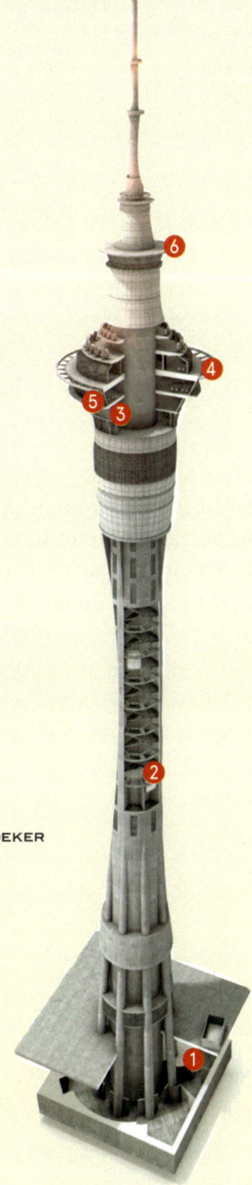

©BAEDEKER

1029 Stufen sind es bis zur höchsten Aussichtsplattform des Sky Tower. Schneller und bequemer hinauf geht es mit einem der drei gläsernen Fahrstühle.

❶ Souvenirshop
❷ Aufzüge: Drei gläserne Aufzüge bringen alle 15 Minuten insgesamt 225 Personen mit 18 km/h in 40 Sekunden nach oben.
❸ Main Observation Level: Oben angekommen, spaziert man auf einem Glasboden in 186 m Höhe.
❹ Sky Jump/Sky Walk: Beim Sky Jump fallen Sie an zwei Seilen hängend ca. 16 Sekunden lang mit etwa 75 km/h zu Boden. Beim Sky Walk spazieren Sie in 192 m Höhe am äußeren Rand der Plattform entlang.
❺ Orbit 360°: Ob zum Brunch am Wochenende, zum täglichen Lunch oder abends zum Dinner – das höchste der drei Restaurants im 52. Stock dreht sich zu jeder vollen Stunde.
❻ Upper Observation Deck: Im 60. Stock findet sich die höchste öffentlich zugängliche Aussichtsplattform. Die Rundumverglasung bietet einen herrlichen Blick.

⑫ Auckland Harbour

Warum?	Jachten gucken, Seafood essen, Seele baumeln lassen
Was?	Der Hafen ist der Lebensmittelpunkt für viele Aucklander.
Wie lange?	Mindestens 2 Stunden
Wann?	Hier gibt es immer viel zu sehen.
Was noch?	Am schönsten ist es bei einem der vielen Festivals rund ums Wasser.

Auckland macht Lust auf Meer: im Westen die wilde Tasmanische See, im Osten der riesige Pazifische Ozean und dazwischen, praktisch mitten in der Stadt, ausgedehnte Hafengewässer als zentrales Segelrevier für die Einwohner.

Unvergesslich ist ein Blick auf den Waitemata Harbour mit der Vulkaninsel Rangitoto Island: Hier herrscht den ganzen Tag über ein Gewusel von Passagier- und Frachtschiffen, Fähren, Barkassen und kleineren Booten. Dazu beleben zahlreiche weiße Segeljachten die Szenerie, vor allem in der Hobson West Marina und im anlässlich der Wettfahrten um den America's Cup neu gestalteten Viaduct Harbour: Als das Team Neuseeland 1995 im vierten Anlauf erstmals diese älteste und prestigeträchtigste Regatta der Welt gewann, wurde die ganze Nation vom Rennfieber erfasst. Fünf Jahre später gelang es den Neuseeländern ein weiteres Mal – danach dauerte es 17 Jahre, bis zum Juni 2017, ehe sie erneut die begehrte Trophäe sichern konnten.

Aucklands »Ferry Building« entstand in den Jahren 1909 bis 1912 nach Entwürfen des Architekten Alex Wiseman.

Der Segelgeschichte Neuseelands inklusive der America's-Cup-Siege ist im – auf dem Gelände der Hobson Wharf am nordwestlichen Ende der Quay Street gelegenen – New Zealand Maritime Museum eine ganze Galerie gewidmet. Das Museum liegt gleich neben den Passagierterminals an der Princes Wharf. Vielleicht sehen Sie hier einige der größten Kreuzfahrtschiffe der Welt. Nebenan legen auch die Fähren ab, die zu den Inseln im Hauraki Gulf fahren – jede für sich ist einen eigenen Ausflug wert.

Ganz oben: Allein in der Westhaven Marina liegen über 2000 Boote. Oben und links: Am und um das Viaduct Basin bieten sich auch viele Gelegenheiten zur Einkehr.

KLEINE PAUSE

In der »Container Library« an der Hebebrücke »Wynyard Crossing« blicken Sie auf den geschäftigen Hafen und in liebevoll ausgesuchte Secondhand-Bücher. Ein Fruchtsaft von der 300 m entfernten Saftbar **Tank Wynyard Quarter** sorgt für den Vitaminnachschub (12 Jellicoe Street, www.tank juice.co.nz Mo–Fr 9–17.30, Sa/So 10-16.30 Uhr).

---

218 A5 **America's Cup Sailing Experience**
Tickets am Eingang des Viaduct Basin ☎ 09 359 59 87 www. exploregroup.co.nz tgl. 13 Uhr, in der Hochsaison zweistündige Segeltörns 195 NZ$

218 A5 **National Maritime Museum** Ecke Quay/Hobson Street, Viaduct Harbour ☎ 09 373 08 00 www.maritimemuseum.co.nz tgl. 10–17 Uhr, Hafenrundfahrten Di–Sa 11.30/13.30 Uhr 20 NZ$, für Senioren 17 NZ$, inkl. Hafenrundfahrt 53 NZ$

⑬ Auckland War Memorial Museum

Warum?	Eines der besten Museen zur Kulturgeschichte Polynesiens
Was?	Kunst und Kultur der Ureinwohner Neuseelands plus Kriegs- und Naturgeschichte
Wie lange?	1–3 Stunden
Wann?	Ein idealer Tipp für einen Regentag
Was nehme ich mit?	Das kriegerische Pathos schreckt ab, aber die Maori-Abteilung ist sehr sehenswert.

Umgeben vom gepflegten Grün der Auckland Domain, Aucklands ältestem Park, bewahrt das Museum eine reich bestückte Maori-Sammlung. Von den Freitreppen des monumentalen Baus bietet sich ein herrlicher Blick über die City und den belebten Waitemata Harbour.

Das Museum steht auf dem höchsten Punkt der Auckland Domain.

Das neoklassizistische Museumsgebäude wurde im Jahr 1929 als Gedenkstätte für die im Ersten Weltkrieg gefallenen neuseeländischen Soldaten und als Ausstellungsraum für die Sammlungen des bereits im Jahr 1852 ins Leben gerufe-

Aufwendig verziert ist das Versammlungshaus, beeindruckend groß das Kanu der Maori.

nen Auckland Museum errichtet. In den 1960er-Jahren kamen dann noch umfangreiche Anbauten hinzu. In der War Memorial Hall wird heute an die Gefallenen aller Kriege erinnert, an denen neuseeländische Soldaten teilnahmen.

Der Maori Court, ein schön mit reichem Schnitzwerk verziertes Versammlungshaus aus demJahr 1878, stammt aus der Gegend von Thames. Das wundervolle Maori-Portal hat man aus dem Raum Rotorua hierher gebracht. Auch ein mit Schnitzereien versehenes Vorratshaus ist beachtenswert. Besonderes Interesse weckt zudem das 25 m lange Kanu aus der Zeit um 1836, mit dem Maori-Krieger einstmals über den Manukau Harbour gefahren sind.

Ein Planetarium ist dem Museum angeschlossen. Die Flügel der Winter Gardens (Gewächshäuser mit Tropenhaus, aus Anlass der Auckland Exhibition 1913 erbaut), sind heute Teil des Botanischen Gartens der Stadt.

KLEINE PAUSE

Die Gewächshäuser und der Farngarten der **Auckland Domain** sind kaum fünf Minuten vom Museum entfernt. Hier können Sie ganz in Ruhe picknicken.

---

218 C1
The Domain ☎ 09 309 04 43
www.aucklandmuseum.com

Mo–Fr 10–17, Sa/So 9–17 Uhr
Link-Bus 28 NZ$

⑭ Hauraki Gulf

Warum?	Auf dem Wasser treffen sich Einheimische und Reisende.
Was?	Ein Weltklasse-Segelrevier mit vielfältigen Inseln
Wie lange?	Eine Fährfahrt dauert etwa 20 Minuten, eine Hafenrundfahrt gibt es ab einer Stunde.
Wie und wohin?	In der Pendlerfähre oder im schnittigen Katamaran zu einer der 50 Inseln oder einfach übers Wasser

Die ersten der über 50 Inseln des Hauraki Gulf liegen nur 30 Minuten von der Innenstadt Aucklands entfernt. Sie bieten gefährdeten Tieren genauso Zuflucht wie stadtmüden Menschen.

Der Hauraki Gulf erstreckt sich vom Norden Aucklands bis zur Coromandel-Halbinsel. Mehrere Inseln sind Naturreservate, die nicht oder nur mit Einschränkungen betreten werden dürfen. Tiritiri Matangi ist ein Schutzgebiet für gefährdete Vögel.

Von Aucklands Hafen aus verkehren täglich Fähren nach Rangitoto, Waiheke und Great Barrier Island.

Rangitoto Island

Die Insel am Zugang zum Waitemata Harbour ist Aucklands größter und jüngster Vulkankegel. Sein letzter Ausbruch liegt rund 600 Jahre zurück. Die erstarrte Lava ist noch nicht

zu Erde zerfallen, und in den tiefer gelegenen Regionen der Insel wachsen Pohutukawa-Bäume direkt aus dem Fels. Auf dem Gipfel der Insel wird man mit spektakulären Ausblicken belohnt. Organisierte Touren in einer von einem Traktor gezogenen Bahn bringen Besucher zu einem Plankenweg, der über 900 m zum Gipfel führt.

Oben: Unterwegs in der vulkanisch geprägten Landschaft der Insel Rangitoto. Unten: Waihekes kleiner Hafen Matiatia.

Waiheke Island

Waiheke ist eine Insel zum Entspannen mit weißen Sandstränden. Das zweitgrößte Eiland der Bucht lässt sich bequem per Fähre oder Helikopter erreichen, war einst ein Refugium für Aussteiger und hat sich nun in einen vornehmen Vorort von Auckland gewandelt, dessen Bewohner jeden Tag in die Stadt pendeln. Etwa 8000 Menschen leben auf Waiheke, an Sommerwochenenden und in den Ferien steigt die Bevölkerungszahl auf über 30 000.

Great Barrier Island

Mit 285 km² die größte Insel im Hauraki Gulf, ist Great Barrier ein beliebtes Ziel für Aktivreisende; man kann dort gut wandern, reiten und Wassersport machen.

KLEINE PAUSE

Die Anfahrt der **Fullers-Fähre** ist quasi eine Mini-Kreuzfahrt mit Guide durch den Hauraki Gulf. Auf den meisten Fährschiffen werden Snacks und Getränke verkauft.

---

i

✈ 207 D1/E2

Fullers Cruise Centre
✈ 218 B5 ✉ Ferry Building, 139 Quay Street ☎ 09 367 91 11 oder 0800 FULLERS (Inland-Anrufe) 🌐 www.fullers.co.nz ➧ 43 NZ$ Hin- und Rückfahrt nach Rangitoto Island, 46 NZ$ Hin- und Rückfahrt nach Waiheke (beide Preise für die Hochsaison)

Sealink Ferries – Hamer Street Ferry Terminal ✉ 56 Hamer Street, Wynyard Quarter ☎ 09 300 5900 🌐 www.sealink.co.nz ➧ Tickets: 218 NZ$ Hin- und Rückfahrt

Nach Lust und Laune!

15 Auckland Art Gallery

Die Auckland Art Gallery beherbergt die umfassendste Sammlung neuseeländischer und internationaler Kunst des Landes. Wenn Sie nur ein Museum in Neuseeland besuchen wollen, dann dieses.

218 B3 Ecke Kitchener/Wellesley Street 09 379 13 49 www.aucklandartgallery.com tgl. 10–17 Uhr, kostenlose Führungen Di, Mi und Fr 13.30 Uhr, ca. 1 Std. Café Link-Bus kostenlos

16 One Tree Hill

Viele Vulkankegel rund um Auckland waren früher von Maori bewohnt, das gilt auch für One Tree Hill (Maori: *Maungakiekie*). Auf seinem Gipfel stand ein einzelner Totara-Baum, der 1852 gefällt wurde. Unterhalb des Hügels liegt das Observatorium von Auckland mit dem StarDome-Planetarium.

218 B1 **StarDome Observatory und Planetarium** 670 Manukau Road 09 624 12 46 www.stardome.org.nz Mo–Fr 10–17, Sa 11–23, So 11–22 Uhr, Abendveranstaltungen Di–Do 18–21.30, Fr 18–23.30 Uhr 302, 312 ab Queen Street 5 NZ$ für Space Gallery, 18 NZ$ für Abendshow

17 Mount Eden

Von Aucklands höchstem vulkanischen Gipfel hat man einen Panoramablick über Auckland und die Bucht. Er lieferte das Material für die älteren Gebäude der Stadt und die Bordsteine. An seinen Hängen liegt Eden Garden, bekannt für seine strahlend blühenden Kamelien und Rhododendren.

218 B1 24 Omana Avenue; Zugang über Clive Road und Owen Road; zum Eden Garden über Mountain Road zur Omana Avenue 09 638 83 95 www.edengarden.co.nz Garten: Di–So 9–16 Uhr Café Di–So 9–15 Uhr 12 NZ$ 295, 321 ab Ferry Terminal

Surferfreuden am Piha Beach

18 Piha Beach

Eine Autostunde von Aucklands Innenstadt entfernt liegen viele Strände mit eisenoxidhaltigem, schwarzem Sand. Piha Beach ist einer der beliebtesten. Auf den 101 m hohen, windumtosten Lion Rock führt ein steiler Pfad (Hin- und Rückweg eine Stunde). Vorsicht: An allen Stränden der Westküste gibt es starke Strömungen. Die Surflehrer der Piha Surf School kennen sich aus mit dem Spiel der Wellen: Mächtige Dünung mit Wind aus Südwest ist nichts für Anfänger. Für »Après Surf« ist auch gesorgt: Abends trifft man sich mit den *locals* im Piha Surf Life Saving Club oder macht Party am Bilderbuchstrand.

206 C1 ☎ www.piha.co.nz
Piha Surf School ✉ 138 Seaview Road
☎ Tel. 09 812 8123
🌐 www.pihasurf school.com
Piha Surf Life Saving Club
✉ 23 Marine Parade South
☎ 09 812 88 96
🌐 www.pihaslsc.com

19 Muriwai Beach

Auf den Klippen am Muriwai Beach hat sich eine Australtölpel-Kolonie ausgebreitet. Ein Küstenwanderweg bietet einzigartige Blicke auf die hier auf den Felsen nistenden Seevögel. Ende Juli beginnen sie mit dem Brüten, mit 15 Wochen sind die Jungen flügge. Jahre später kehren sie zum Brüten zurück. Die Straße ist von Waimauku auf dem SH16 ausgeschildert.

207 D1
Muriwai Surf School ✉ 458 Motutara Road ☎ 021 47 87 34 🌐 www.muriwai surfschool.co.nz ● tgl. 10–18 Uhr

20 Paihia

Der knapp 2000 Einwohner zählende wichtigste Ort im Südwesten der Bay of Islands ging aus einer 1823 gegründeten Missionsstation hervorgegangen. Beachtenswert sind die 1926 errichtete St. Paul's Church und das ausrangierte Schiff Bark Tui, das heute ein Restaurant beherbergt. Von Paihia aus kann man erlebnisreiche Bootsausflüge unternehmen. Das Wasser der Bay of Islands ist mit 23 °C im Januar und Februar recht warm und lädt zum Schwimmen ein. Wenn Delfine in der Nähe sind, ist das Schwimmen jedoch seit 2019 verboten!

206 C4
Dolphin Eco Cruise ✉ Touren ab Paihia/Russell Wharf ☎ 0800 365 744 (nur in Neuseeland) 🌐 www.explore group.co.nz ab 145 NZ$, ca. 4 Std.
Hole in the Rock Dolphin Cruise
✉ Start ab Paihia/Russell Wharf
☎ 0800 653 339 🌐 www.dolphincrui ses.co.nz 145 NZ$, 4,5 Std.

21 Ninety Mile Beach

Planen Sie mindestens zwei Tage, um von Auckland an die Nordspitze Neuseelands zu fahren. Der Ninety Mile Beach bildet die Westseite der Halbinsel Aupouri, die Kaitaia mit den ehemaligen Inseln North Cape und Cape Reinga verbindet. Ein

Großteil von ihr ist von Wäldern bedeckt; nur die Westküste wird fast gänzlich vom Ninety Mile Beach begrenzt. Auf dem festen Sand kann man mit dem Auto fahren, allerdings übernehmen die meisten Mietwagenfirmen für diese Fahrt keine Versicherung. Es gibt täglich Bustouren. Auch ein Spaziergang am Strand ist sehr reizvoll.

Far North i-Site
⊕ 206 A5 ✉ Te Ahu, Matthews Avenue/South Road, Kaitaia
☎ 09 408 94 50 ⊕ www.northlandnz.com ◑ tgl. 8.30 –17 Uhr

22 Cape Reinga

Das Kap wird oft als Neuseelands nördlichster Punkt bezeichnet, aber dieser Titel gebührt einer Felswand am North Cape, 30 km weiter östlich. Das nimmt einer Wanderung auf dem windumtosten Cape Reinga jedoch keineswegs ihren Reiz. Hier treffen Tasman Sea und Pazifik aufeinander. An stürmischen Tagen schlagen bis zu 10 m hohe Wellen auf die Columbia Bank unter dem Leuchtturm (siehe rechte Seite).

⊕ 206 A5

23 Te Paki Dunes

Die meisten Sanddünen im Norden sind von Wald bedeckt, doch wo der Wind ungehindert bläst, schafft er Landschaften von elementarer Schönheit wie die bis zu 50 m hohen Dünen am Te Paki Stream. Etwa 9 km südlich vom Cape Reinga kann man auf Boogie Boards die Dünen hinunter sausen.

⊕ 206 A5 ◆ Verleih von Boogie Boards im Sommer 10–15 NZ$

24 Waipoua Forest & Tane Mahuta

Einst dominierten dichte Wälder mit riesigen Bäumen das Northland, doch die meisten Bäume wurden von den frühen Siedlern als Bauholz geschlagen oder gerodet. Dennoch blieben entlang der Westküste noch Kauri- Wäldchen wie der Waipoua Forest erhalten. Beeindruckend sind der Umfang und das Alter der Bäume. *Tane Mahuta*, der älteste noch lebende Kauri-Baum, ist 52 m hoch, hat einen Umfang von über 13 m und soll 1250 Jahre alt sein. Er steht nur ein paar Meter vom SH12 entfernt. Zur Sicherheit werden wegen einer Pilzkrankheit, die immer mehr Kauri tötet, zunehmend Wanderwege in den Wäldern der Nordinsel gesperrt; bitte haben Sie dafür Verständnis.

⊕ 206 B3

Macht Spaß: Sandboarding in den Dünen.

Wo die Seelen wandern

Wo die Wellen von Tasman Sea und Pazifik aneinanderschlagen, gräbt ein knorriger Pohutukawa seine Wurzeln in den Fels. Er bewacht den Eingang zur Unterwelt: Jede Seele kommt hierher ans Cape Reinga, um ins Jenseits einzugehen. Wenn Sie hoch oben auf dem Rasen sitzen, im Rücken den schmucken weißen Leuchtturm, vor sich das Meer und den weiten Horizont, bekommen die Mythen der Maori auf einmal einen ganz eigenen Sinn. Am besten halten Sie jetzt still die Nase in den Wind und genießen diesen magischen Moment an der Nordspitze von Neuseeland.

Wohin zum ... Übernachten?

Preise für ein Doppelzimmer pro Nacht:
$ unter 200 NZ$
$$ 200–350 NZ$
$$$ über 350 NZ$

AUCKLAND

The Great Ponsonby Art Hotel $$
Die schöne Villa aus dem Jahr 1898 liegt am Ende einer ruhigen Sackgasse im lebhaften Bezirk Ponsonby. Die Unterbringung reicht von Bed & Breakfast über Standardzimmer bis zur luxuriösen Garten-Suite.
218 westl. A3 30 Ponsonby Terrace
09 376 59 89 www.greatpons.co.nz

The Heritage $–$$$
Eine angenehme Innenstadtunterkunft in Hafennähe, mit 467 Zimmern und Suiten eines der größten Hotels in Neuseeland. Die Suiten verfügen über separate Schlafzimmer sowie Küche und sind auch für Gäste mit Handicap geeignet.
218 A3 35 Hobson Street 09 379 85 53 www.heritagehotels.co.nz

Sky City Hotel $–$$$
Das Hotel ist Teil des Komplexes Sky City und verfügt über 306 Deluxe-Zimmer und 38 Suiten mit Super-King- oder Doppel-Twin-Betten, viele mit Blick auf den Hafen. 17 Restaurants und Bars, zwei Casinos, beheizter Dachpool, Sauna und Fitnessstudio gehören zur Ausstattung. Noch luxuriöser ist das Sky City Grand Hotel. Rund um Sky City gruppieren sich eine Reihe erstklassiger Restaurants.
218 A4 Ecke Victoria/Federal Street
09 363 60 00 www.skycity.co.nz

The Cordis Hotel Auckland $$–$$$
Das Fünf-Sterne-Luxushotel ist mit dem Auto gut erreichbar und nur einen kurzen Spaziergang von Auckland Domain und War Memorial Museum entfernt. Das Hotelspa Chuan gehört zu den luxuriösesten des Landes. Tee wird täglich (mit oder ohne Champagner) in der »Chandelier Lounge« serviert. Im »Eight Restaurant« wird in acht verschiedenen (offenen) Küchen gebrutzelt, da dürfte für jeden etwas dabei sein.
218 B2 83 Symonds Street
09 379 51 32 www.cordishotels.com/en/auckland

WAIHEKE ISLAND

Vineyard Guesthouse $$–$$$
Die schön eingerichtete Unterkunft bietet zwei gemütliche Villen mit Blick über den Hauraki Gulf auf Rangoon Island.
207 E1 Kennedy Point Vineyard, 44 Donald Bruce Road 09 372 56 00
www.kennedypointvineyard.com

BAY OF ISLANDS

Copthorne Hotel and Resort Bay of Islands $–$$
Der weitläufige Komplex zeichnet sich durch die schöne Lage am Wasser und gepflegte Gärten direkt am Waitangi National Reserve aus. Die 140 Zimmer und Suiten sind Standard. Zum Angebot gehören ein Spa, ein Massage-Studio, Tennisplätze, ein Restaurant, eine Bar sowie ein 18-Loch-Golfplatz gleich nebenan.
206 C4 Tau Henare Drive, Paihia
09 402 74 11 www.copthornebayofislands.co.nz

The White House $$
Die luxuriöse Villa gehört zu den ältesten Häusern Neuseelands. Drei komfortable Ensuite-Räume stehen zur Auswahl. Das Frühstücksbüfett ist inklusive, für Essen à la carte zahlt man extra. Den Tag über können Gäste die vollständig eingerichtete Küche nutzen oder den selbst gefangenen Fisch draußen auf dem Grill zu bereiten. Alle Restaurants im Ort sind gut zu Fuß erreichbar.
206 C4 7 Church Street, Russell
09 403 71 88 www.thewhitehouserussell.co.nz

The Sanctuary $$$
Das luxuriöse Bed & Breakfast liegt oberhalb eines unberührten Küstenregenwalds, umgeben von einem Buschreservat mit Blick

auf die Halbinsel Russell und das Umland. Vier großzügige Gästezimmer machen die Lodge zum Refugium nur wenige Minuten von Paihia entfernt. Abendessen können gebucht werden. Die Gäste speisen gemeinsam an einem großen Tisch.
✈ 206 C4 ✉ SH 11, Port Opua ☎ 09 4 02 60 75 ⊕ www.sanctuarybayofislands.co.nz

COROMANDEL PENINSULA

Kuaotunu Bay Lodge $$
Die Lodge liegt inmitten von 5 ha Weiden und Buschland über dem Kuaotunu-Strand. Die Gästezimmer haben ein eigenes Bad und eine eigene Terrasse. Ein leichtes Abendessen wird auf Anfrage zubereitet. Es gibt eine gemütliche Lounge und einen Wintergarten, in dem Frühstück serviert wird.
✈ 207 E1 ✉ 8 SH25, Kuaotunu
☎ 07 866 43 96

Villa Toscana $$–$$$
Giorgio und Margherita Allemano haben in den Hügeln über Whitianga eine große toskanische Villa gebaut. Das untere Geschoss ist eine großzügige Suite mit zwei Schlafzimmern. Frühstück wird serviert. Die Allemanos besitzen auch ein Sportangelboot.
✈ 207 E1 ✉ 65 Tarapatiki Drive, Whitianga
☎ 07 866 22 93 ⊕ www.villatoscana.co.nz

Wohin zum ... Essen und Trinken?

Preise für ein Essen ohne Getränk:

$	unter 45 NZ$
$$	45–70 NZ$
$$$	über 70 NZ$

AUCKLAND

Prego $
Zu den Alteingesessenen an der »Fressmeile« Ponsonby Road zählt dieses stilvolle italienische Café, das gutes Essen zu vernünftigen Preisen bietet. Pizza, Grillgerichte und italienische Pasta werden in einem Hof vor dem Lokal serviert.
✈ 218 westl. A3 ✉ 226 Ponsonby Road
☎ 09 376 30 95 ⊕ www.prego.co.nz
◷ tgl. ab 12 Uhr, geschl. 25., 26. Dez.

Fish $$$
Zu erlesenen Fischgerichten bietet das Hotelrestaurant im ersten Stock des Hilton moderne Eleganz und mit das schönste Hafenpanorama der Stadt. Die experimentierfreudige Küche verbürgt sich für hochwertige Zutaten und verwendet nach Möglichkeit organische Produkte. Hier hat man die seltene Gelegenheit, das Fleisch der heimischen Paua-Muschel zu probieren: z.B. als »Paua Dumpling« in Bonito-Brühe.
✈ 218 B5 ✉ Princes Wharf, im Hilton Auckland (Level 1) ☎ 09 978 20 20
⊕ www. fishrestaurant.co.nz
◷ Frühstück 6.30–10.30, Sa/So 7–11, Dinner ab 17.30 Uhr

WAIHEKE ISLAND

Mudbrick Vineyard and Restaurant $$$
Das im provenzalischen Stil aus handgemachten Tonziegeln erbaute Weingut bietet eine spektakuläre Aussicht über den Hauraki Gulf. Zum Gut gehört ein gehobenes Restaurant, im dem à la carte französisch-ländliche Winzergerichte wie hauchdünne Scheiben vom getrockneten Hirschfilet serviert werden. Das Gemüse stammt aus eigenem biologischen Anbau. Auch Ausflüge und Verkostungen werden angeboten.
✈ 207 D1 ✉ 126 Church Bay Road, Oneroa
☎ 09 372 90 50 ⊕ www.mudbrick.co.nz
◷ Lunch tgl. ab 12, Dinner tgl. ab 18 Uhr (unbedingt reservieren!)

BAY OF ISLANDS

Duke of Marlborough Hotel $–$$
Man kann sich kaum ein romantischeres Fleckchen vorstellen als dieses alte Hafenhotel in Russell. Der Dining Room mit der Veranda ist nur abends geöffnet, während im Bistro den ganzen Tag über kleinere Gerichte serviert werden.
✈ 206 C4 ✉ 35 The Strand, Russell
☎ 09 403 78 29 ⊕ www.theduke.co.nz
◷ tgl. 11.30–21 Uhr

Charlotte's Kitchen $$
Fisch und Meeresfrüchte sind in der Bay of Islands die richtige Wahl. In Charlotte's Kitchen auf dem Pier von Paihia bekommt man große Platten zum Teilen und kleine Probierportionen wie Austern aus der Paroa Bay, Holzofenpizza, feurigen Furikake Squid.
✈ 206 C4 ✉ 69 Marsden Road, Paihia
☎ 09 40 28 20 96 ⊕ www.charlotteskitchen.co.nz ◷ tgl. ab 11.30 Uhr

COROMANDEL-HALBINSEL

Colenso Country Café $
Das in einem Kräutergarten gelegene Café bietet Platz auf schattigen Veranden und auch Tische drinnen. Auf der Karte stehen hausgemachte Mittagsgerichte mit Kräutern aus dem Garten. Hinzu kommen eine Auswahl an neuseeländischen Weinen, Tee und Kaffee. Frisch gepresste Zitrussäfte aus der biologisch bewirtschafteten Plantage des Cafés gehören zu den Spezialitäten.
✈ 207 E1 ✉ 895 Tairua Whitianga Road, Whenuakite ☎ 07 866 37 25 ⊕ www.colensocafe.co.nz ◷ Mo u. Fr 10–14, Sa/So 10.30–14 Uhr

Eggsentric $–$$
Idyllisch in einem Garten gelegen, ist das BYO-Speiselokal eine Art Institution auf der Halbinsel. Auf freundliche Bewirtung ist Verlass und auf delikate neuseeländische Hausmannskost. Unbedingt reservieren!
✈ 207 E1 ✉ 1049 Purangi Road, Flaxmill Bay
☎ 06 866 03 07 ◷ Mi–So 9–14.30 Uhr, Mai bis Okt. geschl.

Grace O'Malley's Irish Inn $$
Ein massiver Kamin begrüßt die Gäste dieses rustikalen Restaurants mit Bar am Hafen. Auch vom Innenraum hat man einen schönen Blick auf die Bucht von Whitianga. Die Küche ist bodenständig: Pizza aus dem Holzofen steht ebenso auf der Karte wie Steak- und Lammgerichte, Fish & Chips sowie verschiedene Burger.
✈ 207 E1 ✉ 9 The Esplanade, Whitianga ☎ 07 866 45 46
⊕ www.graceomalleys.co.nz
◷ tgl. 12–21 Uhr

Wohin zum ... Einkaufen?

AUCKLAND

Einkaufszentren
Nur zwei Blocks entfernt vom himmelstürmenden Sky Tower steht das **Atrium** an der Elliott Street, das vor allem mit seinem asiatisch geprägten Food Court überrascht. Die **DFS Galleria** im Customhouse (Ecke Customs/Albert Street) ist auf Designermode und auf Dutyfree-Waren spezialisiert. **Sylvia Park** umfasst rund 200 Geschäfte und ist die größte Mall im ganzen Land (286 Mt Wellington Hwy).

Mode
Am **Britomart Place** und auf der **High Street** sind Designer wie **Kate Sylvester** (Commercial Bay Queen Street) und **Karen Walker** (Britomart, 31 Galway Street) zu finden.

Parnell
Die pittoreske Ansammlung alter Villen bildet heute ein Dorf voller Boutiquen, Galerien und Cafés. Nach Kunsthandwerk stöbert man in **The Fantail House** (237 Parnell Road), einer Kooperative.

Märkte
Samstags 8–12 Uhr bietet **Parnell Farmer's** lokal produzierte Erzeugnisse (Obst und Gemüse, Speisen, Kaffee) und Kleidung an (545 Parnell Road, Parnell). Oder Sie stöbern am Samstagmorgen auf dem **Otara Flea Market** in der Newbury Street nach Kunsthandwerk von den pazifischen Inseln.

Lebensmittel und Wein
In der Innenstadt können Sie z.B. bei **Glengarrys** (118 Wellesley Street) ausgesuchte Weine kaufen. Eine große Fischauswahl gibt es auf dem **Auckland Fish Market** (Wynyard Quarter), Gourmets kommen im **Ponsonby Central** (Ecke Ponsonby Road/Richmond Street) auf ihre Kosten. In Parnell finden Sie im **Buono Delicatessens** (69 St Georges Bay Road) alles fürs Picknick.

NORTHLAND

The Cabbage Tree ist ein hübscher kleiner Shop in Paihia (Williams Road, am Maritime Building), der Kunsthandwerk und Freizeitkleidung verkauft. Nehmen Sie in der i-Site in Paihia (Paihia Wharf) eine Broschüre zum Open Art Studios Trail in Kerikeri mit. Hautpflegeprodukte bietet Living Nature (SH 10, Kerikeri). Käse bekommen Sie im Mahoe Farmhouse Cheese (SH10, Oromahoe), Pralinen bei Makana Confections (504 Kerikeri Road). Besuchen Sie sonntags den Bauernmarkt von Kerikeri auf dem Parkplatz des Postamts (8.30–12 Uhr). Im Kauri Kingdom Café (229 SH1, RD1, Awanui) werden alte Baumstämme u.a. in Möbel verwandelt.

COROMANDEL PENINSULA

Holen Sie sich in einer der i-Sites eine Broschüre über den Thames Coromandel Art Trail. Bei The Cheese Barn (4 Wainui Rd, Matatoki, 12 km nördlich von Thames) können Sie vor Ihrer Wanderung verschiedene Käsesorten für ein Picknick auswählen.

Wohin zum ... Ausgehen?

AUCKLAND

Über Veranstaltungen informiert stets aktuell die Website www.viewauckland.co.nz

Nachtleben
Die Karangahape Road (»K Road«) ist das Zentrum des Nachtlebens von Auckland.

Musik und Theater
Das Aotea Centre (Mayoral Drive, Tel. 09 309 26 77) ibietet tolle Klassikkonzerte. Die Auckland Theatre Company spielt im ASB Waterfront Theatre im Silo Park am Hafen (Jellicoe Street, Tel. 0800 28 28 49).

Sport
Dutzende Firmen bieten im Hafen von Waitemata Bootscharter an, vom Sportangeln bis zur Besatzung einer Jacht des America's Cup. In Bayswater, Mission Bay, Takapuna und Point Chevalier ist Windsurfen angesagt. Über 20 Golfplätze liegen in der Nähe, auch der längste Kurs Neuseelands im Rydges Formosa Golf Resort (110 Jack Lachlan Drive, Beachlands, Tel. 09 218 38 70).

Festivals
Das Pasifika Festival feiert Ende März im Western Springs Lakeside Park die polynesische Kultur.

NORTHLAND

Sport
Golfen kann man u.a. im Waitangi Golf Club (Tau Henare Drive, Tel. 09 402 77 13, www.waitangigolf.co.nz).

Wandern & Wein
In Paihias i-Site (The Wharf, Marsden Road, Tel. 09 402 73 45) bekommen Sie eine Karte der Weinwanderwege in der Region.

Festivals
Von überregionaler Bedeutung ist der Waitangi Day (6. Feb.). Im Oktober findet das Whangarei Jazz and Blues Festival statt, im November das Wein-und-Food-Festival Taste Bay of Islands und die Show Bay of Islands A & P in Waimate North, im Januar die Waipu Highland Games.

COROMANDEL PENINSULA

Sport
Am Whangamata-Surfstrand werden Angeln, Tauchen, Kajakfahren und Rundfahrten angeboten. Unternehmen Sie mit Kiwi Dundee Adventures (Tel. 274 74 62 19, www.kiwidundee.co.nz) eine Wanderung durch die Wildnis. Golfen kann man auf einem Platz des Mercury Bay Golf Club (12 Golf Road, Whitianga, Tel. 07 866 54 79, www.mercurybaygolf.co.nz).

Festivals
Das Whitianga Scallop Festival im September ist Neuseelands beliebtestes Seafood-Festival. Im Januar folgt die Keltic Fair.

Im Tongariro National Park: Blick über den unteren Tama Lake zum Vulkan Mount Ruapehu.

Central Plateau

Im Tongariro-Massiv brodeln Vulkane, in Rotorua dampft und zischt es. Den ruhigen Gegenpol bilden die Strände und Weinberge im Osten.

Seite 62–87

Erste Orientierung

Das vulkanische Plateau in der Mitte der Nordinsel zählt zu den geothermisch aktivsten Gebieten der Welt. Hoch aufschießende Geysire, zischender Dampf, brodelnder Schlamm und üble Gerüche sind dauernde Begleiter auf dem Thermal Explorer Highway von Rotorua nach Taupo.

Die Taupo Volcanic Zone erstreckt sich über einen 30 bis 80 km breiten Streifen von White Island im Norden bis zu den drei Tongariro-Vulkanen im Süden. Diese aktiven Vulkane umschließen ein riesiges Feld inaktiver Kegel und gewaltiger Krater aus früheren Eruptionen. Hier ist die Erde ständig in Bewegung, überall dort haucht sie hitzig ihren Atem aus, wo giftige Gase in Erdspalten einen Auslass finden. Die Natur zeigt sich in dieser Region von ihrer unheilvollsten Seite, aber sie präsentiert sich auch besonders eindrucksvoll.

Die Maori vom Stamm der Te Arawa wissen die gewaltigen natürlichen Energievorkommen dieser Region gut für sich zu nutzen. Sie kochen ihre Mahlzeiten in heißen Quellen und entspannen sich in mineralreichen Hot Pools. In den 1870er-Jahren waren diese Maori auch die ersten Touristenführer des Landes, als die Gegend für ihre Naturwunder bekannt wurde und zunehmend Besucher aus aller Welt anlockte. Hier entstanden die ersten kommerziellen Fremdenverkehrsunternehmen Neuseelands. Dann brach im Jahr 1886 der Mount Tarawera aus. Die gewaltige Eruption zerstörte mehrere Dörfer und ließ den Lake Rotomahana sowie das Waimangu Valley entstehen.

Heute entdeckt Rotorua sein Erbe als bedeutender Kurort neu; etliche der alten Gebäude im Pseudo-Tudorstil erstrahlen in restauriertem Glanz und verleihen der Stadt ihren ganz eigenen, kontrastreichen Charme. Und wie früher sind viele Touristenführer Maori, die nun die gastfreundliche Tradition ihrer Vorfahren fortsetzen.

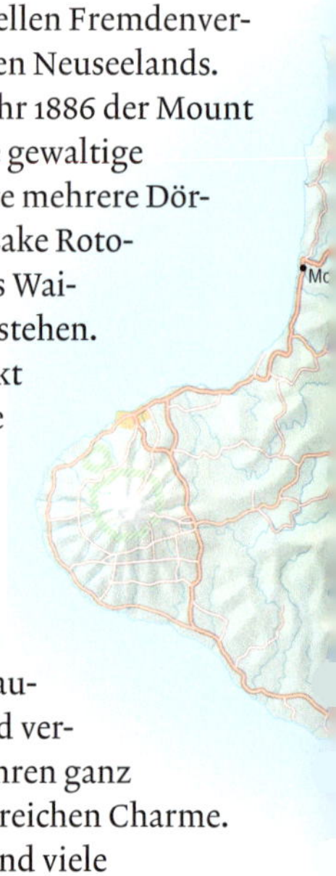

TOP 10

❹ ★★ Thermal Areas

Nicht verpassen!

㉕ Buried Village

㉖ Tamaki Maori Village

㉗ Tongariro National Park

Nach Lust und Laune!

28 Rotorua Government Gardens

29 Polynesian Spa

30 Skyline Rotorua

31 Ohinemutu

32 White Island

33 Waitomo Glowworm Caves

34 Huka Falls

35 Napier & Hawke's Bay

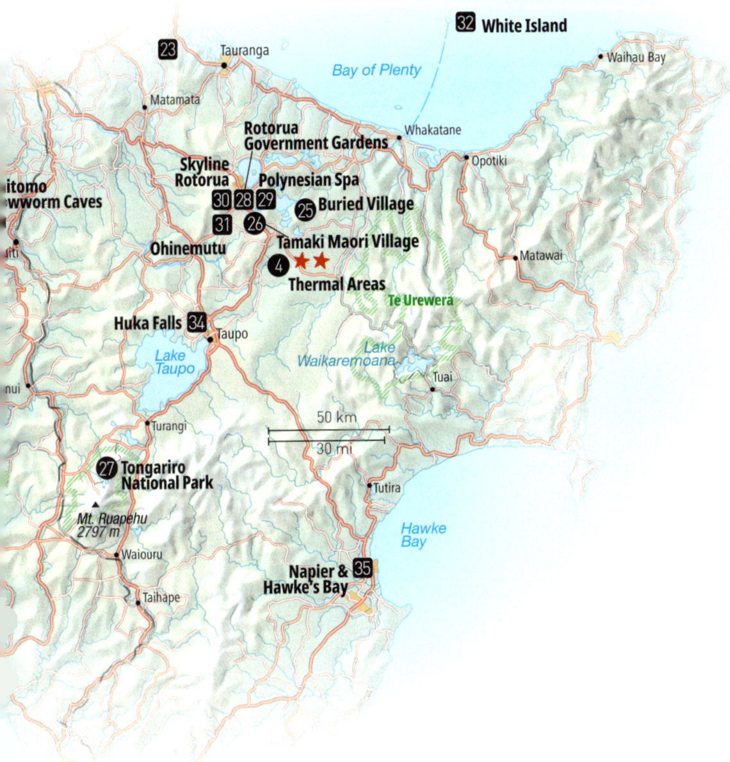

Mein Tag auf einem echten Kiwi-Roadtrip

»Doing a tiki tour« heißt auf Kiwi-Englisch so viel wie: ins Auto setzen, losfahren und sich überraschen lassen, wo man ankommt. So ganz ohne Ziel sind Sie heute zwar nicht unterwegs – aber Überraschungen am Wegesrand wird es reichlich geben.

Achtung: Starten Sie die Tour nur mit vollem Tank und Picknickkorb. Eine Flasche Wein für den Abend und eine Schaufel sollten auch nicht fehlen. Übernachten können Sie in Kawhia z. B. im schön gelegenen Beachside Scape Holiday Park, auf dem familiären Kawhia Camping Ground oder im schlichten Kawhia Motel. Strecke: insg. 121 km, davon 30 km Abstecher nach Marokopa. Reine Fahrzeit: ca. 3,5 Std.

9 Uhr: Scenic view

Gleich hinter den berühmten 33 Waitomo Caves beginnt Ihre ganz persönliche »tiki tour«. Etwa 1 km nach der Waitomo i-Site biegen Sie am Kreisverkehr auf die Te Anga Road ein. Ein spätes Frühstück können Sie auch direkt auf der Strecke einnehmen: 8 km weiter, kurz nach dem Abzweig der Hauturu Road, erreichen Sie Haggas Lookout, einen typisch neuseeländischen Picknickplatz am Straßenrand. An klaren Tagen sieht man von hier die Vulkane im 27 ★★ Tongariro National Park im Osten! Im Westen winkt das heutige Ziel: die wilde Tasman Sea. Zeit für einen Tee oder Kaffee aus der Thermoskanne!

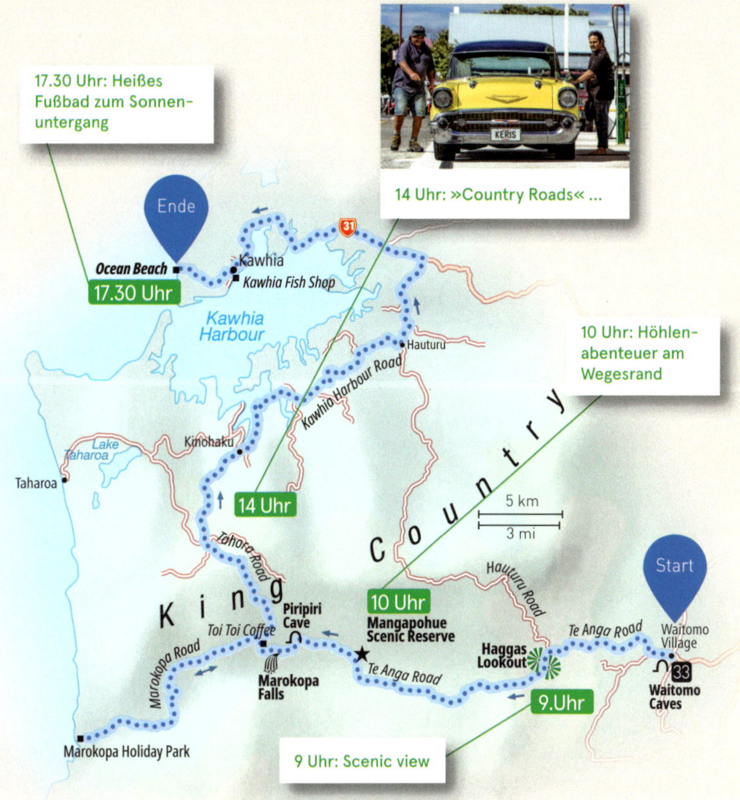

10 Uhr: Höhlenabenteuer am Wegesrand

Nach 15 km ist das Mangapohue Scenic Reserve erreicht. Folgen Sie dem kurzen Weg in das kleine Naturschutzgebiet mit den hoch aufragenden karstweißen Felswänden der *natural bridge*. Nach den steilen Treppen hinter dem Höhlendurchgang wird der Weg womöglich noch schöner. Insgesamt dauert es nicht mehr als 20 Minuten, fühlt sich aber wesentlich länger an.

10.30 Uhr: Piripiri Cave Walk

Ein weiterer Zwischenstopp wartet 4 km weiter am Wegesrand: Etwa 60 Stufen führen hinab in die kleine, kostenfrei zu besichtigende Piripiri Cave – nicht so spektakulär wie die kilometerlangen Waitomo Caves, aber ein echtes Höhlenabenteuer. Entdecken Sie weiß glimmende *glowworms* an der Höhlendecke: Das sind die biolumineszenten Larven einer nur in Neuseeland lebenden Langhornmückenart.

Links: Natural Bridge im Mangapohue Scenic Reserve. Oben: bei den Marokopa Falls.

11 Uhr: Wasser marsch!

Die 35 m hohen Marokopa Falls sind zwar nicht die höchsten, aber für viele Besucher die schönsten Wasserfälle Neuseelands. Folgen Sie dem 600 m langen Weg zur Aussichtsplattform durch dichten Wald voller Nikau-Palmen – und urteilen Sie selbst.

11.30 Uhr: Kiwi-Lunch

Nur 1,6 km weiter serviert Toi Toi Coffee ein kleines, feines Angebot an Kuchen und warmen Snacks; probieren Sie mal einen der *pies*, gefüllte Teigtaschen, das Lieblingsessen der Neuseeländer.

12.30 Uhr: Beach Stop

Nach dem Café teilt sich die Te Anga Road. Haben Sie Lust auf einen kleinen Abstecher? Dann fahren Sie nach links auf der schmalen Marokopa Road, bis Sie nach etwa 15 km das Meer erreichen. Der Blick über die unverbaute wilde Küste mit dem schwarzen Strand ist unvergleichlich. Seien Sie aber beim Strandspaziergang vorsichtig – das wilde Meer schickt einzelne Wellen weit auf den Strand hinauf.
Tipp: Der Marokopa Holiday Park fungiert als Shop, Post und Tourist-Information.

14 Uhr: »Country roads« …

Das nächste Ziel ist: der Weg selbst. Genießen Sie die Blicke auf die endlosen grünen Hügel des King Country, wo sich vor 150 Jahren die Maori-Rebellen unter ihrem Anführer Tawhiao vor den Briten

Oben: Stiller Beobachter an der Te Anga Road. Rechts oben/unten: am Ocean Beach (Kawhia).

versteckten. Die abgeschiedene Gegend hat sich seitdem nicht wirklich verändert; die wenigen Einwohner leben wie anno dazumal als Farmer. Von Marokopa geht es zurück zur Te Anga Road, dann biegen Sie links auf die Taharoa Road ein. Folgen Sie ihr um den weit ins Land hineinreichenden Kawhia Harbour, bis Sie den Meeresarm fast umrundet haben.

16.30 Uhr: »Sie haben das Ziel erreicht«

Nach 55 km, die sich wesentlich länger anfühlten, ist der Roadtrip vorbei – aber Ihr Tag noch nicht! Im Kawhia Fish Shop gleich am Hafen bekommen Sie das perfekte Kiwi-Food: *fish and chips* frisch aus dem Meer. Auch in dem kleinen General Store etwa 300 Meter weiter an der Hauptstraße gibt es für Sie auf alle Fälle etwas Warmes zu essen (tgl. 7–18 Uhr).

17.30 Uhr: Heißes Fußbad bis zum Sonnenuntergang

Wenige Kilometer müssen Sie noch aus dem Ort hinaus zum Ocean Beach fahren, an die dem Meer zugewandte Seite des Kawhia Harbour. Parken Sie hinter den Dünen, laufen Sie auf dem breiten schwarzen Sandstrand bis zur Wasserlinie vor und buddeln Sie. Jeweils zwei Stunden vor und nach der tiefsten Ebbe stoßen Sie hier auf bis zu 50° C heißes, schwefliges Thermalwasser. Graben Sie sich Ihren ganz persönlichen *hot pool* und genießen Sie den Sonnenuntergang. Gute Nacht!

❹ ★★ Thermal Areas

Warum?	Das Thermalgebiet um Rotorua ist weltweit einzigartig.
Was?	Blubbernder Schlamm, dampfende Erdspalten und zischende Geysire – rund um Rotorua ist die Erdkruste gefährlich dünn.
Wann?	Kommen Sie zeitig, um den Morgennebel über den Schlammpools zu sehen.
Wie lange?	Mindestens 2 Stunden – pro Thermalgebiet!
Was noch?	Bringen Sie ein Tuch mit, das Sie sich vors Gesicht halten können, wenn Sie empfindlich auf Gestank reagieren.

Rotorua ist das Zentrum eines thermischen Wunderlands voll blubbernder Schlammtümpel, bunter Sinterterrassen und zischender Geysire. Der Geruch nach faulen Eiern erfüllt die Stadt Tag und Nacht: Was da so penetrant in die Nase steigt, sind Schwefeldämpfe aus dem Erdinneren – eindeutige Anzeichen für vulkanische Aktivität.

Drei Spektakel warten am Thermal Explorer Highway (SH5) zwischen Rotorua und Taupo auf Besucher, keines davon ist weiter als 30 km von Rotorua entfernt: das von Maori bewohnte Thermalgebiet Whakarewarewa, das Waimangu Valley und das Wai-o-tapu Thermal Wonderland.

Thermalgebiet Whakarewarewa

Whakarewarewa liegt am südlichen Ende der Stadt und ist ein Teil des Te-Puia-Komplexes. Hier befinden sich in einem weitläufigen geothermalen Park etliche Geysiren und Schlammtümpel, ein Kulturzentrum der Maori sowie eine Kiwi-Haus, in dem Sie einen Blick auf die nachtaktiven Vögel werfen können. Im Maori-Dorf Whakarewarewa fanden jene, die beim Ausbruch des Mount Tarawera ihr Zuhause verloren, eine neue Heimat; einige ihrer Nachkommen arbeiten noch hier. Hauptattraktion ist eine Sinterterrasse von etwa 1 ha mit sieben aktiven Geysiren. Der Geysir Prince of Wales Feathers schießt jede Stunde heiße Fontänen in 12 m Höhe empor

Blubbernde Schlammpools im Wai-o-tapu Thermal Wonderland.

Links: Eruption des Geysirs Lady Knox im Wai-o-tapu Thermal Wonderland.
Unten: Etwa 15 Minuten von Rotorua entfernt gibt es am Hell's Gate noch mehr Fumarolen und Schlammtümpel.

Unterwegs im Wai-o-tapu-Thermal Wonderland: Früh am Morgen vermischt sich der Nebel mit dem Schwefeldampf.

und kündigt das Erwachen von Pohutu an, mit 30 m der höchste Geysir Neuseelands.

Ausstellungen zur Maori-Kultur

Neben den Geysiren sollte man es nicht versäumen, das Versammlungshaus der Maori und das New Zealand Maori Arts and Crafts Institute (Te Puia) zu besichtigen. Hier kann man dabei zusehen, wie Maori-Kunsthandwerker schnitzen und weben, und nach Souvenirs stöbern.

Waimangu Volcanic Valley

Etwa 14 km südlich von Whakarewarewa entstand im Jahr 1886 beim Ausbruch des Mount Tarawera ein enges Tal, das seitdem von der Natur zurückerobert wird. Nur wenige Meter nach dem Eingang gibt es den Blick über seine dampfende Schönheit frei, dahinter ragt der schrundige Krater des Tarawera auf. Ein stetig leicht abfallender Pfad windet sich am Emerald Pool vorbei zum Frying Pan Lake: Kochendes Wasser und toxische Dämpfe speisen diese größte heiße Quelle der Welt. Einige Gehminuten weiter ins Tal hinein macht der gurgelnde Inferno Crater Lake etwa einmal im Monat seinem Namen alle Ehre. Kurz vor dem Lake Rotomahana leiten die Marble and Warbrick-Terrassen heißes Wasser durch ein Labyrinth von Muschelsinterfeldern und kaskadenförmigen Strebepfeilern.

Wai-o-tapu

Ein weiteres, wenig bekanntes Thermalgebiet ist Waikite. Hier gibt es ein kleines, von einem heißen Bach gespeistes Schwimmbad und ein Café (48 Waikite Valley Road, www.hotpools.co.nz).

Nach weiteren 13 km entlang dem SH5 erreicht man die thermalen Wunder von Wai-o-tapu. Hier gibt es Mineralablagerungen und Sinterbildungen in allen Farben. Das Thermalgebiet ist vor allem für den zart in den Farben des Spektrums leuchtenden Champagne Pool und die in über 900 Jahren als größte der Südhalbkugel geformten Primrose Terraces bekannt. Täglich um 10.15 Uhr wird der Lady Knox Geysir mit einer Portion Seife zur Eruption gebracht – kommen Sie pünktlich, wenn Sie dieses Schauspiel sehen wollen!

KLEINE PAUSE

Am Waimangu Volcanic Valley bietet das **Local Store & Café** einen schönen Blick über das Tal.

ⓘ

208 C3 **Rotorua i-Site** ✉ 1167 Fenton Street, Rotorua ☎ 07 348 51 79 🌐 www.rotorua nz.com ⌚ Nov.–März tgl. 8–18, sonst 8.30–17.30 Uhr

Whakarewarewa Thermal Valley (Te Puia) ✉ Hemo Road, Rotorua ☎ 07 348 90 47 🌐 www.tepuia.com ⌚ tgl. 8–18, April–Sept, bis 16 Uhr; Führungen stündlich 9–15 Uhr; Maori-Aufführungen tgl. 10 Uhr, zusätzl. 10.30, 13.30 u. 14.30 Uhr in der Hochsaison 75-100 NZ$

Waimangu Volcanic Valley ✉ 587 Waimangu Road, Rotorua ☎ 07 366 61 37 🌐 www.waimangu.co.nz ⌚ tgl. 8.30–17 (Jan bis 18), letzter Eintritt 15.45 Uhr 44 NZ$, 89 NZ$ inkl. Bootsfahrt, Shuttlebus kostenlos

Wai-o-tapu Thermal Wonderland ✉ 201 Waiotapu Loop Road, Rotorua ☎ 07 366 63 33 🌐 www.waiotapu.co.nz ⌚ Fr–Do 8.30–16.30, Nov–März bis 18, letzter Einlass 15 Uhr 32,50 NZ$ (inkl. Besichtigung des Lady Knox Geysir)

㉕ Buried Village

Warum?	Artefakte, Steinschnitzereien und Erinnerungen an das Maori-Leben vor der Kolonialisierung
Was?	Das »Pompeji Neuseelands« und der Krater des Tarawera erinnern an die stetige Gefahr der Naturkräfte.
Wie lange?	Als Abstecher vom Waimangu Volcanic Valley etwa eine Stunde
Was noch?	Wanderpfade zu den Wairere Falls und zum Waitoharuru Valley Lookout

Der Mount Tarawera ist den Maori heilig. Seine gezackten Gipfel erinnern an eine unruhige Vergangenheit. Im Jahr 1886 begrub der Vulkan nach einer Eruption das Dorf Te Wairoa und die Umgebung unter einer Schlammschicht.

In den frühen Morgenstunden des 10. Juni 1886 wurden die Bewohner der Region zwischen Rotorua und Lake Tarewara von heftigen Erdstößen, feurigen Lava-Fontänen, Asche- und Rauchwolken bis in 10 km Höhe geweckt. Die Gewalt der Eruption von 1886 erkennt man selbst aus der Ferne noch bis heute. Eine der besten Stellen für einen Blick auf den Mount Tarawera ist das Landing Café am Lake Tarawera. Der Ausbruch des Vulkans riss eine 17 km lange Spalte ins Land, wodurch ein See und das Waimangu Volcanic Valley entstanden.

Blick in den riesigen, tief zerklüfteten Krater des Mount Tarawera.

Vom Leben im Dorf

Der bedrückendste Anblick der Zerstörung bietet sich in Te Wairoa *(The Buried Village)*, etwa 1 km vom Lake Tarawera entfernt. Das Dorf war der Mittelpunkt des Tourismus und Heimat etlicher Führer, die in den 1870er-Jahren Besucher zu den berühmten *Pink and White Terraces*

Rechte Seite: Im üppigsten Grün präsentiert sich die Landschaft am Lake Tarawera.

brachten, der größten Touristenattraktion jener Zeit. Früher floss über diese gewaltig sich auftürmenden Sinterterrassen heißes Wasser in den nahe gelegenen Lake Rotomahana, der vor dem Ausbruch nicht halb so groß war wie heute.

Ein Museum am Eingang des Dorfes präsentiert eine ausgezeichnete Einführung zu dem Gebiet. Fotos dokumentieren die Entwicklung Te Wairoas. Augenzeugenberichte beschreiben das Chaos und die Rettungsversuche, die der Eruption folgten. Mehrere Zeugen berichteten, dass kurz vor dem Ausbruch eine Touristengruppe den Lake Tarawera überquert hatte und dabei ein geisterhaftes Maori-Kanu gesehen haben wollte. Die auf den Vulkanberg zusteuernden Krieger, so hieß es, hätten Hundegesichter gehabt. Der Dorfweise, Tuhoto Ariki, interpretierte die Erscheinung als Warnung vor der unmittelbar bevorstehender Zerstörung. Bald darauf verschwand das Dorf unter Schlamm und Asche, über 150 Menschen wurden getötet.

Ausgrabungen

Ausgrabungen förderten in Te Wairoa etliche kleine Behausungen und Hunderte von Artefakten zutage, darunter Werkzeuge eines Schmieds, Mühlsteine und Teile aus der Mühle, den Ofen eines Bäckers und volle Flaschen aus dem Wirtshaus. Die freigelegten Hütten und Werkstätten blieben an Ort und Stelle und können besichtigt werden. Interessant sind auch die seltenen Steinschnitzereien: Traditionelle Maori-Dörfer besaßen gemeinschaftliche Vorratshäuser. Bei den Ausgrabungen des Speichers von Te Wairoa entdeckten Archäologen solche Objekte, zwei der Relikte sind nun an ihrem ursprünglichen Platz am Eingang zu sehen.

Das Museum am Eingang des Dorfes informiert über die Geschichte von Te Wairoa.

KLEINE PAUSE

Am Eingang des Buried Village werden Gäste in **Smith & Co.** mit ausgezeichneten Scones und gutem Kaffee (Mi-So 9–16 Uhr) bewirtet.

208 C3
Te Wairoa – the Buried Village
1180 Tarawera Road, RD5, Rotorua ☎ 07 362 82 87

www.buriedvillage.co.nz
Okt.–Feb. Mi–So 10–16, sonst bis 15.45 Uhr 30 NZ$

㉖ Tamaki Maori Village

Warum?	Um die Maori näher kennenzulernen
Was?	Singen, tanzen, gemeinsam speisen
Wie lange?	Der Besuch dauert etwa 2 Stunden.
Was nehme ich mit?	Die Erkenntnis, dass auch Skeptiker solcher Veranstaltungen schnell von den Maori in den Bann gezogen werden können

Nach Jahrzehnten der Unterdrückung leben Sprache und Kultur der Maori wieder auf. Ein traditionell zubereitetes *hangi* und eine Tanzvorführung sollten Sie nicht verpassen.

Am besten lernt man die Kultur der Maori kennen, indem man das Tamaki Maori Village besucht. Hier wurde ein traditionelles Maori-Dorf mit einem *whare nui* (ein großes Versammlungshaus), einem Marktplatz, Schlafhäusern und Vorratsspeichern originalgetreu nachgebaut.

»Cultural Experience« im Tamaki Maori Village.

Als Gast erleben Sie eine traditionelle Begrüßung, bei der ein Krieger Scheinattacken ausführt und herausfordernd einen kleinen Zweig auf den Boden legt. Der gewählte »Häuptling« Ihrer Besuchergruppe hebt den Zweig auf, um seine friedlichen Absichten zu signalisieren. Die Frauen bitten dann zur Versammlungsstätte *(marae)*, wo Sie sich gegenseitig (ja, auch die Gäste müssen etwas vorsingen!) mit Ansprachen und Gesang beehren. Maori-Gesänge und -Tänze sind ein integraler Bestandteil der mündlichen Überlieferung. Wichtiges Element des Festes ist auch ein *hangi* – traditionell im Erdofen gedämpftes Gemüse und Fleisch.

ⓘ

208 C3 **Tamaki Tours** ✉ 1220 Hinemaru Street, Rotorua ☎ 07 349 29 99, 0508 826 254 (kostenlos in Neuseeland) 🌐 www.te-pa-tu.com

Evening Experience startet tgl. um 18.15 Uhr, Dauer ca. 3 Std.
250 NZ$ (inkl. Folkloreshow, Hangi-Dinner und Shuttle von/nach Rotorua)

㉗ Tongariro National Park

Warum?	Maori-Mystik und aktive Vulkane
Was?	Neuseelands ältester Nationalpark
Wie lange?	Mindestens einen halben Tag
Was nehme ich mit?	Auch wenn das Wandern anstrengend ist – die Ausblicke lohnen jede Mühe!

Schon der erste Eindruck von den drei Vulkanen des Tongariro National Park ist bemerkenswert. Ihre Gipfel markieren einen der beliebtesten Nationalparks des Landes. Die Maori fürchteten und verehrten die rauchenden Berggipfel, die für sie »tapu« (oder tabu) waren: also etwas unantastbar Heiliges.

Tongariro war der erste Nationalpark in Neuseeland. Im Jahr 1887 wurde das Gebiet von den Maori dem Staat übergeben, um es vor Ausbeutung zu schützen. Das Zentrum des Parks bilden die drei Vulkane Tongariro (1968 m), Ngauruhoe (2291 m) und Ruapehu (2797 m), der höchste Berg der Nordinsel. Sie gehören zu einer ganzen Kette von »Feuerbergen«, die sich nach Norden über die Vulkaninsel White Island hinaus bis zu den Kermadec- und Tonga-Inseln verfolgen lässt.

Karge Landschaft um den Mount Ruapehu, »blaue Stunde« am Lake Taupo.

Vulkanische Kräfte und das Wetter sind hier noch immer gestalterisch am Werk. Outdoor-Begeisterte nutzen im Sommer die Wanderwege, im Winter die Hänge des Mount Ruapehu zum Skifahren.

Stille Wasser

Die schönste Anfahrt erfolgt von Taupo am Nordufer des Lake Taupo aus. Der See entstand bei einem gewaltigen Vulkanausbruch im Jahr 186 v.Chr., er ist der größte des Landes und gilt als ein Paradies für Angler.

Der Weg ist das Ziel: Wanderer beim Tongariro Alpine Crossing, einer Tages-Tour im wegen seiner kulturellen und spirituellen Bedeutung für die Maori als UNESCO-Weltkultur- und -naturerbe zugleich geschützten Nationalpark.

Aktive Feuerberge

Schon aus der Ferne ist zu erkennen, dass die Vulkane des Tongariro National Park höchst aktiv sind. Mount Ngauruhoe, ein fast perfekter Kegel mit einem deutlich erkennbaren Vulkankrater am Gipfel, schwelt und stößt gelegentlich Dämpfe und Gase in den Himmel. Mount Tongariro, der kleinste des vulkanischen Trios, zeigt ein Labyrinth von Kratern und schießt an einer seiner Flanken die heiße Ketetahi-Quelle in Kaskaden empor. Mount Ruapehu, der einzige ganzjährig schneebedeckte Gipfel, eruptiert alle paar Jahre und spuckt

Dampf- und Aschewolken sowie Lahars (Schlammströme) aus, die manchmal auch eine Berghütte mitreißen.

Den Nationalpark erkunden

Ein Besuch im Örtchen Whakapapa lohnt sich – nicht zuletzt, um einen Blick auf das bekannteste (inzwischen leider geschlossene) Hotel Neuseelands zu werfen, das Chateau Tongariro. Im Besucherzentrum der Nationalparkverwaltung verdienen sorgfältig zusammengestellte Präsentationen Beachtung, die sich mit der hochinteressanten Natur- und Entwicklungsgeschichte dieses geothermisch aktiven Raumes sowie mit dessen Pflanzen und Tieren befassen. Um den Park selbst zu erkunden, nehmen Sie den Sessellift »Sky Waka« am Whakapapa Skifield. (Achtung: Die Wanderwege dort oben sind kaum markiert und führen über Geröll.) Panorama- und Helikopterflüge starten vom National Park Village nahe Whakapapa, wo viele kurze Spazierwege und Wanderrouten beginnen. Eine der beliebtesten Touren in Neuseeland führt über 18,5 km (Gehzeit ca. 8 Std.) durch eine imposante Vulkanlandschaft voller Krater, dampfender Täler, heißer Quellen und Seen: das Tongariro Alpine Crossing (Transfers von Whakapapa: www.tongarirocrossing.com). Es gibt aber auch viele schöne kürzere Routen, etwa den Taranaki Falls Track (2 Std.) oder den Silica Rapids Track von Whakapapa Village aus.

Sehr kompetent geführte Wanderungen durch den Nationalpark bietet Terry Blumhardt an (spricht auch ein wenig Deutsch): www.tongariroguidedwalks.nz

KLEINE PAUSE

Trinken Sie Tee im **Pataka Café** oder essen Sie im **Pinnacles** (Dez-April tgl. 10–15.30 Uhr), Neuseelands höchstgelegenem Restaurant. Auch bei schlechtem Wetter geöffnet ist **Lorenz's Bar and Café** (8.30–16.30 Uhr) an der Talstation des Lifts.

---

i

208 B1
Tongariro National Park Visitor Centre ✉ SH48, Mount Ruapehu 4691 ☎ 07 892 37 29 🌐 www.doc.govt.nz/tongarirovisitorcentre ◔ tgl. 8–17 Uhr

Mount Ruapehu ✉ Ende der Bruce Road, Whakapapa-Skigebiet ☎ 07 892 40 00 🌐 www.mtruapehu.com

◔ Scenic Chairlift Rides ◔ wetterabhängig, Sommer tgl. 10–16 Uhr Gondola Pass (Hin-und Rückfahrt) 39 NZ$

Taupo Float Plane Tongariro
✉ Redoubt Street, Taupo Marina
☎ 07 378 75 00 🌐 www.tauposfloatplane.co.nz ◔ Starts ab 9 (wetterabhängig) bis 15 Uhr ab 645 NZ$

Nach Lust und Laune!

28 Rotorua Government Gardens

Inmitten von Schwefelgestank liegt einer der schönsten und ältesten Stadtparks Neuseelands, der teilweise als botanischer Garten gestaltet ist. Das Juwel des Parks ist bzw. war das Museum of Art and History. Leider wurde das Museum beim Erdbeben von 2016 strukturell so stark beschädigt, dass es bis auf Weiteres geschlossen ist. Das Museum ist im Bath House inmitten der Government Gardens untergebracht, in einem schönen Gebäude im Tudorstil mit Giebeln, Türmen und einem großzügigen Treppenaufgang. Mit diesem Bath House engagierte sich die Regierung erstmals in größerem Stil für den Tourismus der Region, der in voller Blüte stand, als 1908 das »Great South Seas Spa« eröffnet wurde. Die Reichen und Berühmten kamen hierher, um sich am heißen, mineralhaltigen Wasser zu laben. Neben dem Museum befinden sich die Blue Baths, die in den 1930er-Jahren vorwiegend als Entspannungsbäder erbaut wurden, inzwischen wegen der mangelnden Erdbebensicherheit aber ebenfalls geschlossen sind.

208 C3 9 Queens Drive, Rotorua
www.rotoruanz.com Te Runanga Tea House kostenlos

29 Polynesian Spa

Gönnen Sie sich nach einem langen Besichtigungstag ein abendliches Bad in den heißen Mineralbädern

Das einstige staatliche Spa Bath House beherbergt heute das Rotorua Museum of Art and History.

des Polynesian Spa. Die Einrichtung wurde zum Teil aus einem Badehaus aus den 1930er-Jahren übernommen. Man kann wählen zwischen warmen, belebenden, säurehaltigen Bädern, die an einem geschützten Uferstück am Lake Rotorua in den Felsen eingelassen sind, und beruhigenden Bädern, die von einer heißen Quelle neben dem Komplex gespeist werden. Massagen und Schlammbäder kosten extra.

208 C3 ✉ 1000 Hinemoa Street, Government Gardens, Rotorua ☎ 07 348 13 28 🌐 www.polynesianspa.co.nz 🕘 tgl. 9–23 Uhr; Spa-Behandlungen: 10–17 Uhr 🎟 Adult Pools ab 39,95 NZ$, Behandlungen ab 219 NZ$

30 Skyline Rotorua

Die Seilbahn fährt am Hang des Mount Ngongotaha bis auf fast 500 m über dem Meeresspiegel und eröffnet Panoramablicke über Rotorua, den See und die Umgebung. Oben steigen Sie auf einen Rennschlitten (»The Luge«) und sausen auf verschiedenen Strecken zu Tal; vielleicht wagen Sie sich auch auf die Sky Swing oder die Zoom Zipline. Es gibt auch einfache Fußwege ohne besonderen Schwierigkeitsgrad bergab.

208 C3 ✉ 178 Fairy Springs Road, Rotorua ☎ 07 347 00 27 🌐 www.skyline.co.nz 🕘 tgl. 9–21 Uhr (Nacht-Rodeln nur Sa) 🍴 Restaurant, Market Kitchen Cafe ($) 🎟 40 NZ$ (Gondel+1 Luge-Fahrt: 57 NZ$ bei Onlinebuchung)

St Faiths Church in Ohinemutu (Rotorua).

31 Ohinemutu

Dieser Stadtteil von Rotorua war schon vor Jahrhunderten die Heimat der Nga Whakaue Maori. Ein Bummel durch die engen Straßen am Seeufer zeigt hübsche viktorianische Häuser, einen prächtigen Marae und dampfende Kanaldeckel. Spannende Kontraste setzt die wunderschöne St Faiths Church, in der Maori seit 1914 beten.

208 C3 ✉ rund um die Kiharoa St, zwischen Seeufer und Kuirau Park 🕘 Gottesdienste in der St Faiths Church So 9 Uhr 🎟 geführte Touren über die i-Site (1167 Fenton Street, Rotorua ☎ 07 348 51 79 🌐 www.rotoruanz.com) buchen ab 23 NZ$

32 White Island

Die Rauchwolke über der Weißen Insel ist von der gesamten Küste der Bay of Plenty zu sehen. Neuseelands aktivster Vulkan liegt etwa 50 km vor Whakatane. Ende des 19. Jh.s baute man auf der Insel Schwefel ab, ehe ein Vulkanausbruch eine gesamte Schicht bis auf die Lagerkatze tötete. Geführte Touren über die Insel wurden nach einem Vulkanausbruch von 2019, der 22 Touristen und Guides tötete, eingestellt. Per Kleinflugzeug kann man die dampfenden Schlote von oben sehen.

✈ 209 D4 ✉ Whakatane Airport, 216 Aerodrome Road ☎ 07 308 77 60, 0800 94 48 34 🌐 www.whiteisland flights.co.nz 🎟 Tour: 249 NZ$

33 Waitomo Glowworm Caves

Das Einzige, was im verschlafenen Waitomo sehenswert ist, sind die riesigen Kalksteinhöhlen unter der Erde, die ein magisches Geheimnis bergen: In der Finsternis leuchtet ein Sternenhimmel von weißblau glimmenden Pünktchen auf, wenn man leise genug auftritt. Wobei man die dafür verantwortlichen Glowworms nicht mit unseren Glühwürmchen verwechseln darf. Obwohl das Dorf aus nicht viel mehr als der Hauptstraße besteht, kommen doch jedes Jahr mehr als eine halbe Million Besucher, um diese Höhlen zu besuchen. Das breite Angebot an unterirdischen Aktivitäten ist ein guter Grund, um hier einen ganzen Tag zu verbringen: ob beim Rundgang durch verschiedene Glowworm Caves, dem Blackwater-Rafting (dabei fährt man auf Schwimmreifen einen unterirdischen Fluss hinunter) oder beim Abseiling in 100 m tiefe Höhlen.

✈ 208 A3 ✉ 21 Waitomo Caves Road ☎ 07 878 76 40, 0800 45 69 22 🌐 www.waitomo.com ● Visitor Information vor Ort mit angeschlossenem Museum tgl. 9–17 Uhr 🎟 Höhlentouren ab 61 NZ$

Die ganze Insel ein Vulkan: White Island.

Ein Sternenhimmel unter der Erde

Stockdunkel ist es in der Tropfsteinhöhle. Fast geräuschlos gleitet das Stakboot auf dem unterirdischen Fluss dahin. Und dann blinzeln Sie überrascht: Wieso blinken tief unter der Erde plötzlich Abertausende Sterne über Ihnen auf? Sie funkeln blau und erlöschen wieder, sobald es zu laut wird. Dass die Lichter nicht von Glühwürmchen stammen, sondern von den klebrigen Fangfäden einer neuseeländischen Langhornmückenart, die damit ihre Opfer anlocken will, klingt nicht sehr romantisch. Aber der Moment als solcher ist trotzdem magisch.

www.waitomo.com

34 Huka Falls

Nur wenige Minuten nördlich von Taupo zwängt sich der Waikato, Neuseelands längster Fluss, der normalerweise 100 m breit ist, durch einen Spalt von nur 15 m Breite. Das blaue Wasser rauscht durch den Kanal und wird zu einem grandiosen Wasserfall, der sich über eine 11 m breite Klippe ergießt. Reisende bestaunen die Wassermassen von einer eine Fußgängerbrücke über dem Kanal, man kann aber auch mit dem Jetboot fahren.

208 C2

Huka Falls River Cruise ✉ Start am Aratiatia Dam ☎ 0800 27 83 36 ⊕ www.hukafallscruise.co.nz ◷ tgl. 10.30, 12.30, 14.30 Uhr (26 Dez.–Ende Jan. zusätzlich 16.30 Uhr) 45 NZ$

Huka Falls Jet ✉ 200 Karetoto Road, 6 km nördlich von Taupo ☎ 07 374 85 72 ⊕ www.hukafallsjet.com ◷ tgl. 8.30–17 (Dez/Jan bis 17.30, Mai–Sept 9–16) Uhr; eine Fahrt dauert 30 Minuten 129 NZ$

35 Napier und Hawke's Bay

Die Hawke's Bay ist Neuseelands wichtigstes Anbaugebiet für Wein und Obst, die Stadt Napier ein Idyll im Art-déco-Stil. Am 3. Februar 1931 erschütterte ein gewaltiges Erdbeben die Bay. Beinahe alle Gebäude in Napier stürzten ein, Brände zerstörten das Stadtzentrum. Über 250 Menschen starben. Doch die Bewohner bauten ihre Stadt wieder auf – vorrangig im Art-déco-Stil. Nehmen Sie sich wenigstens einen halben Tag Zeit, um durchs Zentrum und über die mit Palmen bestandene Marine Parade zu schlendern. Zum Art Deco Weekend im Februar kommen Hunderte Besucher.

209 D1

i-Site ✉ 100 Marine Parade, Napier ☎ 06 834 19 11, 0800 84 74 88 ⊕ www.napiernz.com ◷ tgl. 9–17 Uhr

Art Deco Trust ✉ 7 Tennyson Street, Napier ☎ 06 835 00 22 ⊕ www.artdeconapier.com ◷ tgl. 9.30–14.30 Uhr

Art-déco-Schmuckstück am südlichen Ende der Hawke's Bay: Blick auf Napier vom Bluff Hill.

Wohin zum ... Übernachten?

Preise für ein Doppelzimmer pro Nacht:

$	unter 200 NZ$
$$	200–350 NZ$
$$$	über 350 NZ$

ROTORUA

Regent of Rotorua $
Dieses ehemalige Motel ist heute ein schickes Boutique-Hotel. Ein neues Restaurant, eine Cocktail-Bar und Suiten ergänzen das Angebot. Genießen Sie den 30 °C warmen Geothermalpool oder den Mineralpool im Innenbereich.
208 C3 1191 Pukaki Street
07 348 40 79, 0508 73 43 68,
www.regentrotorua.co.nz

The Springs Luxury Bed & Breakfast $$$
Colleen und Murray Ward haben dieses luxuriöse Bed & Breakfast so konzipiert, dass es zu den Bungalows aus den 1930er-Jahren in ihrer ruhigen Wohnstraße passt. Die vier Schlafzimmer verfügen über Kingsize-Betten, Bad, begehbare Schränke und eine eigene Terrasse. Zum Frühstück werden u.a. Buttermilchpfannkuchen, Räucherlachs und Rührei serviert.
208 C3 16 Devon Street
7 348 99 22, www.thesprings.co.nz

Treetops Lodge & Estate $$$
Diese Luxus-Lodge inmitten von 1000 ha einheimischem Wald ist ein wahrer Rückzugsort. Die Hauptlodge wurde über einem Flusslauf erricht. Vier Lodge-Zimmer sind mit dem Hauptgebäude verbunden. Zudem gibt es acht Villen in separaten Gebäuden, jede mit See- oder Waldblick.
208 C3 351 Kearoa Road
07 333 20 66 www.treetops.co.nz

TONGARIRO NATIONAL PARK

Ruapehu Golf and Country Lodge $
Das Haus liegt oberhalb des 3. Tees des Waimarino-Golfplatzes, der Blick fällt über die Greens oder in Richtung Berge. Die vier Gästezimmer sind im französischen Landhausstil dekoriert, Gäste werden mit einem Aperitif in der Lounge begrüßt. Im Umkreis von einer Stunde Fahrzeit gibt es fünf Golfplätze und eine Golfschule. Nichtgolfer können wandern, Kanu oder Ski fahren.
208 B1 630 Raetihi Ohakune Road, Ohakune 06 385 95 94
www.ruapehucountrylodge.co.nz

Skotel Alpine Resort $$
Das höchstgelegene Hotel der Nordinsel liegt nur wenige Fahrminuten vom Whakapapa-Skigebiet an den Hängen des Mt Ruapehu entfernt im Herzen des Tongariro Nationalparks. Gäste können zwischen einfachen Backpacker-Unterkünften, Familien-Bungalows und Suiten mit Whirlpool und Panoramasicht auf die Vulkane wählen. Ein Restaurant gehört zum Haus.
208 B1 1 Ngauruhoe Terrace, Whakapapa Village
07 892 37 19
www.skotel.co.nz

HAWKE'S BAY

Cobden Garden Homestay $–$$
Das Boutique-Homestay bietet drei Kingsize-Zimmer, jedes mit eigenem Bad, in einer viktorianischen Villa aus den 1880er-Jahren. Phillip und Rayma Jenkins führen das Haus bereits in der vierten Generation.
209 D1 1 Cobden Crescent, Bluff Hill, Napier 06 834 20 90, 0800 42 62 33
www.cobden.co.nz

Hawthorne House $$$
Die elegante Villa mit 4 Zimmern liegt nur 20 Minuten von Napier entfernt am Ende einer Platanen-Allee. Bei Ankunft wird ein Nachmittagstee angeboten. Beim Sonnenuntergang können Sie sich zu einem Aperitif zu den Eigentümern gesellen. Frühstücken können Sie im Frühstücksraum, auf Ihrer privaten Veranda oder auf der alten Bahnplattform mit Blick auf den Ententeich. Auf der Speisekarte stehen Produkte aus biologischer Landwirtschaft.
211 E4 1420 Railway Road South, Hastings
06 878 00 35 www.hawthorne.co.nz

Wohin zum ... Essen und Trinken?

Preise für ein Essen ohne Getränk:

$	unter 45 NZ$
$$	45–70 NZ$
$$$	über 70 NZ$

ROTORUA

The Pig and Whistle Historic Pub $
Das imposante Haus aus den 1940er-Jahren war mal eine Polizeistation. Die Karte reicht von Burgern und Fish & Chips bis zum Eintopf. Do, Fr und Sa abends Livemusik.
208 C3 1182 Tutanekai Street
07 347 30 25 www.pigandwhistle.co.nz
tgl. 11.30 Uhr bis spät

Lime Café $–$$
Am Ende der Fenton Street genießen Sie draußen den Blick auf den See oder frühstücken gemütlich im Innenbereich. Es gibt auch köstliche Mittagsmenüs. Das sehr leckere Vanille-Risotto mit Beeren ist eine Spezialität des Hauses.
208 C3 1096 Whakaue Street
07 350 20 33 tgl. 7.30–16.30 Uhr

Tarawera Landing Café $–$$
Die idyllische Lage mit Blick über den Lake Tarawera macht das schlichte Café zum lohnenden Ziel. Genießen Sie Ihr Essen auf der Veranda (achten Sie aber auf die Sandfliegen).
208 C3 1380 Tarawera Road, Lake Tarawera 07 362 85 02
Mi–Mo 10–15.30 Uhr

TAUPO

Replete Café $
Das Replete, eine Kombination aus Café, Haushaltswarenladen und Cateringservice, ist in Taupo eine Institution. Das Café serviert Frühstück, Brunch und Mittagessen mit gutem Kaffee. Die Gerichte reichen vom Müsli bis zum Thai-Rindfleisch-Salat.
208 C2 45 Heu Heu Street, Taupo
07 377 30 11 www.replete.co.nz
Do–Di 8–16 Uhr

HAWKE'S BAY

Clearview Estate Winery $–$$
Das Weingut an der Küste östlich von Hastings gewinnt für seine Weine seit fast 20 Jahren Preise. Im Restaurant werden frische Kräuter, Oliven, Zitrusfrüchte und Avocados aus dem eigenen Garten sowie andere regionale Produkte verwendet. An langen Tischen sitzt man unter Weinreben, im schattigen Innenhof oder mit Blick aufs Meer.
211 E4 194 Clifton Road, Te Awanga, RD2, Hastings 06 875 01 501
www.clearview estate.co.nz letzter Montag im Okt. bis Ostern tgl. 10–17, sonst Mi–So 10–16 Uhr

Wohin zum ... Einkaufen?

In Rotorua drängeln sich Spezialitätenläden um die Tutanekai Street. **MacPac Rotorua** (1269 Tutanekai Street, Tel. 07 348 52 87) bietet Outdoor-Kleidung und die passende Ausrüstung an, **Max** (1281 Tutanekai Street, Tel. 07 350 32 18) verkauft Bekleidung. Männerkleidung bekommt man bei **Pollards** (1191 Tutanekai Street, Tel. 07 3 47 71 39).
Das **New Zealand Maori Arts and Crafts Institute (Te Puia)** in Whakarewarewa (Tel. 07 348 90 47) bewahrt die Kunst des Holzschnitzens *(whakairo)* und Webens *(raranga)*. Hier kann man die Schnitzerschule besichtigen und das Atelier eines Jade-Juweliers besuchen. Auf dem **Tribal Marketplace** im Tamaki Maori Village (Tel. 07 349 29 99) stellen Künstler Holz-, Knochen- und Jadeschnitzereien, Flachswebereien, Lebensmittel und Maori-Arzneien her und verkaufen sie.
In der **Mountain Jade Factory** (1288 Fenton Street, Tel. 07 349 39 68) werden Schmuck, Skulpturen und Schalen geschnitten. Der zugehörige Souvenirladen verkauft auch Wollprodukte und -kleidung. **Redwoods Gift Shop and Visitor Centre** (Long Mile Road, Tel. 07 350 01 10) im Whakarewarewa Forest verkauft vor Ort aus Holz gefertigte Geschenkartikel. In Taupo findet man Kunsthandwerk am **Lake Taupo Arts and Crafts Trail** (www.taupoartconnection.org.nz).

Wohin zum ... Ausgehen?

ROTORUA UND TAUPO

Konzerte, Ausstellungen, Sportevents – auf der Webseite www.rotoruanui.nz erfährt man, wo es in Rotorua kulturell brodelt.

Kunst und Kultur

Maori-Konzertaufführungen gibt es in Rotorua täglich im Te Puia, im Te Pa Tu und in vielen Hotels. Livebands spielen Freitag- und Samstagabend in The Pig and Whistle (Ecke Haupapa/Tutanekai Street). Jedes Jahr im März findet das Lakeside Concert am Ufer des Lake Rotorua statt, bei dem bekannte Künstler und Künstlerinnen aus Rotorua und ganz Neuseeland auftreten - von Gesang und Tanz bis Akrobatik ist alles dabei. Das Rotorua Museum of Art and History zeigt regelmäßig Ausstellungen.

Angeln

Bei Hamill's (1271 Fenton Street) erhalten Sie Broschüren zum Forellenfischen in der Region sowie Lizenzen und Ausrüstung. Tourism Rotorua (1167 Fenton Street) hat Infos über Führer, die Sie mit Boot und Angelzeug versorgen können.

Bootsfahrten

Totally Tarawera (Tel. 07 345 66 88) bietet eine zweistündige Bootstour auf dem Lake Tarawera an, mit einem Badestopp am Hot Water Beach. Auf dem Lake Rotorua fährt die Lakeland Queen (Tel. 07 348 02 65, 0800 572 84). Die Ernest Kemp (Tel. 07 378 92 22), ein nachgebauter Dampfer, ist auf dem Lake Taupo unterwegs.

Golf

Der Rotorua Golf Club (399 Fenton Street, Tel. 07 348 40 51) verspricht ungewöhnliche Hindernisse: Schwefelgruben, Schlammlöcher und dampfende Seen.

Radfahren, Reiten

Mountainbikefahren kann man im Whakarewarewa Forest, Ausreiten über Farmland. Paradise Valley Riding Centre (Tel. 02 74 15 05 11) und Lake Okareka Horse Trekking (Tel. 021 292 22 33) haben einen guten Ruf.

Wintersport

Gleich drei Skigebiete mit Pisten für jedes Level liegen an den Hängen des Mount Ruapehu: Whakapapa und Turoa (www.mtruapehu.com) und auf der gegenüberliegenden Bergflanke Tukino (www.tukino.org).

Wandern

Wanderwege führen durch die Wälder im Rotorua-Seengebiet und die vulkanische Region des Tongariro National Park. Neben der 18,5 km langen Tageswanderung Tongariro Alpine Crossing gibt es kürzere Routen wie den Taranaki Falls Track oder den Silica Rapids Track von Whakapapa Village oder Ohakune. Karten sind im Tongariro National Park Visitor Centre (Tawera Place, Whakapapa Village) oder der i-Site von Rotorua (1167 Fenton Street, Rotorua) erhältlich.

Wassersport

In allen Seen um Rotorua kann man baden, außer im Green Lake, der den Maori heilig ist. Anbieter für Jetboot- oder Kajakfahrten, zum Wildwasserrafting, Gleitschirmfliegen oder Wasserski gibt es viele.

HAWKE'S BAY

Neuseelands ältestes Weingut, Mission Estate (198 Church Road, Poraiti, Tel. 06 845 93 50) wurde 1851 von französischen Missionaren errichtet. Hawke's Bay ist heute eines der führenden Anbaugebiete des Landes mit fast 40 Weingütern, die wie die Church Road Winery (150 Church Road, Taradale, Tel. 06 882 30 98) Touren anbieten; mit der Winery verbunden sind ein Winzermuseum, ein Restaurant und ein Laden.
Die i-Site Napier (100 Marine Parade) hat ein Faltblatt zu Spaziergängen durch die Weingüter. Der Food Trail führt u.a. zu Weingütern und Obstplantagen.
Sileni Estates Winery (2016 Maraekakaho Road, Hastings) bietet u.a. Winzertouren. Das Weinfest Harvest Hawke's Bay wird jedes Jahr im Februar gefeiert.

Panorama Wellington: »Wellywood«, wird die ganz im Süden der Nordinsel gelegene Stadt genannt, oder »Windy Welly«, weil einem hier der Westwind ordentlich um die Nase weht.

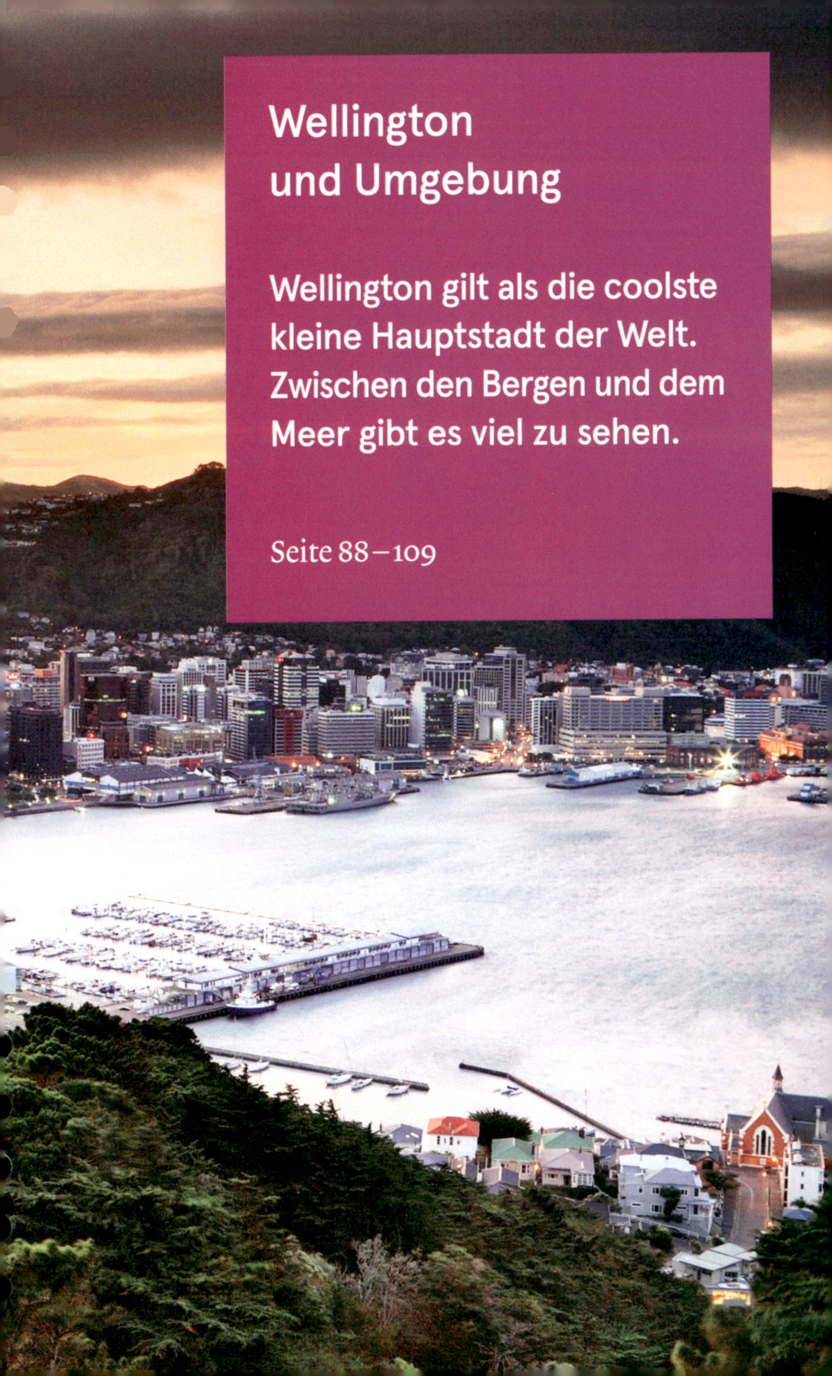

Wellington und Umgebung

Wellington gilt als die coolste kleine Hauptstadt der Welt. Zwischen den Bergen und dem Meer gibt es viel zu sehen.

Seite 88–109

Erste Orientierung

Nach internationalen Maßstäben ist Wellington eine kleine Hauptstadt, doch die Stadt mit der reizvollen Küstenlage und den Tararua Ranges im Rücken bietet eine lebendige Kulturszene, Cafés und gute Restaurants.

Geprägt von einem großartigen Hafen und eingebettet in steile, waldige Hügel, erstreckt sich die Innenstadt von Wellington auf einer schmalen, flachen Landzunge. Viktorianische Holzhäuser schmiegen sich an die Hänge oberhalb des Grüngürtels aus Parks, der sich um das Stadtzentrum legt. Treppen, Fußwege und die einzige Standseilbahn (Cable Car) des Landes verbinden die City mit den Vororten.

Wellington hat zwar nur etwas weniger als ein Drittel der Fläche von Auckland, doch hinsichtlich der kosmopolitischen Stimmung sind beide Städte vergleichbar. Zentrale Punkte in der Innenstadt sind Lambton Quay und Courtenay Place. Das Nationalmuseum Te Papa Tongarewa und die beeindruckenden historischen Parlamentsgebäude ziehen jährlich mehr als eine Million Besucher an. Nicht weit entfernt locken die Weinberge Martinboroughs und Kapiti Island.

TOP 10

8 ★★ Te Papa Museum

Nicht verpassen!

36 Parliament

37 Thorndon

Nach Lust und Laune!

38 Zealandia Karori Wildlife Sanctuary

39 Cable Car

40 Civic Square

41 Matiu/Somes Island

42 Kapiti Island

43 Martinborough

Tinakori Road
Hobson St
37 Thorndon
Molesworth St
Mulgrave St
38
Zealandia Karori Wildlife Sanctuary
Parliament
36
Wellington Railway Station
Lambton Quay
Waterloo Quay
Bolton Street
Botanic Garden
Wellington Urban Motorway
The Terrace
LAMBTON
NORTHLAND
Cable Car
39
Quay
Customhouse
Museum of Wellington City & Sea
Lambton Harbour
Jervois Quay
Kelburn Park
Civic Square
40
8
Te Papa Museum
TE ARO
The Terrace
Willis St
Cable St
Wakefield St
300 m
300 yd

Mein Tag in der Kaffee- und Café-Hauptstadt

Was darf es denn sein: ein *long black*, ein *flat white* oder ein *single shot*? Egal, für welche Kaffee-Kreation Sie sich entscheiden: In Wellington bekommen Sie Ihr Getränk in hervorragender Qualität serviert.

9 Uhr: Koffein-Start

Das versteckt in einer Seitenstraße gelegene Swimsuit Coffee (5 Lombard Street, Mo–Fr 7-16, Sa 9-15 Uhr) ist ein Geheimtipp für Kaffee-Kenner: Hier wird der Kaffee von Tait Burge, einem preisgekrönten Barista, kredenzt. Dazu gibt es einen der leckeren Käse-Scones aus der Theke ...

10 Uhr: Eis-Pause

Bummeln Sie auf der geschäftigen Victoria Street zum Frank Kitts Park am Hafenbecken, wo Kaffee Eis selbstgemachtes italienisches Eis in großen Portionen verkauft. Erschrecken Sie nicht, wenn die nadelförmige Skulptur des »Water Whirler« von Experimentalkünstler Len Lye am Ufer zur vollen Stunde plötzlich schwirrend zum Leben erwacht.

10.30 Uhr: »Intro to Espresso«

Steigen Ihnen schon feine Kaffeedüfte in die Nase? Diese kommen aus dem Backsteingebäude gegenüber dem Hotel Astoria: Im denkmalgeschützten Shed 13 sitzt eines der erfolgreichsten Unternehmen Neuseelands. Im Hauptquartier des »Mojo« bekommen Sie »Dr Mojo's medicine« oder auch eine »Injection«, wenn dringend Koffein-Nachschub nötig ist. Außerdem wartet auf Sie ein »Intro to Espresso«: Von

9 Uhr: Koffein-Start

der Zubereitung von Espresso und anderen Kaffees bis zum kunstvollen Anrichten der aufgeschäumten Milch erwerben Sie hier Barista-Grundkenntnisse (37 Customhouse Quay, Tel. 04 38 5 30 01, Mo–Fr 7–15, Sa und So ab 8.30 Uhr, zweistündiger Barista-Kurs nach Anmeldung über www.mojo.coffee, 275 NZ$/Person).

Oben: Der in Wellington lebende britischstämmige Künstler Max Patté schuf die Statue »Solace in the Wind« an der Waterfront. Unten: Wellington Writers Walk. Mitte: am Mount Victoria

13 Uhr: Ab aufs Rad

Nun wird das Koffein in Ihren Adern erst mal abgearbeitet. Mieten Sie sich ein E-Bike (Switched on Bikes, Queens Wharf, Di-So 9–17.30 Uhr, www.switchedonbikes.co.nz, Bikes 35 NZ$/Stunde) und radeln entlang der Waterfront. Vielleicht wollen Sie ja mit den Einheimischen von der Mole ins kühle Nass springen? Auf jeden Fall sollten Sie die Statue »Solace in the Wind« auf der Rückseite des 8 ★★ Te Papa Museums bewundern und die Zitate neuseeländischer Autoren lesen, die der Wellington Writers Walk verbindet. Auf der Oriental Parade gelangen Sie zum Beach Babylon. Die Einrichtung im 70er-Jahre-Retrostil ist fast so gut wie der Kaffee (232 Oriental Parade, tgl. 8-20 Uhr).

14.30 Uhr: Über den Mount Victoria zur Kaffeerösterei

Das Pedaltreten, um den 177 m hohen Mont Victoria über den Lookout Walkway zu erklimmen, lohnt sich. Nachdem Sie den besten Blick über Wellington genossen haben, lassen Sie es rollen: Durch den Alexandra Park geht es stetig bergab nach Newtown, wo in einer ruhigen Seitenstraße die Rich Coffee Rösterei ihren Sitz hat. Samstags werden hier interessante Führungen angeboten (369 Adelaide Road, Newtown, www.richcoffee.co.nz, Sa 9–15 Uhr).

Oben: Kaffee- und Lesefreuden in der Cuba Street

16.30 Uhr: Kaffee-Shopping auf der Cuba Street

Über die Straßen des Wohnviertels Newtown fahren Sie vorbei an Wellingtons Universität bis ins Einkaufs- und Kneipenviertel der Stadt. Fidel's Café (234 Cuba Street, Mo–Fr 8 bis 15, Sa/So ab 9 Uhr) an der geschäftigen Cuba Street können Sie gar nicht verfehlen. Ist das Café in dem grünen Eckhaus, das Kuba-Feeling und typische Kiwi-Gastlichkeit zugleich ausstrahlt, mal wieder ziemlich voll? Dann schauen Sie sich die Rösterei im Eingangsbereich an. Hier werden die aus Havanna importierten Kaffeebohnen frisch geröstet und an Cafés in ganz Wellington verkauft.

18.30 Uhr: Das beste (Steak) kommt zum Schluss

Am Hafen geben Sie Ihr Bike ab, denn bis zur letzten Station des Tages sind es nur noch etwa 300 m: Das elegante Pravda Café (107 Customhouse Quay, Mo–Fr ab 7.30, Sa ab 9 Uhr) mit Marmortischen, Kristall-Kronleuchtern und Lenin-Büste an der Bar erinnert an die exklusive Hotelbar eines Ostblockstaats. Probieren Sie das japanische Wagyu-Steak oder ein neuseeländisches »Wakanui Blue«-Rinderfilet, denn dieses Café wird abends zu Wellingtons bestem Steakhouse. Und zum Abschluss gibt's auch noch einen richtigen italienischen Espresso!

8 ★★ Te Papa Museum

Warum?	Ob Naturgeschichte oder zeitgenössische Kunst – hier kann man Tage zubringen.
Was?	Neuseelands Nationalmuseum ist das beliebteste Museum des Landes.
Wie lange?	Mindestens 2 Stunden
Wann?	Ob Regen oder Sonnenschein, ein Besuch im Te Papa muss einfach sein ...
Was noch?	Von der Dachterrasse im 6. Stock hat man den besten Blick auf Wellingtons Hafen.

»Te Papa Tongarewa« – so der vollständige Name des Museums – heißt auf Maori »Schatztruhe«. Fantasievoll, manchmal provokativ und oft mit einem Augenzwinkern präsentiert das Museum die Schätze des Landes.

Als »Haus des Volkes« erzählt Te Papa Tongarewa von der Natur, den Künsten, der Geschichte und der Kultur Neuseelands. Das mit viel Stahl an der Uferlinie errichtete Gebäude umfasst die Fläche von drei Rugbyfeldern: Zwei Flügel strecken sich von der Glasfassade der Eingangslobby aus, als wollten sie den Besucher mit einer Umarmung begrüßen.

Rundgang

Figurativ geschmückter Bug eines Maori-Kanus im Museum.

Auf ihr Nationalmuseum kann die Nation mit Recht stolz sein. Der kolossale Bau an Wellingtons Hafenpromenade ist bis unters Dach gefüllt mit allem, was diese Nation ausmacht: gesellschaftlich, historisch, kulturell und naturkundlich. Ihren Rundgang beginnen Sie am besten auf der Ebene 4: Der Maori-Meisterschnitzer Dr. Cliff Whiting schuf hier ein *whare nui*, ein Versammlungshaus, das eine friedliche, das Gemeinsame der Kulturen betonende Atmosphäre ausstrahlt. Die Innenräume sind mit bunten Schnitzereien geschmückt, die historische Ereignisse symbolisieren. Durch die Maori-Ausstellung »Mana Whenua« gelangen Sie in die neue Kunstgalerie »Toi Art«, wo moderne Werke neuseelän-

Außen modern, innen auf dem neuesten museumspädagogischen Stand: Die Präsentation der Sammlung besticht mit interaktiven Elementen und experimentellen Überraschungen – auch zum Anfassen.

discher und internationaler Künstler auf zwei Ebenen präsentiert werden. Auf dem Weg nach unten passieren Sie die zweite Etage mit der 2019 neu eröffneten »Nature Zone«.

Die geführte Daily Mana Maori Tour (1 Std., 20 NZ$) liefert profundes Basiswissen zur Kultur der ersten Einwanderer. Der angeschlossene Museumsshop hat hochwertige Souvenirs im Angebot.

KLEINE PAUSE

Im **Te Papa Café** (Ebene 1) und im **Café Espresso** (Ebene 4) kann man sich stärken.

✢ 219 F2 ✉ 55 Cable Street ☎ 04 381 70 00 🌐 www.tepapa.govt.nz ◷ tgl. 10–18 Uhr 🎟 frei; Führung 20 NZ$ (ca. 60 Min.)

㊱ Parliament

Warum?	Um einen Blick hinter die Kulissen der neuseeländischen Politik zu werfen
Was?	Besichtigung des Parlaments- und Regierungsviertels
Wie lange?	Führungen dauern 30 Minuten (Highlights-Tour in den Schulferien) oder eine Stunde.
Wann?	Die Sitzungen finden in der Regel Di, Mi, Do statt. Die lebhaftesten Debatten ergeben sich während der Fragestunde von 14 bis 15 Uhr.

Beehive und Parliament House: Grundlage des politischen Systems Neuseelands ist eine konstitutionelle Monarchie, die parlamentarisch-demokratisch regiert wird.

Dank der zentralen Lage wurde Wellington im Jahr 1865 Regierungssitz. Das übersichtliche Parlaments- und Regierungsviertel befindet sich am nördlichen Ende des Stadtzentrums.

Am auffälligsten ist der Beehive (Bienenkorb), das kreisrunde Regierungsgebäude, in dem der Premierminister und die Minister ihre Büros haben; hier tagt auch das Kabinett. Am imposantesten ist das Old Government Buildung gegenüber dem »Beehive«: Tatsächlich ist das vierstöckige Gebäude, das heute eine juristische Fakultät beherbergt, ganz aus Holz und damit das größte Holzgebäude der südlichen Hemisphäre.

Vom Parlament …

Die ringförmig angeordneten Fenster des Beehive erinnern an die Waben eines Bienenkorbs, aber es ist das benachbarte Parliament House, in dem die Politiker zu Debatten zusammenkommen. Die Debatten sind öffentlich und können von der Besuchergalerie oberhalb des Sitzungssaals aus verfolgt werden. Jede Sitzung beginnt mit der Eröffnungszeremonie, bei der ein goldener Amtsstab auf dem Mitteltisch platziert wird und der Parlamentspräsident ein Gebet spricht. Einige der Grundmauern des Gebäudes wurden freigelegt, um zu zeigen, wie erdbebensicher der Bau ist. Wellington erstreckt sich über eine der gefährlichsten Verwerfungslinien im südpazifischen Raum, gemauerte Häuser sind vom Einsturz besonders bedroht. Als der Komplex 1992 im großen Stil renoviert wurde, stand die Erdbebensicherheit an erster Stelle. Der gesamte Bau ruht seitdem auf 417 Gummiauflegern; sie lassen das Gebäude bei Erdbewegungen schwanken und schlingern, und so stürzt es nicht ein. Das Te Papa Museum ist mit der gleichen, von einem Wellingtoner Ingenieur entwickelten Technik gesichert.

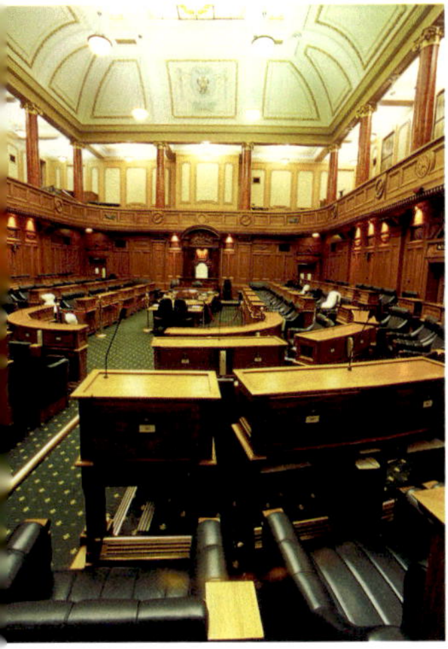

Sitzungssaal im Parliament House: Ein Generalgouverneur vertritt das englische Königshaus. 120 Parlamentsabgeordnete werden für jeweils drei Jahre gewählt, davon vertreten sieben Abgeordnete Maori-Interessen.

Höhepunkt einer Besichtigung des Parliament House ist der reich geschmückte Maori Affairs Select Committee Room, in dem Abgeordnete zu Beratungen über Gesetzesänderungen zusammenkommen, die Maori-Angelegenheiten oder die Beziehungen zwischen den Ethnien des Landes betreffen. Die Wände sind mit Webarbeiten und kunstvollen Schnitzereien bedeckt. Zum Komplex gehört auch die neogotische Parlamentsbibliothek. Sie überstand zwei Brände, da die Architekten des 19. Jh.s feuersichere Türen eingebaut hatten.

... zur Nationalbibliothek

Gleich um die Ecke steht die National Library allen Interessierten offen. Sie besitzt über 250 000 Bände – darunter eine wertvolle Sammlung von Berichten über Reisen und Entdeckungen im Südpazifik. Sehenswert ist der Lesesaal mit einem Wandgemälde des Maori-Künstlers Cliff Whiting, das die Trennung von Mutter Erde und Vater Himmel im Schöpfungsmythos der Maori darstellt: Im Anfang, heißt es da, war es dunkel für unvorstellbar lange Zeit. Mutter Erde und Vater Himmel lagen so dicht aufeinander, dass ihre Kinder, die Götter der beseelten Natur, niemals Licht erblickten. Darüber unzufrieden, stemmte Tane, der Gott der Wälder, sich mit aller Kraft zwischen die Eltern und stieß den Himmel mit den Füßen empor. Doch zum Glück überdauerte die Liebe der Eltern die gewaltsame Trennung …

Briefe von James Cook, ein wertvolles Original und Unterschriften für eine folgenreiche Petition …

Weiter nördlich kommt man zum Gebäude der National Archives, in dem die National Portrait Gallery untergebracht ist und wichtige Dokumente zur Geschichte Neuseelands ausgestellt sind – darunter Briefe von James Cook, die Originale des Vertrags von Waitangi und Unterschriftensammlungen für jene Petition, die zum Frauenwahlrecht führte: Am 19. September 1893 eingeführt, war Neuseeland das erste Land der Welt, in dem auch Frauen ihre Stimme an den Urnen abgeben durften. Aus Anlass des 125-jährigen Jubiläums dieses Ereignisses wurde im September 2018 ein Bild des Parlaments von 1905 nachgestellt. Der erfreuliche Unterschied: Während auf der alten Aufnahme ausschließlich Männer zu sehen sind, zeigt das neue Bild Dutzende Politikerinnen in der Bibliothek des Parlaments versammelt.

»Neuseeland ist ein progressives Land. Wir erneuern gerne und haben keine Angst davor, unsere Meinung zu sagen« (Eugenie Sage, Politikerin der Green Party of Aotearoa).

KLEINE PAUSE

Das **Café Word of Mouth** (100 Molesworth Street, Tel. 04 472 72 02) ist ein guter Ort für leichte Gerichte in der Nähe des Parlaments. Das **Home Café** im Foyer der National Library (70 Molesworth Street, Tel. 04 499 69 82) ist eine weitere Option. In der He Tohu Exhibition können Sie einen Blick auf das Original des Waitangi-Vertrags werfen, das hier ausgestellt ist.

---

i

219 E4 **Visitor Centre des Parliament House** Erdgeschoss des Beehive-Gebäudes, links ☎ 04 817 95 03 www.parliament.govt.nz tgl. 9.30–16.30 Uhr; Führungen beginnen stündlich. Taschen, Kameras und Mobiltelefone müssen vor dem Eintritt abgegeben werden. frei

National Library Molesworth/Ecke Aitken Street, Pipitea ☎ 04 474 30 00 www.natlib.govt.nz Mo–Fr 9–17, Sa 9–13 Uhr frei

㊲ Thorndon

Warum?	Reichlich Historie, schöne Architektur – wenig Touristen
Was?	Eines der ältesten und schicksten Stadtviertel Wellingtons
Wo?	Am nördlichen Rand der Innenstadt, direkt neben dem Regierungsviertel
Wie lange?	Etwa 2 Stunden

Thorndon ist einer der ältesten Vororte Wellingtons. Hier lebten einst die Autorin Katherine Mansfield und die Malerin Rita Angus (1908–1970). Heute beherbergen hier hübsche Holzvillen Boutiquen, Galerien, B & Bs und belebte Cafés.

Der historische Bezirk erstreckt sich vom Parlamentskomplex bis zur Hobson Street und Tinakori Road. Ein Highlight ist Old St Paul's in der Mulgrave Street 34, eine Kirche in einem kleinen Park mit schöner Innenausstattung aus heimischen Hölzern. Am anderen Ende der Tinakori Road liegt das im Jahr 1888 errichtete Elternhaus einer der bedeutendsten Autorinnen des Landes: Obwohl Katherine Mansfield (1888–1923), die bereits mit 34 Jahren an Tuberkulose starb, nur ein schmales Werk an Erzählungen, Briefen und Notizen hinterließ, findet dieses weltweit Beachtung. Auszüge ihrer Arbeiten, Fotos und mehr sind in dem restaurierten Gebäude ausgestellt.

Das Geburtshaus von Katherine Mansfield

KLEINE PAUSE

Für einen Kaffee bietet sich eines der Cafés an der Tinakori Road an, etwa das **Aubergine** (Nr. 322, Tel. 04 471 25 00).

219 E5

Old St Paul's 34 Mulgrave Street
☎ 04 473 67 22 www.heritage.co.nz
tgl. 10–16 Uhr; oder nach Vereinbarung frei, Führungen für mindestens 6 Personen (7 Tage im Voraus anmelden) 15 NZ$

Katherine Mansfield Birthplace
25 Tinakori Road ☎ 04 473 72 68
www.katherinemansfield.com
Di–So 10–16 Uhr 14 Richtung Wilton zur Park Street 10 NZ$

Nach Lust und Laune!

38 Zealandia Karori Wildlife Sanctuary

Nur 2 km sind es von der Innenstadt bis zu einem ambitionierten privaten Nachhaltigkeitsprojekt: 1995 beschloss eine Gruppe von Bürgern, ein kleines Buschgebiet oberhalb der City wieder in den ursprünglichen Zustand zu versetzen. Das 225 ha große, mit einem 8,6 km langen und 2,20 m hohen Zaun umrandete Areal rund um das frühere Karori-Wasserreservoir ist kein Zoo, sondern ein Refugium, in das inzwischen 18 ehemals heimische Tierarten zurückgeführt werden konnten – sechs davon waren auf dem neuseeländischen Festland seit über 100 Jahren ausgestorben. Besucher können sich hier stundenlang durch das bewaldete Terrain treiben lassen und auf eigene Faust Tiere beobachten. Effektiver sind geführte Touren mit einem Guide, der auch auf die heimische Flora hinweisen kann, die man ansonsten vielleicht übersieht.

Gut geführt: im Zealandia Karori Wildlife Sanctuary

✢ 219 D4 ✉ 53 Waiapu Road, Karori ☎ 04 920 92 13 ⊕ www.visitzealandia.com ◑ tgl. 9–17, letzter Eintritt 16 Uhr 🚌 kostenfreies Shuttle von der Bergstation der Cable Car ✦ 19,50 NZ$, 2-stündige Tagestour 60 NZ$, Night Tour: 95 NZ$

39 Cable Car

Wellingtons rote Standseilbahn bietet die schnellste Möglichkeit, um von der Innenstadt in den Botani-

Wellington ist zwar hügelig, aber überschaubar und auch mithlfe der Cable Car gut zu erkunden.

schen Garten, zur Victoria University oder in die Vorstadt Kelburn zu gelangen. Im Jahr 1902 als Verbindung zwischen den neuen, sich den Hügel hinaufziehenden Vororten und dem Stadtzentrum eröffnet, erfreute sie sich rasch großer Beliebtheit. In den 1970er-Jahren wurde die Standseilbahn technisch überholt und erhielt neue Kabinen aus der Schweiz. Am oberen Haltepunkt finden Sie das Cable Car Museum und das Carter Observatory.

219 D3 ✉ 280 Lambton Quay, ☎ 04 472 21 99 🌐 www.wellingtoncable car.co.nz 🕑 alle 10 Min., Mo–Fr 7–20, Sa 8.30–21, So, Feiertage 8.30–19 Uhr 🎟 11 NZ$ (retour), 6 NZ$ (einfach)

Cable Car Museum
219 D3 ✉ Upland Road, Kelburn ☎ 04 475 35 78 🌐 www.museumswel lington.org.nz/cable-car-museum 🕑 tgl. 10–17 Uhr 🎟 frei

Carter Observatory Space Place
219 D3 ✉ 40 Salamanca Road, Kelburn ☎ 04 910 31 40 🌐 www.muse umswellington.org.nz/space-place 🕑 Di, Fr, Sa 10–23, So, Mo, Mi, Do bis 17 Uhr 🎟 14 NZ$

40 Civic Square

An den erst 1992 eingeweihten öffentlichen Platz im Herzen Wellingtons grenzen Kulturzentren wie das Michael Fowler Centre und die Edwardian Town Hall. Von der Brücke, die den Platz über den Jervois Quay mit dem Hafen verbindet, schauen Sie zurück auf die i-Site und den Stadtrat. Eine erste Version des ikonischen Silberfarn-Balls, der mehr als 20 Jahre lang über dem Platz geschwebt hatte, musste 2015 abmontiert werden, da ihm Wind und Wetter doch arg zugesetzt hatten. Mitte 2018 installierte man eine zweite, modifizierte Version, für deren Design wieder der ursprüngliche Künstler, Neil Dawson, zu Rate gezogen werden konnte.

219 E2 **City Gallery Wellington**
✉ Civic Square ☎ 04 913 90 32
🌐 www. citygallery.org.nz
🕑 tgl. 10–17 Uhr 🎟 Spende; Eintritt für Ausstellungen

41 Matiu/Somes Island

Matiu/Somes Island, früher eine Quarantänestation, ist heute ein vom Department of Conservation (DOC) verwaltetes Naturschutzgebiet. Auf der raubtierfreien Insel leben u.a. die sehr seltenen Tuataras (auch: Brückenechsen, *Sphenodon punctatus*). Ein Netz von Fußwegen durchzieht das Areal. Vom Gipfel der Insel, der in einer halben Stunde bestiegen werden kann, eröffnen sich herrliche Ausblicke.

210 östlich E3 ✉ Fähren nach Days Bay über Matiu von Queens Wharf (Tickets im Meridian Building gegenüber) ☎ 04 499 12 82 🌐 www.eastby west.co.nz 🕑 2-3 Überfahrten tgl. 🎟 Einzelfahrt 15 NZ$

42 Kapiti Island

Die etwa 50 km nördlich von Wellington, 5 km vor der Küste von Paraparaum liegende, langgestreckte Insel ist ein wichtiges Kiwi-Schutzgebiet. Sie darf nur von wenigen Besuchern pro Tag betreten werden, Geschäfte oder Cafés gibt es nicht. Am besten lässt sie sich im Rahmen einer geführten Tour erkunden (Kapiti Island Nature Tours, Boot-Transfer ab Paraparaumu inkl. der notwendigen Besuchserlaubnis, auch mit Übernachtung).

✈ 210 C2 **Kapiti Island Nature Tours**
🌐 www.kapitiisland.com

Department of Conservation
✈ 219 E2 ✉ 18/32 Manners Street, Wellington ☎ 04 384 77 70 🌐 www.doc.govt.nz ◑ Mo–Fr 9–16 Uhr

43 Martinborough

Ein Wallfahrtsort für Freunde edler Tropfen: Martinborough ist das Zentrum des Weinanbaus in der Region Wairarapa und ein beliebtes, knapp eine Fahrstunde von der Hauptstadt am Ende des SH53 liegendes Wochenendziel für Wellingtonians. Die ländliche Idylle im Nordosten, jenseits der bis zu 940 m aufragenden Remutaka Range, bietet Genuss-Urlaub für Leib und Seele bei guter Luft und in entschleunigender Ruhe. Im Ortskern von Martinborough finden Sie einladende Lokale und freundliche Läden, ausstaffiert für anspruchsvolle Gäste. Drumherum schmiegen sich die Rebenfelder von über 20 Weingütern, alle klein aber fein, berühmt für ihre Roten. Und weil alles in und um Martinborough so angenehm nah beieinander liegt, mieten Sie sich am besten ein Fahrrad für die Weinverkostung bei dem einen oder anderen Winzer und besuchen unterwegs die Oliven-Plantage, deren kalt gepresste Öle zu den besten Neuseelands zählen (s. S. 109).

✈ 210 C1 **i-Site**
✉ The Square, Waihinga Centre, Martinborough ☎ 06 306 50 10
🌐 www.wairarapanz.com ◑ Mo–Fr 9–16, Sa u. So 9.30–15.30 Uhr

Vynfield Estate ist eines der vielen schönen Weingüter in der Umgebung von Martinborough.

Am Ende aller Straßen

Von Wellington Luftlinie nur 50 km entfernt, braucht man doch gut drei Stunden durch das menschenleere Hinterland bis zum südlichsten Punkt Neuseelands. Wo sich die geschotterte Straße am Meer entlangwindet, trifft man kaum noch andere Reisende. Hoch oben thront der rot-weiß gestrichene Leuchtturm, der Schiffe vor dem Cape Palliser warnt. Trotzen Sie dem eisig kalten Antarktis-Wind und ersteigen Sie die 253 Stufen nach oben – die Aussicht über die Küstenlinie, gesprenkelt mit einigen zwischen den Felsen dösenden Seebären, ist wirklich atemberaubend schön …

https://wairarapanz.com/cape-palliser

Wohin zum … Übernachten?

Preise für ein Doppelzimmer pro Nacht:
$ unter 200 NZ$
$$ 200–350 NZ$
$$$ über 350 NZ$

WELLINGTON

Shepherds Arms Hotel $
Das in den 1870er-Jahren erbaute Haus im historischen Viertel Thorndon ist eine gute Option im Herzen der Stadt. Es gibt 14 Gästezimmer; die Bandbreite reicht von Einzelzimmern mit Gemeinschaftsbad bis hin zu Queensize-Zimmern und der King-Suite mit einem Kingsize-Himmelbett.
219 D4 285 Tinakori Road, Thorndon
04 472 13 20, 0800 39 37 82
www.shepherds.co.nz

Oaks Hotel Wellington $–$$
Nahe dem Te Papa Museum liegt dieses Luxushotel direkt neben dem berühmten St James Theatre. Alle 226 Zimmer und Suiten sind stilvoll eingerichtet. Im Erdgeschoss befindet sich das Restaurant »Oak & Wine«, auch ein Fitnessstudio ist vorhanden.
219 südlich E1 89 Courtenay Place
0800 00 42 85 www.oakshotels.com/en/oaks-wellington-hotel

Booklovers B & B $–$$
Wer Bücher, Natur, guten Kaffee und Kultur zu schätzen weiß, ist hier richtig. Gastgeberin ist die Autorin Jane Tolerton. Die drei Gästezimmer sind jeweils mit einem Queensize-Bett und einem eigenen Bad, mit Fernseher und CD-Player ausgestattet. Bis zum Te Papa sind es 15 Gehminuten. Auch die Wanderwege am Mount Victoria sind gut zu erreichen.
219 südöstl. F1 123 Pirie Street, Mount Victoria 27 257 78 35 www.booklovers.co.nz

Museum Art Hotel $–$$$
Das luxuriöse Haus liegt ideal für eine Erkundung des Te Papa Museum und der Küste Wellingtons. Neben Standardzimmern mit Queensize-Betten gibt es Suiten mit zwei Schlafzimmern und Blick auf den Hafen sowie 7 barrierefreie Suiten. Zum Haus gehören Restaurant, Bar und Café sowie ein beheizter Pool und ein Spa-Pool.
219 F2 90 Cable Street 04 802 89 00, www.museumhotel.co.nz

Ohtel $$
Das Boutique-Hotel in der exklusiven Oriental Bay trennt nur eine Straße vom Meer, das Te Papa Museum ist einen kurzen Spaziergang entfernt. Entworfen wurde es von Alan Blundell, der hier seine Möbelsammlung präsentieren wollte. Jedes individuell eingerichtete Zimmer hat ein großes Bad mit Glaspaneelen, hinter denen Ansichten Neuseelands schimmern.
219 östl. F1 66 Oriental Parade
04 803 06 00 www.ohtel.nz/wellington

MARTINBOROUGH

The Martinborough Hotel $$
In einem wunderschönen historischen Gebäude wartet das Hotel seit 1882 mit rustikalem Charme auf Gäste. 1996 komplett restauriert, bieten 20 Zimmer und Suiten in klassischem und modernem Stil eine Behausung für jeden Geschmack.
210 C1 10–12 Memorial Square 06 306 93 50 www.martinboroughhotel.co.nz

Wohin zum … Essen und Trinken?

Preise für ein Essen ohne Getränk:
$ unter 45 NZ$
$$ 45–70 NZ$
$$$ über 70 NZ$

WELLINGTON

Caffe L'affare $
Enzo L'Affare hat in Wellington den Espresso eingeführt. In dem beliebten Café in einer Seitenstraße von Cambridge Terrace röhrt ein Röstapparat. L'affare-Kaffee bieten viele

Restaurants an. Hier gibt es belegte Panini, Snacks und Frühstück den ganzen Tag.
219 F1 27 College Street 088 523 32 73
www.laffare.co.nz/cafe-wellington
Mo–Fr 7–15, Sa 8–15.30, So 9–15.30 Uhr

One Red Dog $
Die meisten Gäste kommen wegen der mit neuseeländischem Twist kreierten Gourmet-Pizzen hierher. Es gibt aber auch Antipasti, Pasta und Salate. Die Atmosphäre ist hier sehr entspannt.
219 F1 Steamship Wharf Building, 57 Customhouse Quay, North Queens Wharf
04 918 47 23 www.onereddog.co.nz
tgl. 10 Uhr bis spät

Maranui Café $–$$
Die bunt zusammengewürfelte Einrichtung lässt erahnen, dass es auch in der Küche kreativ zugehen dürfte. Zum Frühstück ist das Café ebenso eine Empfehlung wie zum Lunch, Afternoon Tea oder Snack zwischendurch: Das Lokal im Obergeschoss des örtlichen Surf Life Saving Clubs bietet nicht nur leckere Speisen, sondern auch eine fantastische Aussicht auf Strand und Meer sowie auf die zwischen Nord- und Südinsel verkehrende Autofähre (Fensterplatz reservieren!).
219 südl. F1 7 A Lyall Parade, Lyall Bay Tel. 04 387 45 39 www.maranuicafe.co.nz Mo–Do 7–16, Fr 7–17, Sa/So 8–17 Uhr

Fork and Brewer $$
Wenn den Wellingtonians nach einem Glas Bier mit Kollegen ist, treffen sie sich gerne hier. Zur Auswahl stehen über 40 Biersorten, die meisten aus der eigenen Brauerei.
219 E2 20 Bond Street Tel. 04 472 00 33 www.forkandbrewer.co.nz Mo–Sa 11.30–23, So bis 19 Uhr

The Library $$
Klein, aber fein - und der Name ist Programm in dieser gemütlichen Cocktailbar, deren unscheinbarer Eingang sich nur für Eingeweihte öffnet.
219 F1 1/53 Courtenay Place, Te Aro
04 382 85 93 www.thelibrary.co.nz
So–Di 17–23, Mi/Do 17–00, Fr/Sa 17–1 Uhr

Coene's $$–$$$
Schön an der Hafenbucht gelegenes Restaurant mit Tischen auf der Aussichtsterrasse. Wenn Wind und Wetter es zulassen, sollten Sie draußen reservieren. Auf der abwechslungsreichen Speisekarte stehen Gerichte wie Rinderbäckchen an Orangen-Karotten-Püree oder ein gerösteter Blumenkohl-Salat mit Mandeln und Halloumi für Vegetarier.
219 südl. F1 103 Oriental Parade
04 385 71 24 www.coenes.co.nz
Mo–Fr 12–22, Sa/So ab 8 Uhr, auch Frühstück/Brunch

Logan Brown $–$$$
Hier wurde ein Bankgebäude aus den 1920er-Jahren in ein französisch inspiriertes Restaurant samt Weinstube umgewandelt. Mit Erfolg: Wiederholt kürte man das Logan Brown zum besten Restaurant in Wellington. Gourmets schätzen Gerichte wie Paua-Ravioli oder Hirschbraten mit zweifach gebackenem Knoblauch-Soufflé, gebratenen *Hapuku* (Fisch) oder frittierte *Tuatua* (Schalentiere). Das mittags und vor dem Theaterbesuch erhältliche 3-Gänge-Bistromenü überzeugt auch durch ein sehr gutes Preis-Leistungsverhältnis. Freitags gibt es Livejazz.
219 E1 192 Cuba Street 04 801 51 14
www.loganbrown.co.nz Mi–So 17–21 Uhr

HIAKAI $$$
Eine teure, aber absolut lohnenswerte kulinarische Erfahrung wartet in diesem dezent dekorierten Gourmetrestaurant der Maori-Küche, in dem jedes Farnblatt auf dem Teller ein wohldurchdachter Beitrag zum Geschmackserlebnis ist.
219 südlich E1 40 Wallace Street, Mount Cook 04 938 73 60 www.hiakai.co.nz
Fr/Sa 17–22 Uhr

Shed 5 $$$
1888 als Wolllager am Kai erbaut, ist das Shed 5 heute ein elegantes Restaurant mit Bar. Die Speisekarte mit Fisch und Meeresfrüchten variiert täglich. Draußen am Meer kann man auch gut auf einen Kaffee oder ein Glas Wein sitzen und den Fährverkehr beobachten. Drinnen ist es oft voll und laut, besonders mittags und am frühen Abend.

✢ 219 F3 ✉ Queens Wharf ☎ 04 499 90 69, 🌐 www.shed5.co.nz ● Mo–Sa 11–21 Uhr

MARTINBOROUGH

The French Baker $
Im Örtchen Greytown fahren die meisten nur durch; die französische Bäckerei im hübsch restaurierten »Lemon Tree Cottage« bietet mit ihren Croissants, Baguettes und Croustades einen willkommenen Grund zum Anhalten. Der kleine Gastraum bietet allerdings nur wenige Sitzplätze!
✢ 210 C1 ✉ 81 Main Street, Greytown
☎ 06 304 88 73 🌐 www.frenchbaker.co.nz
● Mo–Fr 7–15, Sa/So 7.30–15.30 Uhr

Wohin zum ... Einkaufen?

WELLINGTON

Einkaufszentren
Etliche Einkaufszentren finden sich am Lambton Quay, darunter **Capital on the Quay** (Nr. 226–262, Tel. 04 472 66 66, www.capitalonthequay.co.nz). Einer der neueren Shopping-Hotspots ist die Ghuznee Street, auf der sich viele Boutiquen neuseeländischer Marken wie **The Service Depot** (11 Ghuznee Street, Tel. 04 802 53 81) oder **Mandatory** (21 Ghuznee Street, Tel. 04 384 61 07) finden.

Mode
In **The Old Bank Arcade** (233–237 Lambton Quay, Tel. 04 922 06 00, www.oldbank.co.nz) haben einige der besten Modedesigner Neuseelands ihren Sitz. Ausgefallenere Designs gibt es im **Zambesi** (103 Customhouse Quay, Tel. 04 472 36 38, www.zambesistore.com) und bei **Spacesuit** (164 Cuba Street, Tel. 04 382 87 86).

Kunsthandwerk
Neuseeländisches Kunsthandwerk erhalten Sie in der **Kura Gallery** (19 Allen Street, Tel. 04 802 49 34). Im **Museumsshop des Te Papa** sowie im **Wellington Museum** (Bond Store, Queens Wharf, Tel. 04 472 89 04) können Sie nach ausgefallenen Stücken stöbern.

Essen und Trinken
Süßwaren erhalten Sie bei **Butlers Chocolate Café** (172 Lambdon Quay), **Schoc Chocolateries** (177 Main Street, Greytown) und **Candy Cutique** (55/97 Taranaki Street, Te Aro). Eine riesige Auswahl an Lebensmitteln führt **Moore Wilson's** (Ecke Tory/College Streets), für Bio-Fans ist **Commonsense Organics** der richtige Ort (147 Tory Street).

Sport- und Outdoor-Kleidung
Viele Outdoor-Ausrüster finden Sie im Bereich der Ecke Cuba/Wakefield Streets. **Kathmandu** ist an der Willis Street (Nr. 1), **Wild Winds** an der Hunter Street (Nr. 2).

Filmsouvenirs
The Weta Cave zieht Cineasten magisch an und begeistert mit allerhand fantastischen Memorabilia aus der »Herr der Ringe«-Trilogie sowie aus anderen aufwendigen Produktionen, für die hier Requisiten, Kulissen und digitale Tricks entstanden. Ganz nah dabei sind Teilnehmer einer der verschiedenen **Weta Studio Tours** (Reservierung notwendig), alle anderen stöbern im Souvenirshop oder schauen sich kostenlos einen Film über die Arbeit des Studios an (1 Weka St., Miramar, tgl. 9–17.30 Uhr, www.wetaworkshop.com).

Wohin zum ... Ausgehen?

WELLINGTON

Die **Cuba Street** und der **Courtenay Place** sind Zentren des Nachtlebens von Wellington, das sich, ungewöhnlich für Neuseeland, bis in die Morgenstunden hinziehen kann.

Musik und Theater
Im **Michael Fowler Centre** in der Wakefield Street hat das New Zealand Symphony Orchestra (Tel. 04 801 38 90) seinen Sitz. In der

»The Library« am Courtenay Place in Wellington: gute Drinks in erlesener Atmosphäre ...

Stadthalle finden intimere Konzerte statt. Das Royal New Zealand Ballet (Tel. 04 381 90 00) tritt im St James Theatre auf (77–83 Courtenay Place), das auch Sitz der New Zealand Opera (Tel. 04 384 44 34) ist. Die Alternativszene trifft sich im Bats (Kent Terrace, Tel. 04 802 41 75). Orientierung in Sachen Kunst wird im Arts Map (www.artmap.co.nz) geboten.

Nachtleben

Livemusik gibt's im trendingen Rogue & Vagabond (18 Garrett Street) und in der Capital Blues Inc Bar (1 Dixon Street, Tel. 04 384 19 10), in der Blues und New Orleans Jazz gespielt werden.

Kinos

Das Embassy Theatre am Courtenay Place (10 Kent Terrace, Tel. 04 384 76 57) wurde stilvoll renoviert. Ganz in der Nähe liegt das Paramount Theatre (25 Courtenay Place) – das älteste Kino Wellingtons. Das für 6 Mio. NZ$ aufwendig restaurierte The Roxy Cinema (www.roxycinema.co.nz) im Stadtteil Miramar ist ein Art-déco-Schmuckstück. Dazu gehört auch das exzellente CoCo-Restaurant (5 Park Road, Miramar, Do–So 17–21 Uhr, Tel. 04 388 55 55, www.cocoattheroxy.co.nz).

Festivals

Das New Zealand International Arts Festival findet in Jahren mit gerader Zahl im März statt und überschneidet sich mit dem jährlichen Wellington Fringe Festival, im November gibt es ein Jazz Festival (alle: www.festival.co.nz).

MARTINBOROUGH

Empfehlenswerte Weinproben: Ata Rangi (14 Puruatanga Rd., Weinshop tgl. 10–16 Uhr, Cellar Door (Verkostungen) tgl. 11/14 Uhr, www.atarangi.co.nz), Te Kairanga (Martins Rd., tgl. ab 10 Uhr, www.tkwine.co.nz) und Palliser Estate (64 Kitchener St., tgl. 11–16 Uhr, www.palliser.co.nz).

Auch geführte Weintouren im Kleinbus sind eine Option (Martinborough Wine Tours, www.martinboroughwinetours.co.nz), oder man mietet ein Fahrrad (Green Jersey Explorer Tours, 16 Kitchener St., www.greenjersey.co.nz).

Klima und Böden Wairarapas tun auch Olivenbäumen gut. Deshalb erntet die Plantage Olivo erstklassige Früchte, die vor Ort zu hochwertigen Ölen gepresst werden. Der kleine Laden ist auch Ausgangspunkt für einstündige Führungen (136 Hinakura Rd., im Sommer tgl., sonst Sa./So. 10.30–17 Uhr, www.olivo.co.nz).

Im Abel Tasman National Park: Neuseelands beliebtester Nationalpark ist ein Küstenparadies und bietet Südseefeeling pur.

Die Spitze der Südinsel

Weinberge, Hippiedörfer und eine tropisch anmutende Küste sind die größten Attraktionen dieser von der Sonne verwöhnten Region.

Seite 110–131

Erste Orientierung

Die Spitze der Südinsel ist eine Minaturversion Neuseelands. Alle seine Eigenheiten kommen hier in einer relativ kleinen Region zusammen. Sie können in heißen Quellen baden, durch Weingüter bummeln, an goldenen Stränden liegen, wandern und die erstaunliche Tierwelt im Meer beobachten.

Die erste Begegnung zwischen Europäern und den *tangata whenua* (Maori: »Menschen des Landes«) fand 1642 in der Golden Bay statt, als der niederländische Entdecker Abel Tasman dort ankerte. Seine Stippvisite endete mit dem Tod von vier Seeleuten. Erst 130 Jahre später segelte auch James Cook an dieser Küste entlang und verbrachte einige Zeit in den Marlborough Sounds, die er kartierte und vielen Orten einen Namen gab. Auf Cook folgten in den 1820er-Jahren Walfänger, die Stationen in den Marlborough Sounds und in Kaikoura einrichteten, sowie noch später die New Zealand Company, die den hier lebenden Maori Land abkaufte und die Stadt Nelson gründete.

Bis heute zieht die Region mit ihrem angenehm warmen und sonnigen Klima, den schönen Landschaften und der lebendigen Kulturszene viele Reisende an. Wer mit der Fähre von der Nordinsel in Picton ankommt, hat viele Möglichkeiten: Sie können vor Ort die Marlborough Sounds und die Weingüter um Blenheim erkunden, nach Westen ins historische Nelson und zu den Stränden des Abel Tasman National Park sowie der Golden Bay reisen oder weiter südöstlich vor Kaikoura Wale beobachten. Ob ein Bad in heißen Quellen, Kajak- oder Skifahren: Der Norden der Südinsel bietet Ihnen viele Möglichkeiten.

TOP 10

- 7 ★★ Abel Tasman National Park
- 10 ★★ Kaikoura

Nicht verpassen!

- 44 Marlborough Sounds

Nach Lust und Laune!

- 45 Blenheim
- 46 Nelson
- 47 Golden Bay
- 48 Nelson Lakes National Park
- 49 Hanmer Springs

Cape Farewell
Puponga
Collingwood
47 Golden Bay
D'Urville Island
Takaka
7 ★★ Abel Tasman National Park
Kahurangi National Park
Motueka
Tasman Bay
Marlborough Sounds 44
Nelson 46
Picton
Karamea
Motupiko
45 Blenheim
Renwick
Westport
Murchison
Saint Arnaud
48 Nelson Lakes National Park
50 km
30 mi
49 Hanmer Springs
10 ★★ Kaikoura

Mein Tag bei den Aussteigern der Golden Bay

Alle reisen in den Abel Tasman National Park. Die Golden Bay liegt unmittelbar nördlich davon – und ist noch immer ein Geheimtipp. Hinter dem Takaka Hill warten goldene Strände. Die hier lebenden Künstler aber schätzen vor allem die Spiritualität der Region.

Strecke von Motueka nach Te Hapu: 127 km, mit Abstechern nach Pohara und Bainham 170 km

8 Uhr: Einstieg mit Panorama

Von der Kuppe des 790 m hohen Takaka Hill sehen Sie bei klarem Wetter schon das Tagesziel: die schmale Landzunge des Farewell Spit, die hinter der 47 Golden Bay wie ein Angelhaken ins Meer ragt.

9 Uhr: Kunst-Pause im Hippie-Nest

In Takaka ticken die Uhren langsamer. Freundliche, rastagelockte Menschen in bunten Gewändern schlappen in Flipflops aus dem Bioladen oder sitzen gleich barfuß im »Dangerous Kitchen« bei einem *flat white* an der Commercial Street, Takakas Haupt- und einziger Straße. Faul sind sie nicht – die Künstler-Kooperative Paper Scissors Rock (53c Commercial Street, Mo–Fr 10–16, Sa/So bis 14 Uhr, Tel. 210 828 04 67) ist nicht die einzige Galerie in der Stadt. Die »richtigen« Aussteiger leben 11 km landeinwärts in westlicher Richtung im Rainbow Valley, einer 1974 gegründeten Kommune. Besucher sind herzlich willkommen. Vor einigen Jahren schlug der Takaka River Tribe seine Zelte und

9 Uhr: Kunstpause im Hippie-Nest

Hütten am Ufer des Takaka River, am Ende der Reilly Street auf.

11 Uhr: Fotorealismus im Atelier

Ein Abstecher nach Pohara führt Sie in die Earth Sea Gallery von Peter Geen. Der fotorealistische Landschaftsmaler hat sein ganzes Leben in der Golden Bay verbracht und lässt sich von den Panoramen seiner Heimat inspirieren (76 Boyle Street, Tel. 03 525 7007, im Sommer tgl. 10–17 Uhr). Um die Ecke präsentieren Toy Murchie und Kas Muller im Lollokiki Skulpturengarten von der Natur Neuseelands inspirierte Werke; allerdings mit einem Augenzwinkern (705 Abel Tasman Drive, im Sommer tgl. 11–16 Uhr).

12 Uhr: Magisches Wasser: Te Waikoropupu Springs

Auf der Weiterfahrt nach Westen passieren Sie einen Ort, den viele Menschen als spirituelle Inspiration

Oben: Die Golden Bay ist eine wildromantische Küstenlandschaft, in der Wind und Wellen gewaltige Felsformationen und Sanddünen geformt haben. Rechts: bei den Te Waikoropupu Springs.

empfinden. Am Ufer des 16 m tiefen Beckens, aus dessen sandbedecktem Boden 14 000 Liter Wasser pro Sekunde (!) sprudeln, spüren Sie die besondere Stimmung. Die Maori glauben, dass in den Quellen *taniwha*, Wassergeister, leben.

13 Uhr: Uriges Mittagessen

Eine echte Institution zieht seit 40 Jahren die Einwohner der Golden Bay ins winzige Onekaka. Im Mussel Inn (1259 SH 60, Onekaka, Tel. 03 525 9241, tgl. ab 11 Uhr) treten abends Live-Bands und selbsternannte Poeten auf; mittags verzehren Sie Ihr *meat pie* im Garten auf der Hollywoodschaukel ganz in Ruhe. Bier-Tipp: Das »Captain Cooker« mit Manuka-Aromen wird hier nach einem Originalrezept von Kapitän Cook gebraut! Die Schutzgeister aus den Pupu Springs finden Sie als kunstvolle Kleinode ein paar Kilometer weiter im Drift'n Jade (15 Tasman Street, Collingwood, Tel. 027 223 10 53, geöffnet nach Belieben – Anruf genügt). Brian Gilbert fertiget hier Schmuck aus neuseeländischer Jade (Maori: *pounamu*), jedes Stück ist ein Unikat.

14 Uhr: Zeitreise ins Aorere Valley

Kurz vor Collingwood fahren Sie links ins abgelegene Aorere Valley. Dort ist der Bainham Langford Store (Bainham Main Road, Tel. 03 524 82 28 , Sa–Mi 9–17 Uhr) seit 1928 in Familienbesitz. Am Interieur hat

Links: Leben hier Wassergeister? Oben: Bainham Langford Store im Aorere Valley. Unten: Fahrt durch das Whanganui Inlet.

sich seitdem nicht viel verändert. Sukhita übernahm den auch als örtliches Post Office fungierenden Tante-Emma-Laden im Jahr 2008, nachdem sie ihren Job in Wellywood an den Nagel gehängt hatte. Sie serviert exzellenten Long Black und süßes Gebäck.

16 Uhr: Das Glück der Erde ...

... liegt auf dem Rücken der Pferde. Auch wenn Sie noch nie auf einem gesessen haben: Die wunderschöne Szenerie beim Ausritt zum Puponga Beach ist den schmerzenden Hintern wert (Buchung über Cape Farewell Horse Treks, 102 Wharariki Road, Puponga, Start nach Absprache, Tel. 03 524 80 31).

19 Uhr: Gute Nacht!

Einsamer geht es kaum: Nach einer Fahrt durch die fast kitschig schöne Landschaft des Whanganui Inlet erreichen Sie die Westseite der Südinsel. Aus dem Shearing Shed Retreat, einer alten Schafscherer-Hütte, sehen Sie zu, wie die Sonne über der Tasman Sea untergeht. Aussteigen, alles hinter sich lassen? Auf der Te Hapu Schaffarm bei Ken und Sandra Closs können Sie testen, wie sich das anfühlt (429 Te Hapu Road, Übernachtung je nach Saison 130 bis 235 NZ$/2 Personen, Tel. 03 524 87 11, www.tehapu.co.nz).

❼★★Abel Tasman National Park

Warum?	Tropische Strände und einfache Wege
Wars?	Neuseelands beliebtester Nationalpark
Wie und wohin?	Geheimtipp: Den Abel Tasman Coastal Track startet man am besten von Norden.
Wie lange?	Wenigstens 1 Tag, besser 3–5 Tage für den ganzen Track
Wann?	Die beste Zeit ist im Februar/März, wenn die Schulferien vorüber sind, das Wetter aber noch warm und sonnig ist.
Was nehme ich mit?	Die Erkenntnis: Am schönsten sieht es vom Wasser aus. Also am besten ins Aqua-Taxi oder ins Kajak steigen ...

Goldene Strände, bewaldete Hügel, ein türkisfarbenes Meer und Granitfelsen erwarten Reisende im nur 225 km^2 großen, auf dem Landvorsprung zwischen der Golden Bay und der Tasman Bay gelegenen Nationalpark.

Schon vor mindestens 500 Jahren siedelten sich hier die ersten Maori an.

Die für ihre unberührte Natur bekannte Region hat überraschend viel Geschichte: Ursprünglich wurde sie von den Maori genutzt, um essbare Pflanzen zu sammeln und Süßkartoffeln (*kumara*) anzubauen. Die hier lebenden Maori waren es auch, die als erste mit Europäern Kontakt hatten: Im Jahr 1642 kam es in der Wainui Bay im Nordwesten des heutigen Nationalparks zu einem Gefecht zwischen Maori und dem niederländischen Seefahrer Abel Tasman (1603–1659), nach dem der Nationalpark auch benannt ist. Seine Gründung im Jahr 1942 verdankt er im Wesentlichen Perrine Moncrieff (1893–1987), einer damals in der Tasman Bay lebenden engagierten Autorin, Ornithologin und Naturschützerin, die u.a. das erste Buch über die Vogelwelt des Landes sowie ein Buch über die Geschichte dieser Region verfasst hat. Zum Glück hat sich die Vegetation

Unterwegs im Nationalpark: Mit einem Boot werden die Wanderer zum Ausgangspunkt ihrer Tour gebracht, dann geht es auf Schusters Rappen durch die Wildnis – hier auf einer Wanderung von Torrent Bay nach Bark Bay.

des Nationalparks inzwischen vom früheren Raubbau der Holzfäller gut erholt.

Von seiner besten Seite

Heute zieht der Nationalpark im Sommer dank des leichten Zugangs und der schönen Strände zahlreiche Besucher an. Der rund 51 km lange Abel Tasman Coast Track ist so etwas wie die Prachtstraße unter den neuseeländischen Wanderrouten und entsprechend beliebt. Kein Wunder, dass mehrtägige Aufenthalte mit Übernachtungen in Hütten oder auf Zeltplätzen inzwischen lange im Voraus reserviert werden müssen, insbesondere während der Hochsaison im Sommer. Der Track verläuft von Bucht zu Bucht über die Landzungen. Da einige Wasserläufe und Lagunen nur bei Ebbe überquert werden können, muss man sich nach den Gezeiten richten.

Kajak- und Bootstouren

Sehr populär sind Kajaktouren, entweder geführt in einer Gruppe oder individuell. Groß ist dabei die Wahrscheinlichkeit, Seehunden oder Delfinen zu begegnen. Empfehlenswert ist eine zweitägige Kajaktour mit Übernachtung im Park. Regelmäßig verkehren Aqua-Taxis und Transferboote entlang der Küste zwischen Totaranui und Kaiteriteri bzw. Marahau, die in einigen Buchten Halt machen. Einzelne Etappen des Tracks kann man dann zu Fuß gehen und sich an der nächsten Bucht vom Boot wieder abholen lassen.

Etwa 25 km südlich des Nationalparks liegt der kleine Hafen Motueka mit seinem fruchtbaren Hinterland in der Tasman Bay. Lange war der Ort nur mit Schiffen zu erreichen. Sehenswert ist die Te-Ahurewa-Maori-Kirche. Sie wurde 1897 auf Betreiben von Frederick Bennett errichtet, den man 1928 zum ersten Maori-Bischof ernannte.

KLEINE PAUSE

Im Aqua-Taxi an die Küste des Nationalparks.

Die **Awaroa Lodge** (S. 129) bietet ein gutes Restaurant in wunderschöner, abgeschiedener Lage. Von Totaranui ist sie zu Fuß nach einer ca. 2,5-stündigen Wanderung erreicht. Oder Sie nehmen von Kaiteriteri aus das Aqua-Taxi bis Bark Bay und wandern auf dem Coast Track über Onetahuti Beach zur Lodge (ca. 11 km). Nach dem Lunch geht es dann wieder mit dem Wassertaxi zurück nach Kaiteriteri.

ℹ

213 D4

Motueka i-Site ✉ 20 Wallace Street, Motueka ☎ 03 528 65 43 🌐 www.motuekaisite.co.nz 🕑 Mo–Fr 9–7, Sa/So bis 14 Uhr, Übernachtungen auf dem Abel Tasman Coast Track können auch in der i-Site in Nelson gebucht werden.

Abel Tasman Aqua Taxi ✉ 275 Sandy Bay, Marahau Road, Motueka ☎ 03 527 80 83 🌐 www.aquataxi.co.nz 🕑 tgl. 8–18 Uhr (wetterabhängig) ab 43 NZ$

Sea Kayak Company ✉ 506 High Street, Motueka ☎ 05 08 25 29 25 🌐 www.seakayak.co.nz 🕑 tgl. 9–17 Uhr (wetterabhängig) ab 45 NZ$/2 Std. pro Person

Einsamer Traumstrand für alle

Einer der schönsten Strände des Abel Tasman National Parks, wenn nicht ganz Neuseelands, wäre beinahe von einem Millionär gekauft worden. In einer landesweiten Spendenaktion sammelten die Kiwis über 2 Millionen NZ$ und kauften dem Investor den Strand vor der Nase weg. Awaroa Inlet, ein weißsandiger Strand ohne jede Bebauung, ist nur per Boot erreichbar. Wenn Sie auf dem Abstecher vom Abel Tasman Coastal Track dort ankommen, setzen Sie sich in den weichen, sonnengewärmten Sand und genießen Sie den magischen Moment auf einem einsamen Traumstrand – der allen Bürgern des Landes gehört.

⑩ ★★Kaikoura

Warum?	Nirgendwo sonst kommen Wale so nah an die Küste heran.
Was?	Whale watching ist hier Pflicht, die Sichtungsquote hoch.
Wie lange?	Etwa einen halben Tag (inkl. Whale watching)
Wann?	Die besten Chancen hat man am frühen Morgen.
Was noch?	Ebenso lohnend wie Kaikoura selbst ist die Fahrt auf dem Küsten-Highway SH 1.

Wale in Sicht! Dafür ist Kaikoura berühmt: In der kleinen Hafenstadt starten stabile Katamarane zu Whale-watch-Touren. Zu bestaunen gibt es bis zu 20 m lange Pottwale, die sich hier vor der Küste beim Luftholen aus den Pazifikwogen stemmen. Im besten Fall bleiben dann zehn Minuten, um auf den Auslöser der Kamera zu drücken.

Kaikoura ist eine kleine Stadt an der Nordostküste der Südinsel ohne größere Sehenswürdigkeiten. Aber die schroffe Kaikoura Range im Hinterland ist beeindruckend und die Unterwasserwelt in den Gewässern vor der Küste vielfältig. Die Maori benannten diese Region nach den vielen Langusten, die es hier gibt und gern gefischt werden (*kai koura* bedeutet »Langusten essen«). Das historische Fyffe House,

Ein erhabener Moment: die Flosse eines Pottwals vor der Küste von Kaikoura.

1842 erbaut, zeigt das harte Leben der Walfänger in Neuseeland; es besteht zum Teil aus Walknochen. Heute sind Walbeobachtungen die Haupteinnahmequelle Kaikouras. Tourboote fahren 2 km auf das Meer hinaus, wo ein Unterwassercanyon mit einer Tiefe von 1500 m bis nah an die Küste reicht. Dabei kann man nicht nur Robben, sondern auch Schwarzdelfine, Hector-Delfine, Pottwale und Albatrosse mit mehr als drei Metern Flügelspannweite beobachten. Lohnend ist auch ein Spaziergang von der Seebärenkolonie bei Point Kean zur Whalers Bay (25 Minuten) über einen Teil des Kaikoura Peninsula Walkway. Der Weg führt auf die Klippen hinauf, von wo aus Sie einen guten Blick auf die sonnenbadenden Seebären unter Ihnen haben, zwischen denen sich auch Gelbaugen-Pinguine tummeln.

Stolz präsentierte Beute: fangfrische Langusten.

Nach dem Erdbeben

Im November 2016 erschütterte ein Erdbeben der Stärke 7,8 große Teile der Ostküste der Südinsel und verursachte schwere Schäden rund um Kaikoura. Der Küsten-Highway SH1 war bis Ende 2017 gesperrt, das Beben hat den Meeresgrund deutlich angehoben und die Küstenlinie stark verändert.

KLEINE PAUSE

Machen Sie auf Ihrem Weg zur Seebärenkolonie am Point Kean beim **Kaikoura Seafood BBQ** Kiosk unter freiem Himmel halt (5 Fyffe Qay, Tel. 027 274 34 91, Mo–Fr 10–17, Sa/So bis 15/14 Uhr).

---

i

213 E2
i-Site Kaikoura
www.kaikoura.co.nz
Fyffe House 62 Avoca Street
03 319 58 35 www.fyffehouse.co.nz tgl. 10-17 (Sommer) 10 NZ$
Whale Watch Kaikoura Whaleway Station 03 319 67 67, 0800 655 121
www.whalewatch.co.nz tgl. 7 bis 17.30 Uhr bis zu 20 Abfahrten
165 NZ$
Dolphin Encounter 96 The Esplanade
03 319 67 77 www.dolphinencounter.co.nz
tgl. 5.30–12.30 Uhr bis zu drei Touren (Dauer ca. 3,5 Std.) 115 NZ$ (Zuschauen)/230 N$ (Schwimmen mit Delfinen)

44 Marlborough Sounds

Warum?	Hier führt eine der schönsten Fährfahrten der Welt durch stille Buchten und schmale Fjorde.
Was?	Ein Labyrinth aus Wasserwegen
Wohin?	Picton ist das Tor zu den Sounds. Von dort geht es auf dem Queen Charlotte Drive nach Havelock.
Wie lange?	In 1,5 Stunden sind Sie durchgefahren, aber das reicht nicht, um die ganze Schönheit der Natur zu entdecken!
Was noch?	Besser als mit der Fähre lassen sich die Sounds auf einer Fahrt mit dem Postschiff erkunden.

Die tiefen Meeresarme und grünen Hügel auf der Nordseite der Südinsel sind für viele Besucher das Erste, was sie von der Nachbarinsel zu sehen bekommen. Die stillen Buchten sind ideal für einen entspannten Zwischenstopp.

Viele Reisende fahren direkt weiter, wenn sie von Bord der Fähre aus Wellington gehen, aber die Marlborough Sounds lohnen einen Besuch: Hier, an der Nordostspitze der Südinsel, entstand mit dem Anstieg des Meeresspiegels am Ende der letzten Eiszeit ein faszinierendes Labyrinth aus Inseln, Halbinseln und Buchten.

In der Cook Strait

Die Fährüberfahrt über die Cook Strait an sich ist schon eine lohnende und landschaftlich reizvolle Reise. Die mindestens 22 km breite Meeresstraße trennt Nord- und Südinsel. Zwei Fährverbindungen gibt es von Wellington aus: Interislander und Bluebridge Ferries, beide transportieren sowohl Personen als auch Autos. Die Fahrt nach Picton dauert mit beiden Unternehmen ähnlich lang: etwa 3,5 Stunden, davon ca. 1 Stunde auf offener, oft unruhiger See.

Bei der Überfahrt mit der Fähre geht es in der Cook Strait oft rau und windig zu.

Den größten Teil der Überfahrt durchquert die Fähre die engen Passagen der Marlborough Sounds mit ihrer dramatischen Landschaft.

Sobald der enge Eingang zum Tory Channel passiert ist, der sich zwischen einer schmalen Landzunge der Südinsel und Arapawa Island erstreckt, wird die See ruhiger. Hier entdeckte Captain Cook als erster Europäer im 18. Jh. die heute nach ihm benannte Meerenge.

Nirgendwo sonst in Neuseeland scheint die Sonne so lange wie hier in den Marlborough Sounds: mehr als 2000 Stunden im Jahr.

Erkundung des Queen Charlotte Sound

Danach öffnet sich der Kanal zum Queen Charlotte Sound, an dessen oberem Ende der kleine Hafen von Picton liegt, wo die Passagiere auf Busse oder Züge umsteigen können. Hier fahren Tourboote und Aqua-Taxis in den inneren Queen Charlotte Sound, auf ganztägige Touren zum Kenepuru oder zum Pelorus Sound.

Fast am seeseitigen Ende des Queen Charlotte Sound markiert Ship Cove jenen Küstenabschnitt, vor dem James Cook im Februar 1770 mit seiner »Endeavour« vor Anker ging, bevor er erstmals die Südinsel umrundete. Heutzutage ist Ship Cove auch auf dem Landweg erreichbar: auf dem knapp 70 km langen Queen Charlotte Track, der für Wanderer ebenso reizvoll ist wie für Mountainbiker.

KLEINE PAUSE

Eine gute Tasse Kaffee bekommen Sie in Picton im **Le Café** (12–14 London Quay, Tel. 03 573 55 88, tgl. 8–17 Uhr).

---

i

213 E4
i-Site Picton The Foreshore
03 520 31 13
www.marlboroughnz.com
Mo–Fr 10–16, Sa 10–14 Uhr

Interislander Buchungen von Deutschland und Neuseeland möglich
04 498 33 02, 0800 80 28 02
www.interislander.co.nz
bis zu 6x tgl. ab 70 NZ$ Fußgänger/oneway, ab 266 NZ$/Campervan

Bluebridge
50 Waterloo Quay, Wellington
04 471 61 88, 0800 84 48 44
www.bluebridge.co.nz
bis zu 4x tgl.
ab 58 NZ$ Fußgänger/oneway, ab 220 NZ$/Campervan

Nach Lust und Laune!

45 Blenheim

In den weiten Ebenen des Wairau-Flusstals gelegen, ist Blenheim das Zentrum der Weinindustrie von Marlborough. Berühmt ist es vor allem für seinen exzellenten Sauvignon Blanc. Nehmen Sie an einer Tour zu den Weingütern teil oder stellen Sie sich selbst eine Route zusammen. Gleich außerhalb der Stadt liegt das Omaka Aviation Heritage Centre mit einer umfangreichen Sammlung seltener Flugzeuge aus dem Ersten Weltkrieg, um die Dioramen von Special-Effect-Experten des Weta Workshops von Regisseur Peter Jackson angeordnet sind.

> 213 E3/4
> **Blenheim i-Site** ✉ 8 Sinclair Street
> ☎ 03 577 80 80 🌐 www.marlboroughnz.com/about/isite
> ● Mo–Fr 10–16, Sa 10–14 Uhr
> **Omaka Aviation Heritage Centre**
> ✉ 79 Aerodrome Road, Blenheim
> ☎ 03 579 13 05 🌐 www.omaka.org.nz
> ● Dez–April tgl. 9–17, sonst 9–16 Uhr, letzter Eintritt eine Stunde vor Schließzeit 30 NZ$

46 Nelson

Im Jahr 1841 von der New Zealand Company gegründet, gehört Nelson zu den ältesten Siedlungen des Landes. Hier kann man kaum verloren gehen: Die breiten Straßen der Kleinstadt an der Tasman Bay wurden rechtwinklig angelegt, Haupt-Nordsüdachse ist die geradewegs auf die monumentale Christ Church Cathedral zuführende Trafalgar Street. Kunsthandwerk wird sowohl im Zentrum als auch in der Umgebung vielfältig und hochwertig angeboten. Interessant sind die Ausstellungen der Suter Art Gallery; oder Sie folgen einem der drei Nelsons Region Art Trails: www.arttrails.nz/nelson. Am Samstagmorgen können Sie den Markt am Montgomery Square besuchen, wo es witzige Souvenirs gibt. Nicht versäumen sollte man einen Besuch des Nelson Classic Car Museum, das passenderweise am Cadillac Way liegt. Fans klassischer Autos kommen in der großzügigen Ausstellungshalle voll auf ihre Kosten. Schleckermäuler sollten in »Pic's Peanut Butter World« vorbeischau-

Restaurant mit Aussicht: »The Boat Shed«, Nelson

Windmühle und historische Holzkirche im Founders Heritage Park, BMW Isetta von 1956 im Classic Car Museum in Nelson.

en; hier kann man zuschauen, wie die berühmte Erdnussbutter von Pic's hergestellt wird. Einen Eindruck von Nelsons kurzer Geschichte erhält man im Founders Heritage Park (www.founderspark.co.nz), einem Freilichtmuseum u.a. mit Brauerei-Museum, Eisenbahnmuseum und Fahrten mit der historischen Eisenbahn. Die ansässigen Kunsthandwerker verkaufen ihre Erzeugnisse vor Ort. Die Stadt ist auch ein Ausgangspunkt für Ausflüge in den Abel Tasman oder den Nelson Lakes National Park (S. 128).

+ 213 D4
Nelson Visitor Centre ✉ im Nelson Provincial Museum, Ecke Trafalgar/ Hardy Street ☎ 03 548 23 04 ⊕ www.nelsontasman.nz ● tgl. 10–16 Uhr
Suter Art Gallery ✉ 208 Bridge Street, Nelson ☎ 03 548 46 99 ⊕ www.thesuter.org.nz ● tgl. 9.30–16.30 Uhr 🍴 Suter Café tgl. 8–15 Uhr

Classic Car Museum ✉ 1 Cadillac Way, Annesbrook, Nelson ☎ 03 54 74 57 30 ⊕ www.nelsonclassiccarmuseum.nz ● tgl. 10–16 Uhr ◆ Tickets: 19 NZ$
Abel Tasman Guide ✉ 10 Franklin Street, Marahau ☎ 0800 80 80 18, 03 527 81 76 ⊕ www.abeltasman.com

47 Golden Bay

Eine 100 km lange, kurvenreiche Fahrt von Nelson in nordwestlicher Richtung über die Takaka Hills führt Sie in die Golden Bay (s. »Mein Tag ...«, S. 114–117) und nach Takaka: Der verträumt anmutende Hauptort dieser Region liegt unterhalb des Marble Mountain, dessen Marmor das Parlament in Wellington und die Kathedrale in Nelson ziert. Ein kurzer Rundgang durch das bescheidene Zentrum, vorbei an lässigen Cafés und bunt dekorierten Schaufenstern, und man kann ausschwärmen in die weite Bucht: am besten gleich ans Wasser, nach Tata

Beach oder Pohara Beach, wo der weiße Sand so weich ist wie Puderzucker. Interessant sind auch die ca. 5 km entfernten Te Waikoropupu Springs. Ihr Wasser stammt großenteils vom Takaka River, der in trockenen Sommern völlig im Untergrund verschwindet. Um die Quellen herum wurde im 19. Jh. intensiv nach Gold gegraben. Golden Bay ist auch der Ausgangs- (oder End-)punkt für den 82 km langen Heaphy Track durch den entlegenen Kahurangi National Park bis zur Westküste.

213 D5 **Golden Bay i-Site**
✉ 16 Willow Street, Takaka
☎ 03 525 91 36 🌐 www.goldenbaynz.co.nz ◐ Mo–Fr 10–14 Uhr

48 Nelson Lakes National Park

Der Nationalpark nimmt weite Bereiche eines wilden Berglandes ein, das von der sogenannten Alpine Fault, einer sehr markanten geologischen Störungszone, durchzogen wird. Diese Erdbeben-Bruchzone bedingt die enormen Höhenunterschiede der Berge, deren höchste Gipfel bis weit in den Sommer hinein mit Schnee bedeckt sind. Besonders entlang der Seeufer breiten sich dichte Regenwaldbestände aus. Der 610 m hoch gelegene Lake Rotoiti sowie der rund 100 m tiefer gelegene Lake Rotoroa füllen von eiszeitlichen Gletschern ausgehobelte Zungenbecken. Im hoch über der Rainbow Ski Area (www.skirainbow.co.nz) gelegenen Dorf St. Arnaud gibt es einige Motels und Lodges sowie zwei Campingplätze, am Lake Rotoroa eine luxuriöse Angler-Lodge und einen einfachen Campingplatz.

212/213 C/D/2/3 **Nelson Lakes Visitor Centre** ✉ View Road, St. Arnaud ☎ 03 521 18 06 🌐 www.doc.govt.nz/parks-and-recreation/national-parks/nelson-lakes
◐ tgl. 8–16.30 Uhr

49 Hanmer Springs

In diesem Bergresort speisen heiße Quellen ein Thermalbad, das bereits seit 1859 Besucher anzieht. Neben einem Spa, Aqua-Therapiezentrum sowie Schönheitsanwendungen werden auch verschiedene Outdoor-Aktivitäten angeboten.

213 D2 **Hanmer Springs Thermal Pools** ✉ 42 Amuri Avenue, Hanmer Springs ☎ 03 315 00 00, 0800 44 26 63 🌐 www.hanmersprings.co.nz ◐ tgl. 10 bis 19 Uhr ab 38 NZ$

Am Lake Rotoiti im Nelson Lakes National Park

Wohin zum ... Übernachten?

Preise für ein Doppelzimmer pro Nacht:

$	unter 200 NZ$
$$	200–350 NZ$
$$$	über 350 NZ$

MARLBOROUGH SOUNDS

Punga Cove Resort $–$$$
Punga Cove liegt versteckt in einer sandigen Bucht in den Marlborough Sounds. Das Angebot reicht von Luxussuiten bis zu Hütten für Wanderer auf dem Queen Charlotte Track. Vom Restaurant hat man einen herrlichen Blick auf die Bucht. Shop, Pool und Sauna stehen zur Verfügung.
213 F4 Punga Cove, Endeavour Inlet
03 579 85 61 www.pungacove.co.nz

ABEL TASMAN NATIONAL PARK

Peppers Awaroa Lodge $$–$$$
Die entspannte Strandlodge im Abel Tasman National Park ist nur von Oktober bis April und nur per Flugzeug, Boot oder zu Fuß erreichbar. Die Zimmer und Suiten sind genauso hervorragend wie das Restaurant.
213 D5 Awaroa Bay 03 528 87 58, 0800 44 88 91 www.awaroalodge.co.nz

KAIKOURA

Nikau Lodge $$
Die im Jahr 1925 erbaute Nikau Lodge ist ein stilvolles Bed-and-Breakfast. Alle Zimmer haben ein eigenes Bad, vom Obergeschoss aus bietet sich ein spektakulärer Bergblick.
313 E2 53 Deal Street
03 319 69 73
www.nikaulodge.com

BLENHEIM

Marlborough Wine Country B&B $$
Moderne Motelzimmer und ein großer, beheizter Pool in einem gepflegten Garten: ein guter Ausgangspunkt für Ausflüge in die Weinregion. Zur Ortsmitte von Blenheim sind es nur wenige Fahrminuten.
213 E3/4 191 Middle Renwick Road
027 453 70 22 www.mwcbb.co.nz

NELSON

Sojourn Cottage $$–$$$
Die South Street hinter der Nelson Cathedral ist für ihre winzigen Cottages aus den 1860er-Jahren bekannt. Einige von ihnen wurden in Apartments umgewandelt.
213 D4 5 South Street 03 548 48 47
www.sojourncottage.co.nz

HANMER SPRINGS

Cheltenham House $$
Ganz in der Nähe der Pools liegt ein Anwesen aus den 1930er-Jahren mit vier großzügigen Suiten, 2 Cottages im Garten und einer Villa mit 4 Schlafzimmern für bis zu 8 Gäste. Jede Suite ist mit antiken Möbeln eingerichtet.
213 D2 13 Cheltenham Street
03 315 75 45 www.cheltenham.co.nz

Hanmer Springs Hotel $$
Die zu einer Hotelkette gehörige Lodge wurde im frühen 20. Jh. im spanischen Stil erbaut und bietet wie ihre Schwesteranlagen in ganz Neuseeland angenehmen Komfort.
213 D2 1 Conical Hill Road
03 975 10 10 www.cpghotels.com/hotels/hanmersprings

Wohin zum ... Essen und Trinken?

Preise für ein Essen (z.B. ein Tages-/Hausmenü, im Regelfall inkl. Getränk):

$	unter 45 NZ$
$$	45–70 NZ$
$$$	über 70 NZ$

MARLBOROUGH SOUNDS

The Mussel Pot $
Das rustikale Pub ist ein guter Grund für einen Stopp in Havelock. Serviert werden

Spezialität der Region: Grünschalenmuscheln.

Steamers (ganze gedämpfte Grünschalenmuscheln) und *Flats* (gegrillte halbe Muscheln) mit einer Auswahl an Soßen und reichlich Brot.
213 E4 73 Main Road, Havelock
03 574 28 24 www.themusselpot.co.nz
Fr–Di 11.30–14.30 und 17.30–19.30 Uhr

KAIKOURA

Kaikoura Seafood BBQ Kiosk $$

Die Menükarte ist so kurz, wie das an einem Straßenkiosk zu erwarten ist – dafür sind alle Gerichte frisch zubereitet, von Jakobsmuscheln und Paua-Fritters bis zu fangfrischen Langusten. Je nach Gewicht zahlt man um die 120 NZ$ für ein ganzes Tier.
213 E2 55 Fyffe Quay
027 274 34 91 tgl. 10–17 Uhr

BLENHEIM

Allan Scott Bistro $$

Auf Allan Scotts Weingut essen Sie draußen auf der Gartenterrasse oder innen unter Gewölben. Das einfache und frisch zubereitete Menü umfasst Birnen, Blauschimmelkäse und Kumara, Muscheln, Lachs und frischem Salat sowie Gemüse aus der Region. Und dazu gibt es, natürlich, einen edlen Wein!
213 E3/4 Allan Scott Family Winemakers, 229 Jackson's Road, RD3 03 572 71 23
www.allanscott.com/bistro
tgl. 10–16 Uhr

Arbour $$$

Fine Dining in der bezaubernden Landschaft der Weinberge von Blenheim, von denen die edlen Tropfen stammen, die zum Sieben-Gänge-Menü gereicht werden – das Lokal »Arbour« bietet ein echtes kulinarisches Erlebnis mit innovativer neuseeländischer Küche.
213 E3/4 36 Godfrey Road, Fairhall, Blenheim 03 572 79 89
www.arbour.co.nz Do–Sa 17–22 Uhr

NELSON

The Honest Lawyer $–$$

Einem englischen Dorfpub nachempfunden, liegt das Steinhaus auf einer Halbinsel etwa 10 Autominuten von Nelson entfernt. Es gibt 13 Fassbiere, eine gute Weinkarte und herzhafte Pub-Gerichte sowie Frühstück, Snacks und Nachmittagstee. Wer gleich bleiben möchte: 10 Zimmer und drei Cottages bieten Unterkunft.
213 D4 1 Point Road, Monaco
03 547 4070
www.honestlawyer.co.nz
tgl. ab 10 Uhr bis spät (Essen ab 11 Uhr)

Columbus Café $$

Zentral im Stadtzentrum von Nelson in einer kleinen Mall nahe dem Provincial Museum gelegen, ist das Columbus Café der ideale Ort für eine Stärkung. Neben Kaffee, Tee und Kuchen gibt es auch Lunch im Hof und an den Wochenenden einen ausgiebigen, herzhaften Brunch.
213 D4 244 Hardy Street, Nelson
03 545 64 54 www.columbuscoffee.co.nz tgl. 8–16 Uhr

The Boat Shed Café $$–$$$

Exquisites Fischrestaurant direkt am Wasser. Auf den Tisch kommen Nelson-Muscheln und Krabben aus der Tasman Bay sowie Lachs; Krabben und Krebse bekommt man direkt aus den Vorratstanks des Restaurants. Speisen können Sie im Innenbereich oder auf der Terrasse.
213 D4 350 Wakefield Quay
03 546 97 83 www.boatshedcafe.co.nz
Mo–Fr 11.30 Uhr bis spät, Sa/So 9–21 Uhr

GOLDEN BAY

Mussel Inn $
Genießen Sie in der kleinen Brauerei selbst gebrautes Manuka-Bier nach dem Rezept von Kapitän James Cook, während Sie am offenen Feuer sitzen. Dazu gibt es Fisch, Pasteten und Muschelsuppe nach Art des Hauses.
213 D5 Onekaka 03 525 92 41
www.musselinn.co.nz tgl. 11 Uhr bis spät; geschl. Mitte Juli–Mitte Sept.

Wohin zum ... Einkaufen?

MARLBOROUGH

Entlang des Marlborough Art and Craft Trail bieten viele Kunsthandwerker ihre Waren an (Infos: Blenheim i-Site, 8 Sinclair Street). Matua Wines (351 Jacksons Road) verkauft Weine, Olivenöl und Souvenirs, Sherrington (Mahau Sound, Picton) Honig. Traditional Country Preserves auf dem St Clair Weingut (12 Hilton Place, Blenheim) verkaufen traditionelle Leckereien. Bei Cerise (103 Market Street, Blenheim) finden Sie geschmackvolle Mitbringsel und Deko-Artikel. An Sonntagen ist der Marlborough Farmer's Market ideal zum Stöbern (A&P Showgrounds, Blenheim).

NELSON

Auf dem Saturday Market in Nelson am Montgomery Square gibt es fast alles – von Artikeln rund um den Hund bis zu Produkten aus biologischem Anbau. Bei Höglund Art Glass (52 Lansdowne Road, Appleby, Richmond) wird dagegen nur ein Stoff verarbeitet: Es ist faszinierend, den Glasbläsern bei ihrer Arbeit zuzuschauen. Im nahe gelegenen Grape Escape Complex (143 McShanes Road/SH 60, Richmond) zeigt die Escape Gallery Kunsthandwerk aus der Region; angeschlossen sind ein Café und ein Schokoladengeschäft. Sie können auch selbst kreativ werden: Kunst-Workshops im Mahoe Hills Craft Studio (255 Garden Valley Road, Brightwater) bieten Kurse im Mosaiken, Färben oder Weben; die Wolle stammt von eigenen Alpakas.

Wohin zum ... Ausgehen?

MARLBOROUGH

Die i-Site von Blenheim (8 Sinclair Street, Tel. 03 577 80 80) hat kostenlose Karten des Marlborough Wine Trails für Selbstfahrer.

Festivals
Das Marlborough Wine Festival ist der Höhepunkt der Region im Februar. Das Garden Marlborough Festival für Gartenfreunde findet im November statt.

NELSON

The Suter (208 Bridge Street) ist *das* Kunstmuseum der Region mit Galerien, Café und Theater. Live-Musik gibt es im Victorian Rose (The Vic, 281 Trafalgar Street) zu hören. Eine breite Auswahl an Craft Beer serviert The Free House Pub (95 Collingwood Street). Das Theatre Royal (78 Rutherford Street) zeigt in einem historischen Gebäude Klassiker und moderne Stücke.
Einige Weingüter rund um Nelson sind für Besucher geöffnet; die Wine-Art-Karte (Nelson i-Site, 77 Trafalgar Street) führt Sie hin. Probieren Sie sich alternativ durch die selbstgebrauten Biere der Region (Adressen hat die Broschüre zum Craft Beer Trail).

Festivals
Beim jeden Oktober in Nelson stattfindenden Arts Festival steht die Stadt mehrere Tage im Zeichen von Musik, Tanz und Theater. In ungeraden Jahren zieht Anfang Februar das Adam New Zealand Chamber Music Festival Kammermusikfans an. Das Nelson Summer Fringe Festival zwischen Ende April und Anfang Mai ist ein Pflichttermin für Theaterliebhaber. Wenn Sie in einem geraden Jahr im Winter nach Nelson kommen, verpassen Sie nicht die Lichtinstallationen beim Light Nelson in den Queens Gardens.

Christchurch und die Southern Alps

Rund um die »very british« wirkende Stadt warten einige der schönsten Landschaften der Südinsel.

Seite 132–155

Faszination Schnee und Eis: im Helikopter zum Franz-Josef-Gletscher.

Erste Orientierung

Wenn Sie meinen, die Nordinsel sei großartig, dann richten Sie sich auf eine Überraschung ein: Auf der Südinsel ragen die Berge noch höher auf, sind die Seen noch blauer und die Panoramen noch eindrucksvoller.

Christchurch, das urbane Tor zu allen Zielen im Süden, war der Vorposten der anglikanischen Kirche auf der Südhalbkugel. Auf den Canterbury Plains ringsum betreibt man seit jeher Schafzucht und Milchwirtschaft, auch Wein und Oliven gibt es hier. Über die weite Ebene mäandern die breiten, flachen Flüsse aus den Southern Alps, welche die karge, trockene Ostseite von der feuchten und üppig grünen Westküste trennen. Wohin Sie sich von Christchurch aus auch wenden, Sie stoßen stets auf spektakuläre Landschaften. Im Osten wartet die idyllische Banks Peninsula, wo Sie mit Delfinen schwimmen können; nach Südwesten gelangen Sie zu den blauen Bergseen der kargen Mackenzie-Hochebene, über der sich der schneebedeckte Aoraki/ Mount Cook erhebt. Über den Arthur's Pass an die raue West Coast gelangend, können Sie nur wenige Gehminuten vom Strand entfernt zwei der größten Gletscher der Südinsel besuchen.

Christchurch ist eine übersichtlich in Gitternetzform angelegte Stadt. Die Colombo Street durchquert sie von Norden nach Süden. Das Stadtzentrum (CBD) wird durch die Moorhouse, Bealey, Fitzgerald und Deans Avenue eingegrenzt. Am 22. Februar 2011, um 12.51 Uhr, trafen heftige Erdstöße die Stadt bis ins Mark – ein Beben der Stärke 6,3, das Epizentrum nur zehn Kilometer südöstlich der Stadt, das Hypozentrum nur fünf Kilometer tief unter der Oberfläche, ließ Gebäude einstürzen, Felsenkliffs abbrechen und den Untergrund an vielen Stellen bersten, als habe es die Erde in Stücke gerissen. 185 Menschen kamen ums Leben, ein Großteil der Bevölkerung wurde obdachlos. Erst seit August 2013 ist die Innenstadt in Teilen wieder zugänglich, und mit dem Wiederaufbau ändert sich das Stadtbild im Zentrum völlig: Wenn Architekten, Stadtplaner und Politiker in den

Nicht verpassen!

50 Christchurch
51 Banks Peninsula
52 Aoraki/Mount Cook

kommenden Jahren alles richtig machen, hat Christchurch die einmalige Chance, als eine nach modernsten Gesichtspunkten funktionierende Großstadt wiederaufzuerstehen.

Nach Lust und Laune!

53 International Antarctic Centre
54 Willowbank Wildlife Reserve
55 Sumner
56 Lyttelton
57 Lake Tekapo
58 Tasman Glacier
59 Castle Hill/Kura Tawhiti
60 Arthur's Pass
61 Punakaiki

TOP 10

3 ★★ West Coast

Mein Tag auf den Spuren der Geschichte

Christchurch ist die älteste Stadt Neuseelands. Rund um Christchurch finden sich beeindruckende Zeugnisse der mutigen Menschen, die sich hier einst ein neues Leben aufbauten.

8 Uhr: Stilechter Start in den Tag

Willkommen in 50 Christchurch! Im gemütlichen Bunsen Cafe (2 Worcester Boulevard, Tel. 03 260 22 72, Facebook-Seite, Mo–Fr 8–15.30, Sa/So bis 16 Uhr) auf dem Gelände der University of Canterbury frühstücken Sie Bacon and Eggs direkt im Clock Tower Building von 1877.

9 Uhr: Mit der Straßenbahn in die Vergangenheit

Die historische Christchurch Tram, Überbleibsel eines einstmals dichten Straßenbahnnetzes, bringt Sie zur Cathedral Junction (Bahnen fahren ab 9 Uhr alle 15 bis 20 Minuten, Ganztags-Ticket 35 NZ$). Sie können die kurze Strecke auch in etwa 15 Minuten laufen – es geht praktisch immer geradeaus auf dem Worcester Boulevard. Bewundern Sie dabei einige der ältesten Wohnhäuser von Christchurch.

10 Uhr: Spurensuche auf dem Wasser

Der Bus Nr. 28 bringt Sie alle 15 Minuten vom Manchester Street Super Stop in den Vorort 56 Lyttelton (Norwich Quay/Ecke Dublin Street) und zurück; das Ticket (4,20 NZ$/Fahrt) kaufen Sie direkt beim Fahrer. In Lyttelton verkehrt (Dez.–März tgl., sonst nur Sa/So) die Black Cat Ferry

19.30 Uhr: Kultur tanken

8 Uhr: Stilechter Start in den Tag

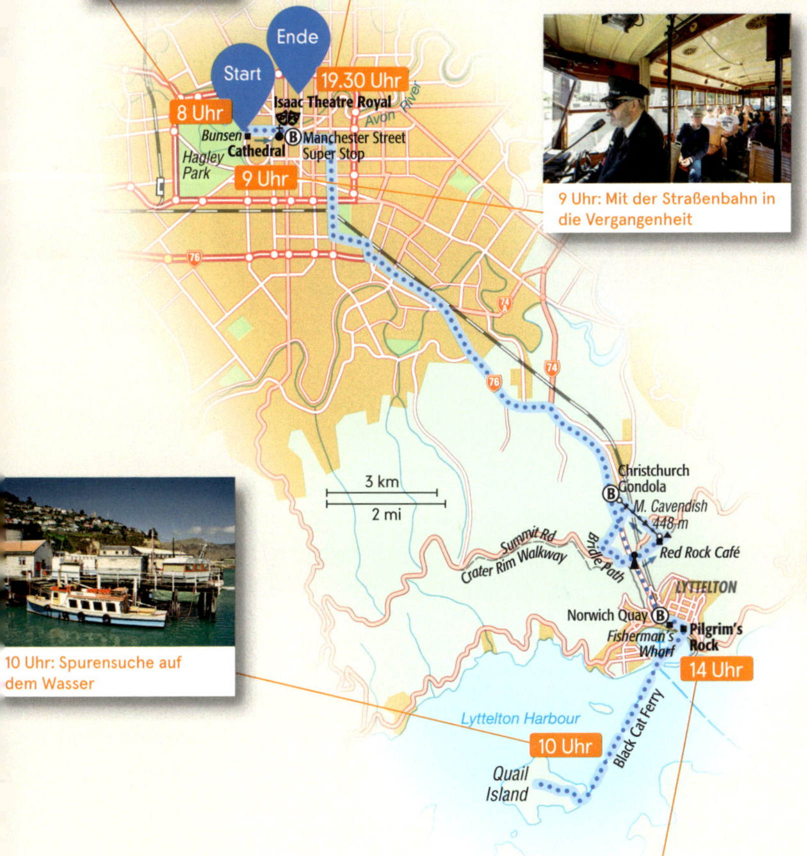

9 Uhr: Mit der Straßenbahn in die Vergangenheit

10 Uhr: Spurensuche auf dem Wasser

14 Uhr: Verdauungsspaziergang, wo alles anfing

Oben: Guter Start in den Tag im Clock Tower Building. Rechts: Christchurch by Tram.

nach Quail Island (Hinfahrt 10.15, Dez.–März zusätzlich 12.15 Uhr, Rückfahrt 15.30, Dez–März zusätzlich 12.30 Uhr, Retourticket 35 NZ$). Auf der unbewohnten Insel warteten bis 1930 die Schlittenhunde der Südpolarexpeditionen auf ihren Einsatz. Erspähen Sie auf dem Quail Island Discovery Track einheimische Vögel wie den winzigen Neuseelandfächerschwanz (*Rhipidura fuliginosa,* engl. *Fantail*), einen Graumantel-Brillenvogel (*Zosterops lateral,* engl. *Silvereye*) oder sogar einen Zwergpinguin, dessen Hauptverbreitungsgebiet Neuseeland ist.

12.30 Uhr: Lunch in historischem Setting

Die 12.30-Uhr-Fähre bringt Sie zurück aufs Festland. Vom Fisherman's Wharf Restaurant am Hafenbecken beobachten Sie das Treiben an den Docks und den regen Bootsverkehr. Probieren Sie die »Seafood Sizzle Plate« (38 NZ$) – die Tintenfische, Garnelen und Muscheln kommen frisch aus dem Meer auf den Tisch! (Di–Fr 11.30–21 Uhr, Sa/So ab 9 Uhr, Tel. 03 328 7530, www.fishermans wharf.nz).

14 Uhr: Verdauungsspaziergang, wo alles anfing

Der Pilgrim's Rock nahe dem Pier liegt dort, wo am 16. Dezember 1850 die ersten vier Schiffe mit rund 800 Siedlern aus Gravesend in England anlegten. Sechs Jahre später, 1856, wurde Christchurch als erster urbaner Ansiedlung in Neuseeland das Stadtrecht verliehen.

Oben: Christchurchs historische Wurzeln liegen am geschützten, 15 km weit ins Land reichenden Naturhafen – hier mit Blick über den Vorort Lyttelton.

15 Uhr: In luftigen Höhen auf historischen Wegen

Der Bus Nr. 28 bringt Sie zur Talstation der Christchurch Gondola, die auf den 448 m hohen Mount Cavendish führt. Um nachzufühlen, wie beschwerlich der Weg für die ersten Siedler war, steigen Sie auf dem historischen Bridle Path zu Fuß hinauf: Bis 1867 war dies die einzige Verbindung von Lyttelton nach Christchurch. Nach 1,4 km biegen Sie oben links auf den Crater Rim Walkway ab, der Sie vorbei an einem Denkmal für die Frauen der neuseeländischen Pioniere etwa einen Kilometer weiter zur Bergstation führt. Nachdem Sie im Red Rock Café bei einem Kaffee ausgeruht haben, genießen Sie den Blick auf die Port Hills, das Hafenbecken und die weite Ebene der Canterbury Plains, ehe Sie den Weg nach unten knieschonend mit der Gondelbahn bewältigen (tgl. 10–16 Uhr, 40 NZ$).

19.30 Uhr: Kultur tanken

Bus Nr. 28 bringt Sie wieder zurück zum Manchester Street Super Stop, von wo Sie das historische Isaac Theatre Royal (145 Gloucester St, Tel. 03 366 63 26, Kartenvorverkauf Di–Fr 10–17 Uhr, Abendkasse eine Std. vor der Aufführung) in zwei Minuten erreichen. Auch wenn Sie für die Abendvorstellung keine Karte bekommen, sollten Sie dieses über 100 Jahre alte Gebäude im Stil der französischen Renaissance bewundern – zur Zeit seiner Erbauung galt es als schönstes Theater der Südhalbkugel.

❸ ★★West Coast

Warum?	Die wildeste Version von Neuseeland gilt vielen als das »echte« Neuseeland.
Was?	Viel Natur, verlassene Goldminen, finstere Höhlen, Jade
Wie lange?	Mindestens zwei Tage
Wann?	Februar ist der trockenste und wärmste Monat.
Was nehme ich mit?	Die Erkenntnis: Wer hier richtig nass wird, hat alles richtig gemacht.

An stillen Sonnentagen gleicht die West Coast einem Zauberland mit schneebedeckten Gipfeln, glitzernden Seen und üppigen Regenwäldern. Aber der schmale Streifen zwischen der Tasman Sea und den Southern Alps ist auch ein raues Land, mit viel Regen, Unwettern und einer gewaltigen Brandung.

»The Coast« nennen die Einheimischen die westliche Küstenlinie der Südinsel, die nirgends breiter als 50 km ist.

An der West Coast kann es ausgesprochen nass werden, die Niederschlagsmenge wird nur im Fiordland übertroffen. Der viele Regen gibt der West Coast etwas Frisches, Lebendiges. Und ohne ihn gäbe es weder die nebligen Regenwälder noch die saftigen Weiden, stillen Seen und eindrucksvollen Gletscher des Westland National Parks (Maori: *Tai Poutini*), der zum UNESCO-Welterbe zählt.

Nach dem Goldrausch

Die größte Stadt der Region liegt an einem Hafen an der Mündung des Grey River. Gegründet auf Gold und später auf Kohle, lebt Greymouth heute von Holz, Fischfang und vom Tourismus. Spuren der Goldsucher finden Sie in der Gegend neben Relikten des Kohlebergbaus und stillgelegten Minen. Auch Hokitika, etwa 40 km südlich von Greymouth gelegen, entstand als Folge des Goldrauschs. Heute ist das Städtchen bekannt für seine Kunsthandwerker. Schauen Sie den Steinschneidern, Knochenschnitzern und Glasbläsern dabei zu, wie Ihre Souvenirs gemacht werden. Besonders begehrt ist die neuseeländische Jade (Maori: *Pounamu*, engl. *Greenstone*). Schon die Maori kamen von weit her, um an der Küste den begehrten Halbedelstein zu gewinnen. Keine

Ganz oben und rechts: Nach einer Maori-Legende entstand der Franz-Josef-Gletscher aus den gefrorenen Tränen einer jungen Frau, deren Geliebter von einer Lawine verschüttet wurde. Oben: An die vergangenen Tage des Goldrausches erinnert das zwischen Hokitika und Greymouth gelegene Museumsdorf Shantytown.

leichte Sache: Ungeschliffener Pounamu ist äußerlich grau und unscheinbar. Heute reklamiert der größte Maori-Stamm der Südinsel, Ngai Tahu, Jade qua Gesetz als seinen Besitz. Wer ein Zertifikat (»Authentic NZ Greenstone«) an einem Schmuckstück sieht, kann sicher sein, dass es echt ist – und nicht aus China kommt.

Die Gletscher der Southern Alps

Je weiter Sie sich dem Massiv des Aoraki/Mount Cook nähern, desto höher werden nach und nach die Gebirgszüge. Die Straße führt durch Weidelandschaft, an eisbedeckten Seen und Regenwäldern vorbei. Nach etwa 150 km stoßen Sie an

In Hokitika hat man sich ganz der neuseeländischen Jade verschrieben.

die Gletscherregion der Southern Alps. Die Gletscher selbst sind für Wanderer, wenn sie denn keine Bergsteiger sind, nicht zugänglich, aber die Gletscherzungen des Franz Josef Glacier und des Fox Glacier sind noch von der Küste zu sehen. Unübersehbar sind aber auch die Folgen des Klimawandels: Beide Gletscher schrumpften in den letzten beiden Jahrzehnten enorm im Volumen und in der Länge. Besucher müssen heute Abstand halten, da das rasch schmelzende Eis zu weich ist und einzubrechen droht. Weil auch die früher von Eis bedeckten Berghänge instabil und für Klettertouren nicht sicher genug sind, bleibt nur noch der Luftweg per Helikopter hinauf zur Gletscherwanderung. Von tiefhängenden Wolken sollte man sich nicht einschüchtern lassen: Meist bietet die Bergwelt oberhalb beste Aussichten bei strahlend blauem Himmel.

Das Schmelzwasser der Gletscher nährt die bildschönen Seen Matheson, Ianthe oder Mapourika, zu denen Sie unbedingt Abstecher machen sollten. Oder besuchen Sie die majestätischen Silberreiher in der weiten Okarito-Lagune.

KLEINE PAUSE

Das **Woodstock Hotel** (Tel. 03 755 89 09), südlich von Hokitika an der Woodstock-Rimu Road gelegen, ist ein historischer, für die Region typischer Kolonialbau. Im Pub treffen Sie sicher auch Einheimische.

---

i

Greymouth i-Site
✈ 212 B2 ✉ 164 Mackay Street
☎ 0800 47 39 66
🌐 www.westcoasttravel.co.nz
◑ Mo–Fr 9–16, Sa/So 10–16 Uhr

Westland Tai Poutini National Park i-Site
✈ 214 B5 ✉ 69 Cron Street
☎ 03 752 03 60 🌐 www.glaciercountry.co.nz ◑ tgl. 8.30–17 Uhr

Franz Josef Glacier Guiding
✉ 63 Cron Street, Franz Josef
☎ 03 752 0763, 0800 48 43 37
🌐 www.franzjosefglacier.com
◑ tgl., je nach Wetter

Fox Glacier Guiding
✉ 44 Main Road, Fox Glacier
☎ 03 751 08 25, 0800 11 16 00
🌐 www.foxguides.co.nz
◑ tgl., je nach Wetter

White Heron Sanctuary Tours
✉ 64 Main Road, Whataroa
☎ 03 753 41 20 🌐 www.whiteherontours.co.nz ◑ Okt.–März (Brutzeit) tgl. Vogelbeobachtungstouren
ab 150 NZ$

㊿ Christchurch

Warum?	Die Südinselmetropole erfindet sich gerade neu.
Was?	Viele neue Stätten und kreative Projekte
Wie lange?	Die Stadt hat mehr als nur eine kurze Stippvisite verdient.
Wann?	Immer – wann es Ihnen beliebt.

Vor dem verheerenden Erdbeben vom 22. Februar 2011 galt Christchurch als »englischste Stadt« Neuseelands, wegen seiner neugotischen Architektur, den viktorianischen Villen und den vielen Parkanlagen. Grün ist die Stadt immer noch, aber mit dem Wiederaufbau ändert sich das Stadtbild im Zentrum völlig.

An Bord der vier Schiffe aus England, die im Dezember 1850 mit etwa 800 Menschen hier vor Anker gingen, war auch John Robert Godley, der Begründer von Christchurch und Canterbury. Dessen Statue auf dem Cathedral Square fiel bei dem schweren Erdbeben 2011 von ihrem Sockel. Vier Jahre dauerte es, bis sie wieder aufgerichtet werden konnte – als sichtbares Zeichen dafür, dass diese Stadt sich nicht unterkriegen lassen will. Heute ist Christchurch längst wieder einen Besuch wert – nicht allein, um das Ausmaß der Erdbebenkatastrophe zu begreifen, sondern auch, um sich am fortschreitenden Wiederaufbau mit der florierenden Gastroszene zu erfreuen und instandgesetzte Sehenswürdigkeiten zu besichtigen.

»The Chalice« (der Kelch) am Cathedral Square ist das von dem neuseeländischen Künstler Neil Dawson entworfene Wahrzeichen der Stadt.

Christchurch neu (und wieder-)entdecken

Nach wie vor das Herz der Stadt ist der Cathedral Square. Nur mühsam – mittels massiver Stützpfeiler – hält sich hier die im 19. Jh. errichtete, beim Erdbeben größtenteils zerstörte Christchurch Cathedral. Immerhin ist ihr Wiederaufbau seit September 2017 eine beschlossene Sache. Bereits vollendet ist der Wiederaufbau der New Regent Street: Die schmucke, von pastellfarbenen Fassaden flankierte Einkaufsstraße kann sich sehen lassen. Das gilt auch für die von dem japanischen Architekten Shigeru Ban entworfene, als Provisorium auf etwa 50 Jahre angelegte Cardboard Cathedral – eine verblüffend stabile Karton-Konstruktion (234 Hereford St./Latimer Square, tgl. ab 9 Uhr, www.cardboardcathedral.org.nz).

Nach dem Besuch der Ausstellung Quake City in der City Mall weiß man fast alles über die Erdbeben in der Region; auch über die Fortschritte beim Wiederaufbau (299 Durham Street North, tgl. 10–17 Uhr, www.quakecity.co.nz).

Oben: Futuristisches Provisorium – die Cardboard Cathedral am Latimer Square. Unten: Was war, was ist, was wird, zeigt die Ausstellung Quake City in der City Mall.

Aller Aufwand hat sich gelohnt: Im neugotischen Ensemble des 140 Jahre alten Christchurch Arts Centre ist wieder Leben eingekehrt. Die dicken Mauern stehen so fest wie damals, als sie noch die erste Universität der Stadt beherbergten. Wie schon vor dem Erdbeben ziehen nach und nach Ateliers, Shops und Cafés ein (Worcester Boulevard, www.artscentre.org.nz). In einem modernen Glaspalast überrascht die Art Gallery Te Puna o Waiwhetu mit einer anspruchsvollen Sammlung zeitgenössischer Kunst. Mit Ausstellungen zur Naturkunde, Maori- und regionalen Kolonialgeschichte begeistert das 1870 gegründete Canterbury Museum. Ab Mitte 2023 ziehen die Highlights für fünf Jahre in ein Pop-up-Museum um, während die historischen Gebäude renoviert werden.

Ein Spaziergang durch die weitläufigen Botanic Gardens, unter mächtigen Bäumen und am Avon River entlang, zeigt die grüne Seite von Christchurch (Eingang: Rolleston Ave., neben dem Canterbury Museum, Okt. bis Feb. tgl. 7–21, März bis 20.30, April–Sept. bis 18.30 Uhr).

Wer sich für den Wasserweg entscheidet, mietet an den Antigua Boat Sheds ein Paddelboot oder lässt sich von einem Gondoliere über den seichten Avon staken (2 Cambridge Terrace, tgl 9–18 Uhr, www.boatsheds.co.nz).

Ein stimmungsvolles Finale

Die Tram City Tour dreht auf knapp 4 km ihre gemächlichen Runden in hübsch restaurierten Straßenbahnen durch die Innenstadt, das Tagesticket berechtigt zum Ein- und Aussteigen an 18 Haltestellen (ab Cathedral Junction, tgl. 9–18 Uhr, www.christchurchattractions.nz). Bei der abendlichen Tramway Restaurant Dinner Tour (Reservierung notwendig, Tel. 03 366 78 30) wird an Tischen gespeist.

Oben: Kunst im Glaspalast – in der Art Gallery Te Puna o Waiwhetu. Unten: Ein typisch englischer Stocherkahn auf dem Fluss Avon.

KLEINE PAUSE

Am Ufer des Avon bietet das historische **Boat Shed Café** (2 Cambridge Terrace) ein lauschiges Plätzchen direkt am Bootsanleger.

---

215 E/F5

i-Site Akaroa
61 Beach Road Akaroa (Banks Peninsula) Tel. 03 304 77 84
tgl. 9–17, im Winter 10–16 Uhr

Christchurch Arts Centre
2 Worcester Boulevard
www.artscentre.org.nz
tgl. 10–17 Uhr (variiert für einzelne Geschäfte) Bunsen Café mit Zen-Sushi und anderen kleinen Gerichten, Kaffee und Kuchen

Canterbury Museum Pop-up Site (2023–28)
66 Gloucester Street, 1. Etage im CoCa Building 03 366 50 00
www.canterburymuseum.com
Okt.–März tgl. 9–17.30, sonst nur bis 17 Uhr Spende

Art Gallery Te Puna o Waiwhetu
312 Montreal Street 03 941 73 00
www.christchurchartgallery.org.nz
tgl. 10–17, Mi bis 21 Uhr frei

51 Banks Peninsula

Warum?	Viel Natur und Savoir-vivre
Was?	Ein erloschener Vulkan, der zur Halbinsel wurde.
Wie lange?	Je länger, desto entspannter wird der Aufenthalt.
Wann?	Immer, aber im Sommer sollten Sie die Mittagshitze meiden.
Was noch?	Im Sommer ist es am schönsten.

Die einst von Franzosen besiedelte Halbinsel bezaubert mit abgelegenen Buchten und goldenen Stränden.

Eine Maori-Skulptur wacht über die Küste von Akaroa.

Auch die südlich von Lyttelton in den Südpazifik hinausragende Banks Peninsula ist ein Ergebnis heftiger vulkanischer Tätigkeit in der jüngeren Erdgeschichte. Begrenzt wird die Halbinsel von den beiden tiefen Naturhäfen Lyttelton im Nordwesten und Akaroa im Südosten. Letzterer markiert zugleich die älteste Siedlung der Halbinsel: Gegründet wurde sie im Jahr 1838 von Franzosen in dem Glauben, Neuseeland als neue Kolonie in Besitz nehmen zu können. Doch als ihr Initiator Jean François Langlois, ein Walfänger und Abenteurer, zwei Jahre später mit den ersten französischen Siedlerfamilien hierher zurückkehrte, hatte viele Häuptlinge der einheimischen Maori bereits mit den Briten den Vertrag von Waitangi unterzeichnet – damit war das Neuland für Frankreich *perdu*. Jean François Langlois kehrte enttäuscht in seine Heimat zurück, seine Landsleute und deren Nachfahren aber hinterließen eindeutige Spuren: französisch klingende Straßennamen wie Rue Jolie und Rue Lavaud sowie einen dörflichen Charme, wie man ihn andernorts in Neuseeland nur selten verspürt.

Schöne Wanderungen

Über die klimatisch sehr begünstigte bergige Halbinsel, auf der sogar die ziemlich frostempfindlichen Kumara-Süßkartoffeln angebaut werden können, führen schöne Wanderwege wie der Mount Herbert Walk und der Summit Road Scenic Walk. Für eine Wanderung auf dem sehr reizvollen Banks Peninsula Track benötigt man vier Tage. Am bekanntesten ist der Bridle Path zwischen Lyttelton und Christchurch, den die ersten Siedler von Christchurch bei ihrer Ankunft zurücklegen mussten (siehe »Mein Tag ...«, S. 136). Von Akaroa aus kann man auf der gewundenen Summit Road nach Christchurch zurückfahren. Sie führt über den alten Vulkankraterrand. Unterwegs bieten sich schöne Ausblicke.

KLEINE PAUSE

Das **Giants House** bei Akaroa ist historische Villa und verrückter Skulpturengarten, das **Artist's Palate Café** sorgt für kulinarischen Genuss (Garten und Café Okt.–April tgl. 11–16, Garten auch im Winter bis 15 Uhr, Eintritt Garten: 25 NZ$).

Blick über die Halbinsel auf den geschützten Naturhafen von Akaroa.

✈ 215 F4

i

Akaroa i-Site ✉ 61 Beach Road, Akaroa ☎ 03 304 77 84 🌐 www.visitakaroa.com ⏲ tgl. 10–16 Uhr 🎟 Audio-Guide Stadtrundgang 10 NZ$

Akaroa Dolphins ✉ 65 Beach Road, Akaroa ☎ 304 78 66 🌐 www.akaroadolphins.co.nz ⏲ tgl. 12.45, bei gutem Wetter zusätzl. 10.15, 15.15 Uhr 🎟 99 NZ$

52 Aoraki/Mount Cook

Warum?	Für einen Abstecher in die echte Wildnis der Southern Alps
Was?	Ganz schlicht: der höchste Berg Neuseelands
Wie lange?	Mindestens einen halben Tag
Wann?	Im Sommer ist es am schönsten, aber auch Frühling und Herbst haben bei klarem Wetter ihren Reiz.
Was noch?	Hier trainierte Sir Edmund Hillary für seine Erstbesteigung des Mount Everest.

Aoraki (Mt. Cook) ist der höchste Gipfel der Südalpen, dem zentralen Gebirge der Südinsel. Als Erste erreichten am 25. Dezember 1894 die Einheimischen Jack Clarke, Tom Fyfe und George Graham seinen heute noch 3424 m hohen Gipfel – bei einem Felssturz nach einem Lawinenabgang im Jahr 1991 verlor er zehn Meter. Etliche berühmte Bergsteiger, darunter der in Auckland geborene Sir Edmund Hillary, folgten ihnen.

Vom Osten her ist der Aoraki/Mount Cook über eine am türkisfarbenen Lake Pukaki entlangführende, knapp 60 km lange Sackgasse zugänglich. Der Berg selbst ist schwierig zu besteigen, da das Wetter hier rasch von einem Extrem ins andere umschlagen kann. Auch ist sein Gipfel – wie der Maori-Name Aoraki nahelegt – oft von Wolken verhangen. Um ihn und den 3496 m hohen Mount Tasman gruppieren sich weitere 19 Dreitausender, zudem zieht sich der Tasman Glacier, der größte Gletscher der Southern Alps, durch den Aoraki/Mount Cook Nationalpark. Eine Sehenswürdigkeit für sich ist das eindrucksvoll gestaltete Aoraki/Mount Cook National Park Visitor Centre (s.u.) im Mount Cook Village, einer Siedlung zu Füßen des Bergs.

Die Mount-Cook-Butterblume, *Ranunculus acraeus*, ist in Neuseeland endemisch.

Wandern im und durch den Nationalpark

Eine ganze Reihe von Wanderrouten durchziehen den Nationalpark. Für mehrtägige Aufstiege in Hochlagen sollte man fit und

trainiert sein und sich aus Sicherheitsgründen einem erfahrenen Bergführer anschließen (Alpine Recreation, www.alpinerecreation.com). Das gilt erst recht für den wohl schönsten, aber auch anspruchsvollsten Hochgebirgspfad Neuseelands, den Copland Track: Dieser führt quer durch den Aoraki/Mount Cook National Park und hinüber in den Westland National Park. Dabei überwinden Sie den 2149 m hohen Copland Pass und kommen hinauf bis zu den Firnfeldern der majestätischen Gipfel. Alternativ zeigen bequeme Kurzwanderungen reizvolle Ecken des Berglandes: Der zu einem Gletschersee führende Hooker Valley Track beschert bei klarem Wetter herrliche Ansichten des Aoraki Mount Cook (ab Village, Dauer: 2 Std. hin), ebenso der Kea Point Walk zu einer Aussichtsplattform (ab Village, Dauer: 1. Std. hin).

Im Aoraki/Mount Cook National Park sind 19 Gipfel über 3000 m hoch.

KLEINE PAUSE

Das **Sir Edmund Hillary Alpine Centre** am The Hermitage Hotel hat ein Café mit toller Aussichtsterrasse (89 Terrace Road, Tel. 03 435 18 09).

---

214 B4

Aoraki/Mount Cook National Park Visitor Centre ✉ 1 Larch Grove, Aoraki/Mount Cook Village ☎ 03 435 11 86 ◔ Okt.–April tgl. 8.30 bis 17, Mai–Sept. nur bis 16.30 Uhr

Mount Cook Ski Planes and Helicopters ✉ Mount Cook Airport, ☎ 03 40 80 26 🌐 www.mtcookskiplanes.com ◔ Büro tgl. 8–18 Uhr ✈ Rundflüge mit Gletscherlandung ab 25 Min. ab 299 NZ$

Nach Lust und Laune!

53 International Antarctic Centre

An Christchurchs bedeutende Rolle in der Erforschung der Antarktis erinnern in der Stadt viele Orte. In diesem Erlebnis-Museum am Flughafen lernen Sie alles über die Südpolarforschung, die ökologische Bedeutung der Antarktis und nicht zuletzt, wie sich ein echter Schneesturm anfühlt.

215 E ✉ 38 Orchard Road, Christchurch ☎ 03 357 05 19
www.iceberg.co.nz
tgl. 9–16.30 Uhr, Zwergpinguin-Fütterung tgl. 10.30, 15 Uhr 49 NZ$, 69 NZ$ inkl. Pinguin- Backstagetour
Shuttlebus gratis ab Canterbury Museum mehrmals täglich

54 Willowbank Wildlife Reserve

In der Nähe des Flughafens von Christchurch gelegen, werden Ihnen hier die Naturgeschichte Neuseelands und die Auswirkungen eingeschleppter Arten auf das einheimische Wildleben vor Augen geführt. Zu den Highlights zählen die begehbare Voliere mit den Keas und das Nachthaus mit den Kiwis, die hier für die Auswilderung aufgezogen werden. Am besten geeignet für einen Besuch sind die Abende.

215 E ✉ 60 Hussey Road, Christchurch ☎ 03 359 62 26
www.willowbank.co.nz
tgl. 9.30–17 Uhr 101
ab 34 NZ$

55 Sumner

Das kleine Seebad liegt im Osten Christchurchs und ist wegen des geschützten Sandstrands am unterhöhlten Cave Rock, der langen Promenade bis Scarborough und der Gastronomie den ganzen Tag über einen Besuch wert. Eine malerische Kulisse bilden die Port Hills. Sie formen den Kraterrand eines erloschenen Zwillingsvulkans, dessen Ausbruch den Naturhafen von Lyttelton gebar. Nach dem schweren Erdbeben im Februar 2011 dürfen die einst dicht bebauten Hänge mit traumhaften Ausblicken auf den Pazifik in einigen Abschnitten nicht mehr besiedelt werden. Tolle Aussichten bieten sich vom Godley Head oder am Strand von Taylors Mistake.

215 F5 www.christchurchnz.com

56 Lyttelton

Südöstlich von Christchurch liegt das malerische Fischerdorf Lyttelton, dessen natürliche Hafenbucht weit ins Land hinein reicht. Hier hat das Erdbeben viele historische Bauten aus den Pioniertagen der europäischen Besiedlung des Landes zerstört, auch die festungsartige Timeball Station von 1876. Heute fährt man nach Lyttelton zum Essen und um auf dem Farmers Market an der zentralen London Street einzukaufen. In den Ort gelangt man bequem durch einen Straßentunnel oder auf einer Fahrt über

Blick auf den Lake Tekapo mit der Church of the Good Shepherd (rechts von der Bildmitte).

die malerischen Port Hills. Die steile Dyers Pass Road führt vorbei am historischen Rasthaus Sign of the Kiwi, das dem Reisenden herrliche Rundumblicke eröffnet.

> ✈ 215 F4/5 **Lyttelton Harbour Information Centre** ✉ 20 Oxford Street ☎ 03 328 90 93
> 🌐 www.lytteltoninfocentre.nz
> ◑ tgl. 10.30–14.30 Uhr

57 Lake Tekapo

Der zwischen Christchurch und Aoraki Mount Cook gelegene, von Gletschern gespeiste See bietet sich für einen Stopp an. Seine Farbe – ein intensives Türkis – verdankt er den Mineralien aus dem Gesteinsstaub, der von den eisigen Bergflüssen abgelagert wird. Der Ort am gleichnamigen See lohnt mindestens eine Übernachtung unterm Sternenhimmel. Ausgesprochen fotogen wurde die Church of the Good Shepherd am Seeufer platziert – zu Ehren der Pioniere im Mackenzie Country. Von drinnen bietet ein Panoramafenster Blicke auf die Southern Alps, draußen erinnert die Bronzestatue eines Hütehundes an die Verdienste der Tiere auf den entlegenen Schafweiden. Tekapo ist auch das weltgrößte Dark Sky Reserve. Zwei Observatorien am Mount John und Cowans Hill lassen Besucher in die sternenklarsten Nächte der Welt hinaufblicken (SH 8, www.earthandsky.co.nz).

> ✈ 214 C4 🌐 www.tekapotourism.co.nz, www.mackenziechurch.org.nz
> ◑ Church of the Good Shepherd tgl. 9–17 Uhr, Gottesdienste jeden zweiten So 16 Uhr

58 Tasman Glacier

Vom Mount Cook Village lohnt ein Abstecher zur »Zungenspitze« des Tasman Glacier, der heute noch 23 km lang und bis zu 3 km breit ist. Wie die meisten Gletscher der Erde weicht auch er als sichtbare Folge des Klimawandels immer weiter zurück. Man fährt ca. 8 km in Richtung Blue Lake und steigt dann etwa eine halbe Stunde lang durch Geröll bergan zum Tasman Glacier Viewpoint, von dem aus man den Blick auf die dramatische Hochgebirgskulisse genießen kann.

> ✈ 214 B4 ✉ Carpark am Ende der Tasman Glacier Valley Road, Wanderwege zum Viewpoint und zum Glacier Lake

59 Castle Hill/Kura Tawhiti

Etwa 110 km von Christchurch in Richtung Arthur's Pass liegen bizarre Felsformationen aus Kalkstein, die aussehen, als hätten hier Riesen mit Bausteinen gespielt.

> ✈ 215 D5 ✉ Castle Hill Conservation Area am West Coast Road (SH 73), ca. 29 km nach Springfield

60 Arthur's Pass

Die Neuseeländischen Alpen erstrecken sich über die gesamte Südinsel und trennen die fruchtbaren Ebenen der Ostküste von der rauen, regnerischen Westküste. Bereits im 19. Jh. organisierte man die erste »Sightseeing Tour«, die über den Arthur's Pass hinüber an die Westküste und weiter nach Süden zum Franz-Josef-Gletscher bzw. zum Fox Gletscher führte. Bald wurden Stimmen laut, die hiesige Flora zu schützen. 1901 erklärte man ein erstes Gebiet zum Naturschutzgebiet, 1929 entstand nach Erweiterungen der Arthur's Pass National Park. Hierher kommen die Einwohner der nur 90 Autominuten entfernten Stadt Christchurch am Wochenende zum Skifahren, Wandern und Bergsteigen. Hauptzentrum ist der Ort Arthur's Pass – gut für eine Pause auf dem Weg zur West Coast über den SH73 oder an Bord des TranzAlpine (S. 29).

> ✈ 212 B1 **Arthur's Pass National Park Visitor Centre** ✉ 104 West Coast Road (SH 73), Arthur's Pass ☎ 03 318 92 11 ◑ tgl. 8.30–16.30 Uhr

61 Punakaiki

Der Ort ist bekannt für die Pancake Rocks: Tatsächlich sehen die Kalksteinklippen hier an der West Coast aus wie riesige, übereinandergeschichtete Pfannkuchen. Dabei handelt es sich um das Resultat steter Erosion durch Wind und Wasser. An manchen Tagen stößt die schäumende Brandung der Tasmanischen See hohe Wasserfontänen aus den Öffnungen (»Blowholes«) im Fels – das ergibt eine reizvolle Kulisse auch für einen stimmungsvollen Sonnenuntergang. Das Naturphänomen ist Teil des umgebenden Paparoa National Park, einer dicht bewaldeten, von Höhlen durchzogenen Karstlandschaft.

> ✈ 212 B2 🌐 www.punakaiki.co.nz; ausgeschilderter Rundweg ca. 20 Min.

Begegnung der dritten Art

Der Kea ist der einzige Bergpapagei *(Nestor notabilis)* der Welt. Die Forschung attestiert ihm die Intelligenz eines vierjährigen Kindes; damit gehört er zu den klügsten Tieren der Welt. Der Vogel mit dem kräftigen Schnabel ist unglaublich neugierig und bekannt für die verrücktesten Tricks. Durch ihre Neugier bringen sich die cleveren, besonders häufig am Arthur's Pass anzutreffenden Kerlchen oft in Gefahr. So gibt es heute nur noch etwa 5000 von ihnen. Bitte nicht füttern! Eine Begegnung mit den Tieren ist auch so etwas ganz Besonderes …

Wohin zum … Übernachten?

Preise für ein Doppelzimmer pro Nacht:

$	unter 200 NZ$
$$	200–350 NZ$
$$$	über 350 NZ$

CHRISTCHURCH

Chateau on the Park by Hilton $$
Das im Stil einer Apartmentanlage errichtete Double Tree Hilton Hotel bietet einen geheizten Pool, einen Rosengarten und einen Weinberg (!). Es liegt am Hagley Park, ein Shuttlebus bringt Gäste regelmäßig in die Stadt. Neben den – zum Teil barrierefreien – Zimmern gibt es eine Suite.
215 E/F5 189 Deans Avenue, Riccarton
03 348 89 99 www.doubletree3.hilton.com

The George Hotel $$$
Das kleine Luxushotel am Avon hat 53 Deluxe-Zimmer und Suiten mit Blick über den Hagley Park. Understatement, Eleganz und guter Service sind typisch für das Haus. Der exklusive »High Tea« zwischen 12 und 15 Uhr zählt zu den besten Neuseelands, das preisgekrönte »50 Bistro« (s. unten) ist für sein Frühstück bekannt.
215 E/F5 50 Park Terrace
03 379 45 60 www.thegeorge.com

BANKS PENINSULA

Silo Stay $–$$
Im ländlichen Umland von Christchurch sind die Silos aus Wellblech am Straßenrand erst auf den zweiten Blick als Unterkunft zu erkennen. Das Silo Stay haben sich Künstler ausgedacht – originell und umweltfreundlich.
215 F4 Akaroa SH 75, Little River
03 325 19 77 www.silostay.kiwi.nz

Kunstvolle Herberge: Silo Stay

AORAKI/MOUNT COOK

The Hermitage Hotel $$
Seit 1884 besteht dieses komfortable Berghotel (212 Zimmer) in der herrlichen Hochgebirswelt zu Füßen des Aoraki/Mount Cook. Es wurde es auch als umweltfreundliche Unterkunft ausgezeichnet.
214 B4 89 Terrace Road, Aoraki/Mount Cook Village 03 435 18 09, 0800 68 68 00
www.hermitage.co.nz

Wohin zum … Essen und Trinken?

Preise für ein Essen (z.B. ein Tages-/Hausmenü, im Regelfall inkl. Getränk):

$	unter 45 NZ$
$$	45–70 NZ$
$$$	über 70 NZ$

CHRISTCHURCH

Cook'n with Gas $$
Das historische Ambiente der in den 1860er-Jahren errichteten Villa sorgt für eine schöne Atmosphäre. Bei den Speisen ist die französische Inspiration unverkennbar.
215 E/F5 23 Worcester Boulevard
03 377 91 66 www.cooknwithgas.co.nz
Di–Sa ab 17 Uhr

Kinji $$
Mehr Wert als auf die Ausstattung legt man in diesem kleinen Restaurant auf eine möglichst authentische japanische Küche.
215 E/F5 279B Greers Street
03 359 46 97 www.kinjirestaurant.com
Di–Sa 17–22 Uhr

50 Bistro $$
Das Interieur des Restaurants im The George Hotel ist minimalistisch, das Speiseangebot

Kaffee, Eis und Sorbets gibt's im Rollickin Dessert Cafe in Christchurchs New Regent Street.

eines der besten Neuseelands, die Weinkarte laut der Zeitschrift »Wine Spectator« sogar eine der besten der Welt.
215 E/F5 50 Park Terrace 03 371 02 57
www.thegeorge.com/dine
tgl. ab 6.30 (Frühstück), 12 (Lunch und High Tea) bzw. 17.30 Uhr (Dinner) bis 22 Uhr

Wohin zum ... Einkaufen?

CHRISTCHURCH

Innenstadt
Die Cashel Mall unweit des Cathedral Square ist die zentrale Shoppingadresse. Im Traditionskaufhaus Ballantynes (Ecke Cashel Mall/ Colombo Street) ist auf drei Etagen fast alles erhältlich. Auf der frisch im Spanish Mission Style sanierten New Regent Street sind attraktive kleine Läden eingezogen wie das Beadz Unlimited (Nr. 7), das Material aus Erdbebenschutt zu Schmuckstücken verarbeitet. Auch auf der Victoria Street finden Sie Elegantes und Ausgefallenes.

Vororte
Nördlich der City finden Sie in der Merivale Mall Modeboutiquen, Antiquitätengeschäfte und Designer Stores. Der Riccarton Rotary Market (146 Racecourse Road, So 9–14 Uhr) bietet Kunsthandwerk, Lebensmittel, Kleidung, In der Nähe des Flughafens liegt die Zentrale von Untouched World (155 Roydvale Avenue), ein beeindruckender Komplex aus Geschäft, Restaurant, Garten und Weinbar.

Wohin zum ... Ausgehen?

CHRISTCHURCH

Musik und Theater
Das Court Theatre (Bernard Street) zeigt ein wechselndes Kleinkunstprogramm. Seit dem Erdbeben dient auch das Christchurch Casino (30 Victoria Street) als Spielstätte. Interessante Restaurants wie das Dux Dine (28 Riccarton Road) oder der Monday Room (161 High Street) findet man in der Innenstadt. Nachtschwärmer zieht es nach Lyttelton in die Wunderbar (19 London Street), mit Livebands oder Disco. Freiluftdarbietungen finden im Sommer z.B. im Hagley Park statt (Termine auf www.visitchrist church.info/ whats-on). Das Kino Hollywood Theatre (28 Marriner Street) in Sumner hatte das Beben fast unbeschadet überstanden.

Wassersport, Angeln
Der Mündungsbereich bei Ferrymead ist ein beliebtes Revier für Windsurfer, die Strände von Sumner ziehen Schwimmer und Wellenreiter an. In den Flüssen von Canterbury kann man Lachse angeln, Jetboot fahren und raften. Der Avon in Christchurch lässt sich per Boot erkunden.

Skilaufen, Golf
Das größte kommerziell betriebene Skigebiet ist Mount Hutt, das von Craigieburn hat einfachere Anlagen, aber Übernachtungsmöglichkeiten.
Golfer können die malerische Anlage im Hagley Park von Christchurch oder die 36-Loch-Doppelanlage in Harewood (371 McLeans Island Road) nutzen.

Wein- und Bierpfade
Canterbury und Waipara sind ausgezeichnete Weinregionen. Eine Karte der Weinpfade bekommen Sie in der Tourist Information.

Festivals
Populär sind das Buskers Festival für Straßenmusik im Januar und die Canterbury A&P Show (Landwirtschaftsmesse, Nov.).

Der wilde Süden

Für viele Reisende ist das der schönste Teil Neuseelands. Eine Tour durch Otago und das Fiordland lässt niemanden unbeeindruckt.

Seite 156–181

Der Mitre Peak am Milford Sound erhielt seinen Namen wegen seiner haubenähnlichen, an eine Bischofsmütze (Mitra) erinnernden Form.

Erste Orientierung

Die südlichen Regionen der Südinsel gehören zu den wildesten und schönsten Landschaften der Erde. Einige wären vielleicht bis heute unbesiedelt, wenn nicht einst Goldgräber hier ihr Glück gesucht hätten.

Mitte des 19. Jh.s fielen Goldgräber in Scharen in den Süden Neuseelands ein. Mit Spitzhacken und Schaufeln durchkämmten sie zwischen Queenstown und Dunedin die Landschaft. Heute suchen mutige Reisende hier vor grandioser Kulisse den ultimativen Nervenkitzel – um dann bei gutem Essen und Wein zu entspannen.

Queenstown ist nicht nur die Pforte zum bildschönen Lake Wakatipu und der dahinter liegenden Mount Aspiring Range, sondern gleichzeitig das Tor zum Fiordland, dem größten Nationalpark Neuseelands. Diese majestätische Landschaft mit ihrem steten Wechsel von engen, dicht bewaldeten Tälern und steilen Fjorden, die die Gletscher tief in die Landschaft geschnitten haben, gehört zum Welterbe der UNESCO.

Im Landesinneren hat das trockene, sonnenreiche Klima von Central Otago das Erbe der Goldgräber bestens bewahrt. Ihre Nachfahren legten Weinberge und Obstgärten an – die südlichsten der Welt. Dunedin, die Universitätsstadt an der Südostküste, verbindet schottisch anmutenden Charme mit grandiosen Landschaften und reichem Tierleben.

TOP 10

1 ★★ Milford Sound
5 ★★ Queenstown
6 ★★ Dunedin & Otago Peninsula

Nicht verpassen!

62 Central Otago

Nach Lust und Laune!

63 Wanaka
64 Skippers Canyon
65 Kawarau Bridge
66 Arrowtown
67 Alexandra
68 Larnach Castle
69 Taiaroa Head
70 Taieri Gorge Railway
71 Lost Gypsy Gallery

Lake Wanaka
Lake Hawea
Milford Sound
1
Skippers Canyon
64
63 Wanaka
Mitre Peak 1692 m
Glenorchy
Arrowtown
66
WESTLAND
5
Queenstown
65
Kawarau Bridge
Cromwell
Becks
Ranfurly
Moeraki
Wahipounamu
Lake Wakatipu
Mountains
Alexandra
67
Lake Te Anau
62 Central Otago
Te Anau
Eyre Mountains
Garvie
Palmerston
Middlemarch
Lake Manapouri
Roxburgh
Clutha
Taieri Gorge Railway
70
Manapouri
Taiaroa Head
69
Lumsden
Dunedin & Otago Peninsula
6
68 Larnach Castle
Lawrence
50 km
30 mi
Gore
Winton
Balclutha
Invercargill
Lost Gypsy Gallery
71
Stewart Island

Mein Tag im Paradies

Die Einwohner von Queenstown leben in einer der schönsten Regionen Neuseelands, und wer von hier in die Berge hineinfährt, wähnt sich wahrhaftig im Paradies.

9 Uhr: Frühstück an der Lakefront

Genießen Sie Ihren Morgen in ❺ ★★ Queenstown im gemütlichen Ivy & Lola's Kitchen (88 Beach Street, www.ivyand lolas.com, Di–So 9–16 Uhr). Den quietschblauen Lake Wakatipu vor den Fenstern werden Sie heute noch öfter sehen.

10 Uhr: Im Raddampfer auf dem See

Mit vollem Bauch spazieren Sie am Seeufer zum Pier, wo die TSS Earnslaw anlegt. Der historische Raddampfer tuckert über Queenstowns Haussee und eröffnet Ihnen traumhafte Blicke auf die Berggipfel der Remarkables, darunter den 1800 m hohen Walter Peak und den 1978 m hohen Cecil Peak (Abfahrt tgl. um 12, 14 und 16 Uhr, Dauer 1,5 Stunden, Tickets ab 75 NZ$/Person, Seniorenrabatt bei Buchung am Pier, Tel. 03 249 60 00/0800 65 65 01 kostenfrei innerhalb Neuseelands).

11.30 Uhr: Der schönste Roadtrip der Welt?

Eine riesige Kugel Patagonia Dark Chocolate and Macadamia, die Sie bei Patagonia Chocolates an der Beach Street am Seeufer bekommen, gibt den nötigen Energiekick für die folgende Fahrt. Die 46 km lange Straße, die am Ufer des Lake Wakatipu nach Norden in das Örtchen Glenorchy führt, gilt als eine der schönsten Straßen der Welt. Vergessen Sie nicht, an jedem der bereitstehenden Scenic Viewpoints am Straßenrand zu halten, um das herrliche Panorama bewundern zu können.

Ben Lomond
1748 m
Ende
19 Uhr
Skyline Gondola
300 m
300 yd
5
QUEENSTOWN
Brecon St.
Camp St.
Shotover St.
Stanley St.
19 Uhr: Panoramablick von der Skyline Gondola
Start
9 Uhr
Beach St.
Patagonia Chocolates
Ivy & Lola's Kitchen
Pier
Lake Wakatipu
9 Uhr: Frühstück an der Lakefront
Paradise Lodge
Diamond Lake
Mrs. Glen's Café
Glenorchy
Mrs Woolly's General Store
5 km
3 mi
10 Uhr: Im Raddampfer auf dem See
Lake
Little Paradise Lodge
Meiklejohns Bay
Ben Lomond
1748 m
Queenstown
10 Uhr
5
Frankton
Fernhill
Closeburn
Wakatipu
Remarkables Range
Walter Peak
1800 m
Cecil Peak
1978 m
6

Oben: Mit dem historischen Raddampfer TSS Earnslaw über Queenstowns Haussee tuckern. Unten: Im Kajak unterwegs zu Traumblicken. Rechts: Im Paradies sieht es aus wie in Mittelerde.

12.30 Uhr: Lunch am Seeufer

Nach etwa einer Stunde haben Sie Glenorchy am nördlichen Ende des Lake Wakatipu erreicht, wo die Zeit deutlich langsamer zu vergehen scheint als im quirligen Queenstown. Genießen Sie die Ruhe auf der Terrasse von Mrs. Glen's Café (25 Argyle Street, tgl. 8–16.30 Uhr), wo Sie zwischen warmen Speisen und selbstgebackenen Kuchen wählen können.

13.30 Uhr: Kajaktour durchs Paradies

Mit dem Anbieter Rippled Earth Glenorchy paddeln selbst Anfänger sicher über die geschützte Meiklejohns Bay. Traumblicke auf die Little Paradise Lodge mit ihrem Rosengarten, und ein Besuch von Little Pidgeon Island sind inklusive (Kontakt und Buchung über kayak@rippledearth.co.nz oder Tel. 03 442 99 04).

16 Uhr: Kein Ausweg aus dem Paradies?

»Paradise: no exit«: Dieses Straßenschild erreichen Sie, wenn Sie von Glenorchy weiter nach Norden fahren und nach etwa 8 km die von links einmündende Priory Road passieren. Je weiter Sie in die Berge

Oben: Das Beste kommt zuletzt: der abendliche Blick von Queenstowns Hausberg, Ben Lomond, auf die Lichter der sich an den See und die Berge schmiegenden Stadt.

hineinfahren, desto mehr erinnert die Landschaft an das Mittelerde aus den »Herr der Ringe«-Filmen. Hier angekommen im Paradies, das nicht viel mehr ist als eine Farm rund um die 150 Jahre alte Paradise Lodge (kein Café, kein Shop, kein Internet!), genießen Sie die flirrende Stille oder gehen noch schnell den kurzen Weg zum verborgenen Diamond Lake für einen schnellen *skinny dip* – einen hüllenlosen Sprung in den See.

19 Uhr: Panoramablick von der Skyline Gondola

Zurück in Queenstown, steigen Sie in die Skyline Gondola und lassen sich auf den 1748 m hohen Ben Lomond, bringen (Brecon Street, Start je nach Jahreszeit zwischen 19 und 22.30 Uhr; Tickets für die Gondel inklusive Dinner ab 129 NZ$, Tel. 03 441 0101). Bei Sonnenuntergang haben Sie einen fantastischen Blick auf die Lichter von Queenstown, Lake Wakatipu und die im Abendrot erstrahlenden Gipfel der Remarkables Range. Wenn dann die Sonne hinter den Bergen verschwunden ist, schauen Sie nach oben: Bei der Stargazing Experience eröffnen sich Ihnen die Geheimnisse und die Schönheit des südlichen Sternenhimmels!

❶ ★★Milford Sound

Warum?	Hier sieht Neuseeland noch genauso aus wie vor Hunderten von Jahren.
Was?	Der Weg ist das Ziel – und die Milford Road fast so schön wie der Milford Sound.
Wie lange?	Ein Tag ist gut, zwei Tage sind besser.
Wann?	Im Sommer
Was noch?	Regencape und Schutz vor Sandflys nicht vergessen!

Am besten lernen Sie die Schönheit des größten Nationalparks von Neuseeland kennen, wenn Sie den Milford Sound erkunden. Dieser nördlichste der 14 Fjorde, die Gletscher ins Fiordland gekerbt haben, ist als einziger über eine Straße erreichbar.

Vielleicht das schönste Ende der Welt: der Mitre Peak am Milford Sound.

Mit den Nationalparks Westland/Tai Poutini, Mount Aspiring und Aoraki/Mount Cook sowie einigen weiteren geschützten Naturlandschaften bildet der Fiordland National Park das UNESCO-Welterbe Te Wahipounamu – den »Ort der Jade«. Diese Wildnis erstreckt sich über rund zehn Prozent der gesamten Landfläche Neuseelands und ist in vielen Teilen schwer oder gar nicht zugänglich.

Faszination Natur

Der Milford Sound ist ein Fenster in dieses Wunderland der Natur. In etwa drei Stunden ist er von Queenstown aus mit dem Flugzeug zu erreichen, mit dem Auto über den SH 94 dauert die Fahrt hin und zurück von Te Anau mindestens einen ganzen Tag, und zu Fuß geht es in etwa vier Tagen auf dem Milford Track. Dieser anstrengende Track ist enorm beliebt, weshalb die Zahl der Wanderer strikt reglementiert wurde und Unterkünfte an der Strecke lange im Voraus reserviert werden müssen. Die 120 km lange Milford Road, eine der spektakulärsten Höhenstraßen weltweit, bietet immer wieder Gelegenheit zu kurzen Wanderungen. Bei Lawinengefahr und schlechtem Wetter wird sie gesperrt – wenn Sie sich die Fahrt nicht selbst zutrauen, können Sie die Strecke auch mit einem Shuttlebus fahren.

Vom kleinen Kai in Milford aus starten Bootstouren auf den Sound und Fahrten über Nacht. Die Schiffe fahren vorbei am 1692 m hohen Mitre Peak und den von Wasserfällen triefenden Hängen des Milford Sound – manchmal auch direkt darunter. Vielleicht begleitet Sie eine Schule Großer Tümmler, auch Seebären und Dickschnabelpinguine sieht man oft.

Bootsausflüge sind ideal, um einen Eindruck von der Weite des Fiordlands zu erhalten.

In Harrison's Cove können Sie im Milford Discovery Centre 10 m unter Wasser das einzigartige Ökosystem aus Regen- und Meerwasser sehen, wo z. B. schwarze Korallen wachsen. Eine andere Spezies, die über Wasser lebenden Sandflies, werden Sie allerdings eher als Fluch erleben: Die Sandmücken, winzige Stechmücken mit großen Flügeln, können einen regelrecht in den Wahnsinn treiben. Zum Schutz gibt es Cremes und Sprays, aber halten Sie möglichst alle Körperstellen bedeckt und kratzen Sie sich nicht nach einem Stich!

KLEINE PAUSE

Vom Kai in Milford sind es nur etwa zehn Minuten bis zum Fuß der 162 m hohen Lady Bowen Falls, nachdem man per Fähre (10 NZ$) das Freshwater Basin überquert hat.

Die Kaskaden der Mackay Falls: ein Naturschauspiel am Milford Track.

ⓘ

↟ 216 B3

Fiordland National Park Visitor Centre ✉ 85 Lakefront Drive, Te Anau ☎ 03 249 89 00 🌐 www.fiordland.org.nz ◐ tgl. 8.45–19 Uhr

Real NZ – Te Anau Visitor Centre ✉ 85 Lakefront Drive, Te Anau ☎ 03 2 49 60 00 🌐 www.real journeys.co.nz ◐ tgl. 8.45–19 Uhr

Milford Sound Cruise 109 NZ$ (169 NZ$ inkl. Bus ab/nach Te Anau, 219 NZ$ inkl. Bus ab/nach Queenstown, 166 NZ$, Kombi-Ticket Te Anau Glowworm Cave)

❺ ★★Queenstown

Warum?	Hier steppt der Bär!
Was?	Ein Zentrum für Abenteuer- und Wintersport, umgeben von Weinbergen und alten Minen
Wie lange?	Ganz wie es Ihnen beliebt …
Wann?	In Queenstown ist immer Hauptsaison.
Was noch?	Aufpassen: Hier können Sie in kurzer Zeit ziemlich viel Geld ausgeben!

Neuseelands bedeutendstes Touristenzentrum hat trotz Ganzjahressaison, einem Überangebot an Aktivitäten zu Wasser, zu Lande und in der Luft auch seine ruhige(re)n Seiten in naturbelassener Umgebung.

Dort, wo die ansonsten stillen Ufer des Lake Wakatipu eine scharfe S-Kurve beschreiben, pulsiert das touristische Herz des Landes: Queenstown ist Neuseelands Touristendestination Nummer eins. Einheimische erinnern sich noch an die Zeiten, als nach einer heißen Sommersaison im Mai Ruhe einkehrte und man geduldig auf die Wintersportler wartete. Längst vorbei. Tatsächlich ist Queenstown immer eine Reise wert: zum Frühlingserwachen in klarer Bergluft, wegen des sonnigen Wetters während der Sommerferien, zur Weinlese im Herbst, zum Skifahren und Snowboarden im Winter oder einfach nur mal so zwischendurch. Allerdings: Ohne frühzeitige Reservierung ist oftmals keine Unterkunft zu bekommen. Weit über eine Milliarde Neuseeland-Dollar jährlich beschert der Tourismus der kleinen Stadt am Seeufer. Das treibt die Preise in die Höhe, sowohl für Besucher als auch für Ansässige.

Get the kick: mit dem Jet Boat im Wildwasser am Arthurs Point in der Nähe von Queenstown.

Stadt am See

Der Ort selbst ist nicht größer als ein Dorf, kann sich aber, was das Nachtleben angeht, mit Wellington messen. Eine Runde an Bord des schmucken Oldtimer-Dampfers TSS Earnslaw über den riesigen

Partytime in Queenstown, nach einem erfüllten Tag, an dem man zum Beispiel mit der Skyline Gondola in höchste Höhen entschwebte, sich vielleicht aber auch unweit der Stadt von der Kawarau Bridge am Kawarau River in schwindelerregende Tiefen gestürzt hat.

Lake Wakatipu zu drehen, gehört zu den geruhsameren Aktivitäten. Auch in den wunderschönen Parks an der Queenstown Bay und an der idyllischen Lakefront vergessen Sie das Gewusel. Oder Sie fahren mit der Gondola hinauf auf Bob's Peak und genießen fantastische Blicke auf den See und die Gipfel der Remarkables. An der Bergstation erwarten Sie auch ein Restaurant (Stratosfare) und ein Café (Market Kitchen).

KLEINE PAUSE

Das **Vudu Café** am Seeufer in Queenstown (16 Rees St, www.vudu.co.nz, tgl. 7.30–15.30 Uhr) ist sehr beliebt.

i ✈ 216 C4 **Queenstown i-Site**
✉ 22 Shotover Street ☎ 03 442 41 00,
🌐 www.queenstownisite.co.nz
◷ tgl. 9–18.30 Uhr

6 ★★ Dunedin & Otago Peninsula

Warum?	Ein Mix aus schottischer und Maori-Kultur, umgeben von grandioser Natur
Was?	Neuseelands Pendant zu Heidelberg: architektonische Meisterwerke, alte Schlösser und komische Vögel
Wie lange?	Mindestens einen Tag – die Otago Peninsula nicht vergessen!
Wann?	Januar bis März ist das Wetter am schönsten.
Was noch?	Ein Fotostopp an der Baldwin Street ist Pflicht!

Die zweitgrößte Stadt auf der Südinsel präsentiert eine steinerne Kulisse aus imposanter kolonialer Architektur – von zahlreichen Studenten mit Leben erfüllt. Schöne Naturerlebnisse beschert die Otago Peninsula, deren Besuch man nicht versäumen sollte.

Dunedin, die Hauptstadt der Provinz Otago, liegt zwischen einer wilden Küste und sanften, von Wein- und Obstbau geprägten Hügeln. Die Nachricht von den Goldfunden in Central Otago (1861) lockte viele Abenteurer an. Bald war die Stadt größer als Auckland und wurde zur reichsten Siedlung Neuseelands. Auch Handel und Gewerbe entwickelten sich prächtig. Heute ist Dunedin nicht nur Standort der ältesten Universität Neuseelands, sondern auch weiterer Hochschulen.

An den schottischen Dichter Robert Burns erinnert diese Statue von John Steell vor der St. Paul's Cathedral in Dunedin.

Erkundung der Stadt

Der Name der Stadt – »Dun Edin« ist der alte gälische Name für Edinburgh – verweist darauf, dass es schottische Einwanderer waren, die sich hier niedergelassen und eine Stadt gegründet haben. Zentraler Ausgangspunkt für einen Stadtrundgang ist das Octagon, hier führt auch die George Street als Haupteinkaufsstraße entlang. An der Westseite des achteckigen Platzes steht die erst 1915 fertiggestellte St. Paul's Cathedral. Nebenan fällt der Blick auf das repräsentativ wirkende Gebäude der Town Hall mit seiner an die italienische Renaissance erinnernden Fassade und einem hübschen Uhrturm. Südlich benachbart ist das Civic Centre mit den Public Libraries und der i-Site.

Einige Gehminuten nordöstlich vom Octagon erreicht man das von den beiden Fahrbahnen des Highway 1 (Great King/Cumberland Street) eingezwängte Otago Museum, das in einem außerordentlich stattlichen, 1876 von David Ross entworfenen Gebäude untergebracht ist und mit Naturkundeausstellungen der Extraklasse begeistert.

Südlich vom Hauptbahnhof – einem in den Jahren 1904 bis 1906 nach Plänen von George Troup im Stil der flämischen Renaissance mächtig wie eine Burg errichteten Zweckbau an der Anzac Avenue – ermöglicht das modern gestaltete Toitu – Otago Settlers Museum eine Zeitreise durch die Region: von der frühen Maori-Besiedlung über schottische Pionierleistungen und den kurzen Goldrausch bis zur Gegenwart.

Stadtansichten: City Sanctuary Bed and Breakfast (oben) und das Olveston Historic Home (unten) in Dunedin.

Bereits im Jahr 1869 als erste ihrer Art in Neuseeland gegründet wurde die University of Otago. Besonders imposant an deren ab 1878 nördlich der Innenstadt am Flüsschen Leith nach dem Vorbild der Universität von Glasgow errichteten repräsentativen Bauten sind der schöne Uhrturm, der Haupteingang und das Treppenhaus.

Die direkt neben dem Octagon gelegene Dunedin Public Art Gallery besitzt reiche Schätze alter wie neuer neuseeländischer und europäischer Kunst.

Beachtlich auch, was um das Jahr 1900 herum die wohlhabende Familie Theomin von ihren Weltreisen so alles mit nach Hause brachte: Zu bewundern ist das im Olveston Historic Home, einer eleganten Villa im Stil der Zeit (42 Royal Terrace, einstündige Führungen, tgl. 9–17 Uhr, www.olveston.co.nz).

Auf der Otago Peninsula

Kaum aus der Stadt, ist man auch schon auf der Otago Peninsula, auf der sich Yellow Eyed Penguins (Gelbaugenpinguine) wohlfühlen: Am Penguin Place werden Besucher in getarnten Gängen dicht an den Nestern vorbeigeführt (möglichst eine Tour am späten Nachmittag reservieren, wenn die Tiere aus dem Wasser kommen.

Als einzige Burg Neuseelands thront Larnach Castle (145 Camp Rd., tgl. 9–17 Uhr, www.larnachcastle.co.nz) neugotisch über der Halbinsel und bietet wunderbare Ausblicke auf die Küstenlinie.

Im schottischen Baronialstil errichtet: Larnach Castle (oben) auf der Halbinsel Otago (unten).

KLEINE PAUSE

Besuchen Sie die **Glenfalloch Woodland Gardens,** etwa 9 km vor Dunedin an der Küstenstraße nach Portobello. Hier sorgen ein Café und eine Wein-Bar (Mi–So 9.30–16 Uhr, Fr bis 20 Uhr) für Erfrischungen.

ℹ

✈ 217 F2
Dunedin i-Site ✉ 50 The Octagon, Dunedin ☎ 03 474 33 00 🌐 www.isitedunedin.co.nz 🕐 tgl. 8.30–17 Uhr
St. Paul's Cathedral ✉ The Octagon, Dunedin ☎ 03 477 23 36 🌐 www.stpauls.net.nz
Dunedin Public Art Gallery ✉ 30 The Octagon, Dunedin ☎ 03 477 40 00 🌐 www.dunedin.art.museum 🕐 tgl. 10–17 Uhr 🎟 frei
Tuhura – Otago Museum ✉ 419 Great King Street, Dunedin ☎ 03 474 74 74 🌐 www.otagomuseum.nz 🕐 tgl. 10–17 Uhr 🎟 frei, Spende erwünscht
Toitu – Otago Settlers Museum ✉ 31 Queens Gardens, Dunedin ☎ 03 477 5052 🌐 www.toituosm.com 🕐 tgl. 10–17 Uhr 🎟 frei 🍴 Imbiss: Toitu Café
Penguin Place/Yellow-eyed Penguin Reserve ✉ 45 Pakihau Road, Otago Peninsula ☎ 03 478 02 86 🌐 www.penguinplace.co.nz 🕐 Okt.–7. April Führungen um 11.45, 13.15, 14.45 und 16.45 Uhr bis 90 Min. vor Sonnenuntergang; April–Sept. eine Führung um 15.45 Uhr 🎟 58 NZ$

Geheime Spuren am Strand

Was hat es nur mit jenen steinernen Kugeln auf sich, die auf dem breiten, etwa eine Stunde Fahrt in nördlicher Richtung von Dunedin entfernten Strand von Moeraki herumliegen, als hätte sie ein Riese beim Murmeln vergessen? Ist es das Mysterium der Zeit, die in Hunderttausenden von Jahren aus winzigen Muschelsplittern oder Dinosaurierknochen gewaltige Steinbälle formte? Oder doch die Legende der Maori, es handle sich um zu Stein gewordene Vorratskörbe aus den Kanus ihrer Ahnen? So oder so ist es ein Magischer Moment, hier zu stehen – besonders am frühen Morgen, wenn das erste Licht den Kugeln eine Extraportion Magie verleiht.

62 Central Otago

Warum?	Herrliche Landschaftspanoramen und viele Überraschungen
Was?	Verlassene Goldgräbersiedlungen zwischen kleinen Ortschaften und großen Weingütern
Wie lange?	Mindestens 2 Tage
Was noch?	Im »Indianersommer« leuchten die Pappeln, Birken und Weinreben in bunten Herbstfarben.

Central Otago ist ein weites, karges Plateau am Fuß der Southern Alps. Die offene Landschaft erstreckt sich unter einem oft strahlend blauen Himmel; die goldenen Hügel, die kleinen Dörfer und alten Steinhäuser muten fast toskanisch an. Hinzu kommen Relikte der Goldgräberzeit.

Central Otago besteht aus einem bei der Auffaltung der Südalpen in Schollen zersprungenen Hochplateau mit scharfkantigen Abbrüchen nach Westen und sanfter Hangneigung nach Osten. Der Fluss Clutha, einer der wildesten und wasserreichsten Flüsse Neuseelands, grub auf seinem Weg von den Seen Wanaka und Hawea nach Westen tiefe Schluchten in die während der Eiszeiten überformte Landschaft. Die von den Gletschern abgeschliffenen Berge zeigen eher rundliche Formen und sind von Tussockgras bedeckt. Gletscher und Moränen ließen fjordähnliche Seen entstehen. Ganz im Westen geht Otago Anteil in die Southern Alps über. Die Sommer sind in dieser dünn besiedelten Region trocken und heiß, im Winter kann es sehr kalt werden. Das trockene Klima bietet ideale Voraussetzungen für den Obst- und Weinbau. Am schönsten ist Central Otago im Herbst, wenn die Laubfärbung der Bäume die Ebene in ein Farbenmeer taucht.

Arrowtown vor den Gebirgsausläufern des Central-Otago-Plateaus.

Unterwegs in der Ebene

Für die 280 km lange Strecke von Queenstown oder Wanaka nach Dunedin brauchen Sie annähernd einen Tag, denn unterwegs lohnen etliche alte Goldgräberstätten, Obstplantagen und Weingüter einen Besuch. Am Ufer des Clutha River lässt sich gut picknicken. Hier kann man auch kleine Spaziergänge unternehmen. Arrowtown passieren Sie auf einem Abstecher vom SH 6: Das erste Gold entdeckte man hier im Jahr 1862. Doch schon ein Jahr später kamen zahlreiche Goldsucher in den Fluten eines verheerenden Hochwassers ums Leben. Am Arrow River kann man Pfannen ausleihen und selbst sein Glück beim Goldwaschen versuchen. Eine Besonderheit ist die Chinesensiedlung am westlichen Ortsrand. In den späten 1860er-Jahren kamen zahlreiche Arbeiter aus Ostasien hierher, um nach Gold zu suchen. Auch damals gab es schon Rassismus, und die Chinesen, die einen Großteil der anstrengendsten Arbeiten verrichteten, mussten außerhalb des Ortes siedeln. Ihre Steinhäuschen und Lehmziegelhütten wurden restauriert, ebenso der Store am Bush Creek.

Wildpferde und Seenlandschaft bei Clyde: »Big Sky Country« wird die Region auch genannt, in der im 19. Jh. Tausende von Goldsuchern ihr Glück suchten.

Etwa 18 km vor Queenstown führt der Weg an einem weiteren Erbe des Goldrausches vorbei: einer 1880 erbauten Hängebrücke, von der heute Adrenalin-Junkies an einem Bungy-Seil in die Schlucht des Kawarau River springen.

Cromwell und Clyde

Danach ändert sich das Landschaftsbild: Der flache Talgrund von Gibbston ist mit Weinstöcken in Reih und Glied bepflanzt, daran schließt sich die weite Ebene der Cromwell Flats an. Das etwa 50 Autominuten von Queenstown entfernte Cromwell liegt am Zusammenfluss von Clutha und Kawarau. Als dort im Jahr 1862 Gold entdeckt wurde, kamen binnen Tagen Tausende von Glücksrittern und gaben der Siedlung ein anderes Gesicht. Wesentlich jünger ist der Lake

Dunstan. Er entstand beim Bau des Clyde Dam; in seinem rund 60 m tiefen Wasser versank ein Teil des alten Cromwell, dessen historische Gebäude vorher versetzt wurden. Von Cromwell geht es über den SH8 nach Clyde und weiter bis Alexandra, dem wirtschaftlichen Zentrum des Distrikts.

Den Clutha River entlang

In Richtung Dunedin können Sie auf dem SH8 bleiben oder den SH85 nehmen, der wegen der vielen Wildschweine ri- auch »Pigroot« genannt wird. Die Straße schlängelt sich durch eine sanfte Hügellandschaft, an verschlafenen Ortschaften wie Omakau und Becks vorbei, bis Sie zur stimmungsvollen Ebene von Maniototo gelangen.

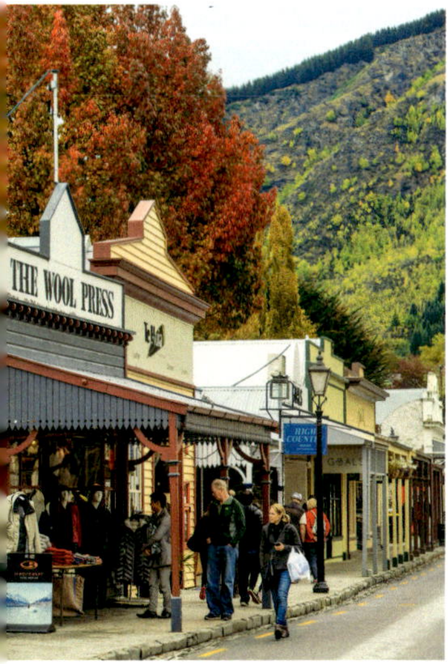

Die alte Goldgräbersiedlung Arrowtown liegt im Tal des gleichnamigen Flusses zu Füßen der Crown Range.

Schneller erreichen Sie Dunedin über den SH8 und den Clutha, den größten Fluss Neuseelands. Er ist 87 km kürzer als der Waikato auf der Nordinsel, führt aber die doppelte Wassermenge. Zwischen Alexandra und Roxburgh fließt der Clutha durch eine nur per Boot oder zu Fuß erreichbare Schlucht. Eine kurze Wanderung bietet herrliche Blicke.

KLEINE PAUSE

Im **Pub des Vulcan Hotel** (Tel. 03 447 36 29, 1670 Loop Road) in der Geisterstadt St Bathans bleiben Sie besser nur auf einen Kaffee, denn nachts soll es hier spuken.

Alexandra Information Centre
✈ 217 D3 ✉ 4 Centennial Avenue, Alexandra ☎ 03 448 88 71
🌐 www.alexinfocentre.co.nz
🕐 Mo–Fr 8.30–17 Uhr, Sa ab 9.30 Uhr

Cromwell Heritage Precinct
✈ 217 D4 ✉ Terrace/Erris Street, Cromwell 🌐 www.cromwellheritage precinct.co.nz 🕐 Shops und Café tgl. 9–16 Uhr 🎟 frei

Nach Lust und Laune!

63 Wanaka

Rund 55 km nordöstlich von Queenstown liegt Wanaka am gleichnamigen See. Das Städtchen ist der ruhige Gegenpol zum quirligen Queenstown und bietet mindestens genauso viele Möglichkeiten zum Wandern – bei wesentlich weniger Gewusel. Tipp für Selbstfahrer: Wählen Sie für die Fahrt von oder nach Queenstown die atemberaubende Crown Range Road! Vom kleinen Zentrum mit einigen Läden, Restaurants, Cafés und Eisbuden sind es nur wenige Schritte bis zum unbebauten Ufer. Interessant: Stuart Landsborough hat sich schon vor Jahrzehnten für Illusionen interessiert und begonnen, Besucher seiner Puzzling World mit ausgefuchsten Täuschungsmanövern in die Irre zu führen. Der Irrgarten draußen ist eine echte Herausforderung, die kniffeligen Rätsel drinnen überbrücken Schlechtwettertage. Kunterbunt: die Sammlung von Oldtimern, Spielzeugautos, Puppen und weiterem Krimskrams mit hohem Andenken-Faktor im National Transport and Toy Museum.

217 D4
Wanaka i-Site 103 Ardmore Street 03 443 12 33 www.lakewanaka.co.nz tgl. 9–17.30 Uhr
Puzzling World 188 Wanaka-Luggate Hwy/SH84, Wanaka 03 443 74 89 www.puzzling world.co.nz tgl. 9–17 Uhr 27,50 NZ$ für Illusion Rooms und Labyrinth
National Transport and Toy Museum 891 Wanaka-Luggate Hwy/SH84 www.nttmuseumwanaka.co.nz tgl. 8.30–17 Uhr 22 NZ$

Ein Kleinod in herrlicher Bergwelt: Lake Wanaka mit dem gleichnamigen Ort an seinem Südost-Ufer.

64 Skippers Canyon

Dieser Grand Canyon im Miniformat, etwa 27 km außerhalb von Queenstown, ist ein Ergebnis des Goldabbaus. Die eindrucksvollsten Relikte aus der Zeit des Goldrauschs warten im winzigen Skippers Township Museum (einem alten Schulhaus) und an den Ufern des Shotover River, auf dem Sie in einem flachen Aluminiumboot flussaufwärts rasen. Versuchen Sie Ihr Glück als Goldwäscher – Sie können mit etwas Glück ein oder zwei Körnchen mitnehmen. Die geschotterte, schmale und kurvige Skippers Road durch den Canyon sollten Sie auf keinen Fall selbst befahren; vertrauen Sie stattdessen den angstfreien Busfahrern der Skippers Canyon Jetboat Tour.

✈ 216 C4
Skippers Canyon Jetboat Tours
✉ Start am Station Building, Queenstown ☎ 03 442 94 34, 0800 22 69 66, 🌐 www.skipperscanyonjet.co.nz
◑ Touren tgl. 8, 12, 15.30 Uhr (Sommer), 9/13 Uhr (Winter), Dauer inkl. Shuttle 4,5 Std. 🎫 ab 189 NZ$

65 Kawarau Bridge

Im November 1988 wurde auf der historischen Kawarau Suspension Bridge die erste kommerzielle Bungy-Anlage eingerichtet: eine Erfindung zweier junger Neuseeländer namens Henry van Asch und Alan John Hackett. Letzter betreibt heute mit dem Unternehmen »AJ Hackett« eine ganze Reihe abenteuerlicher Aktivitäten weltweit. Der Sprung von der Kawarau Bridge ist ideal für Anfänger: Hier springen sie »nur« aus 43 m Höhe. Auch Tandem-Sprünge sind möglich.

✈ 217 D4 **AJ Hackett Bungy**
✉ Bungy Centre, SH 6, Gibbston Valley ☎ 03 450 13 00 🌐 www.bungy.co.nz ◑ tgl. 9.30–16 Uhr 🎫 Zuschauen kostenfrei, Sprung: 220 NZ$

66 Arrowtown

Arrowtown ist eine sorgfältig restaurierte frühe Goldgräbersiedlung. In der von historischen Häusern, Geschäften und Saloons gesäumten Hauptstraße fühlt man sich in einen (zivilisierten) Western versetzt. Nur wenige Gehminuten vom Zentrum entfernt wird am Ufer des Bush Creek in einer Nachbildung des chinesischen Goldgräbercamps an die oft übersehenen ostasiatischen Pioniere Neuseelands erinnert, die lange Zeit buchstäblich die »Drecksarbeit« übernahmen.

✈ 217 D4 🌐 www.arrowtown.com

67 Alexandra

Der größte Ort Central Otagos liegt 200 km nordwestlich von Dunedin bzw. 100 km südostlich von Queenstown am reißenden Clutha River und entstand während des neuseeländischen Goldbooms in den 1860er-Jahren. Allerdings erinnert heute nicht mehr viel in Alexandra an diese aufregende Zeit. Dafür sind inzwischen Stauseen und Bewässerungskanäle angelegt worden, um eine lukrative Obstplantagenwirtschaft aufziehen zu können. Die grünen Kulturen im Tal stehen in einem auffälligen Gegensatz zu den trockenen und kahlen Berghängen. Für viele Einheimische ist das Wahrzeichen von Alexandra die malerische Shaky Bridge, eine im Jahr 1879 errichtete »wackelige« Brücke. Über sie dürfen heute nur noch Fußgänger gehen (zuvor konnte man den Fluss nur mit dem Stechkahn überqueren). Wissenswertes über die Zeit der Goldsucher, die Anfänge des Weinanbaus und die ersten Schaffarmer der Region erfährt man im Central Stories Museum (tgl. 10 bis 16 Uhr). In der dazugehörigen Art Gallery kann man Werke regionaler Künstler bewundern.

217 D3 www.alexandra.co.nz

68 Larnach Castle

Neuseelands einzige Burg ließ der Bankier und Politiker William Larnach (1833–1898) im Jahr 1871 als Geschenk für seine erste Frau Eliza errichten. Das erst im Jahr 1887 fertig eingerichtete Anwesen, mit dessen Bau über 200 Arbeiter drei Jahre beschäftigt waren, kostete für damalige Verhältnisse ein Vermögen: 150 000 Pfund. Weitere elf Jahre später erschoss sich Larnach, kurz vor dem Bankrott stehend, am 12. Oktober 1898 im Parlamentsgebäude von Wellington. Nach einer wechselvollen Geschichte seit 1967 wieder in Privatbesitz, wurde das Anwesen samt Park von den neuen Besitzern liebevoll wiederhergerichtet.

217 F2 **Larnach Castle** 145 Camp Road, Otago Peninsula 03 476 16 16 www.larnachcastle.co.nz Okt. bis Ostern tgl. 9–17, Gärten bis 19, sonst beides tgl. 9–17 Uhr Schloss und Garten: 39 NZ$, Übernachtung möglich

Im Januar und Februar schlüpfen die Königsalbatrosse am Taiaroa Head, im September fliegen sie davon.

69 Taiaroa Head

Direkt vor den Toren der schmucken Universitätsstadt Dunedin wartet Wildlife satt: Taiaroa Head, die Nordspitze der Otago Peninsula, ist der einzige Ort weltweit, wo Sie brütenden Königsalbatrossen *(Diomedea epomophora)* und ihren Jungen auf Armlänge nahe kommen (allerdings hinter einer Glasscheibe) und den Kleinen beim Absprung von der Klippe zusehen können. Haben sie es in die Luft geschafft, setzen die Riesenvögel für mehrere Jahre keinen Fuß mehr auf den Boden. Von Dunedin aus werden Schiffsausflüge zu den Klippen von Taiaroa organisiert.

217 F2 **Royal Albatross Centre** 1259 Harington Point Road, Otago Peninsula ☎ 03 478 04 99 www.albatross.org.nz tgl. ab 10.15 Uhr bis Sonnenuntergang, Touren ab 11 Uhr meist alle 30 Min. ab 52 NZ$

70 Taieri Gorge Railway

Durch die spektakuläre Taieri-Schlucht fährt der »Inlander«: ein Museumszug von Dunedin nach Hindon. Während der Fahrt geht die Landschaft von sanft gewellten Hügeln in Schieferklippen über. Im engsten Teil der Schlucht ragt auf der einen Seite eine Felswand auf, während es auf der anderen Seite steil hinabgeht. Die Ebene des Taieri River reicht bis zur Siedlung Middlemarch. Die meisten Passagiere buchen eine 3,5-stündige Fahrt hin und zurück, denn in dem kleinen Ort Hindon gibt es nicht viel zu tun. Der »Victorian« fährt ab Dunedin entlang der Küste in das sehenswerte viktorianische Hafenstädtchen Oamaru.

217 F2 Abfahrt: Dunedin Railway Station, Anzac Avenue, Dunedin ☎ 03 477 44 49 www.dunedinrailways.co.nz Abfahrt in Dunedin um 10 Uhr Hin- und Rückfahrt nach Hindon 60 NZ$

71 Lost Gypsy Gallery

Sie wollen ein Neuseeland entdecken, wo noch kaum Touristen unterwegs sind? Dann machen Sie zwischen Dunedin und Queenstown den Umweg über die Catlins, den rauen, aber extrem schönen Südwestzipfel. Zwischen einsamen Stränden voller Seebären und dichten Regenwäldern mit rauschenden Wasserfällen leben hier ziemlich kauzige Einwohner; das zeigt sich deutlich bei einem Besuch in der Lost Gypsy Gallery. In einem umgebauten Wohn-Bus präsentiert Blair Somerville sein Sammelsurium an verrückter Kleinkunst und merkwürdigen Objekten, das im »Winding Thoughts Theatre« seinen charmanten Höhepunkt findet.

217 E1 **Lost Gypsy Gallery** Southern Scenic Highway Papatowai www.thelostgypsy.com im Sommer in der Regel Do–Di 10–17 Uhr

Wohin zum ... Übernachten?

Preise für ein Doppelzimmer pro Nacht:
$ unter 200 NZ$
$$ 200–350 NZ$
$$$ über 350 NZ$

QUEENSTOWN

The Heritage Queenstown $–$$$
Das Berghotel liegt einige Gehminuten von der Innenstadt entfernt und bietet einen herrlichen Blick über den Lake Wakatipu und die Remarkables. Es gibt Apartments sowie 40 Häuschen mit Balkon und Kamin.
216 C4 91 Fernhill Road 03 442 49 88
www.heritagehotels.co.nz

CENTRAL OTAGO

Mt Rosa Lodge $$$
Das luxuriöse Bed & Breakfast liegt im Gibbston Valley mit Blick auf eines der größten Weingüter in Central Otago. Es gibt 3 Gästezimmer mit eigenem Zugang und Terrasse.
216 C4 Gibbston Back Road, RD1 (bei Queenstown) 03 441 14 84
www.mtrosalodge.co.nz

DUNEDIN

Corstorphine House $$
Das 1863 errichtete Haus spielte als Wohnsitz von John Sidey, einem der ersten Pioniere aus Schottland, schon immer eine zentrale Rolle in Dunedin und ist heute ein luxuriöses Boutiquehotel, in dem Prinz Charles und Daniel Craig Gäste waren.
2217 F2 23A Milburn Street, Dunedin
027 284 36 24 www.corstorphinehouse.co.nz

Wohin zum ... Essen und Trinken?

Preise für ein Essen (z.B. ein Tages-/ Hausmenü, im Regelfall inkl. Getränk):
$ unter 45 NZ$
$$ 45–70 NZ$
$$$ über 70 NZ$

QUEENSTOWN

Gibbston Valley Winery $
Eines der ältesten Weingüter von Central Otago liegt idyllisch an der Kawarau Gorge. Neben dem stilvollen Restaurant gibt es ein Käsegeschäft, Führungen durch den Weinkeller und Verkostungen, Shuttleservice.
216 C4 1820 SH6 03 4 42 69 10
www.gibbstonvalley.com Mi–Sa 12–15 Lunch, Verkostungen, tgl. 10–17, Führungen tgl. 12 und 16 Uhr

ARROWTOWN

Aosta $$$
Das italienische Restaurant erhält regelmäßig hervorragende Bewertungen. Auf der Weinkarte stehen vornehmlich Weine aus der Region.
217 D4 18 Buckingham Street
029 0200 00 19 www.aosta.nz
tgl. 17 Uhr bis spät

DUNEDIN

Titi $$–$$$
Im Hotel St. Clair speisen Sie im Sommer am Wasser. Probieren sollten Sie Southland-Lamm mit Parmesan und Rucola-Gnocchi sowie die Crème brulée.
217 F2 24 Esplanade, St Clair Beach,
03 466 36 10 www.titi.co.nz Mi–So 11.30–20 Uhr

Wohin zum ... Einkaufen?

QUEENSTOWN

Die meisten Geschäfte finden sich in und im Umkreis der Mall. Outdoor-Ausrüstung gibt es bei **Outside Sports** (36 Shotover Street) oder **Kathmandu** (45 Beach Street). Die **Waka Gallery** (Ecke Beach/Rees Streets) verkauft Jade-Schmuckstücke. Im Raeward Fresh (53 Robins Road) können Sie sich fürs Picknick eindecken; Spezialitäten sind Wein und Käse aus Otago.

ARROWTOWN

The Gold Shop (31 Buckingham Street) widmet sich der Schmuckproduktion. Jadeschleifern können Sie in der Jade & Opal Factory über die Schulter schauen (Nr. 32). Strickwaren gibt es in The Wool Press (Nr. 42), im Ikon (Nr. 50) Designerkleidung.

DUNEDIN

Hauptgeschäftsstraße ist die George Street. Ihre schottischen Wurzeln feiert die Stadt in The Scottish Shop (120 Stuart Street). Hier gibt es alles vom Karostoff bis zum Shortbread. Sammlerobjekte finden Sie im Queens Gardens Antique Centre (16 Queens Gardens). In der Nähe des Octagon befindet sich der Lure Jewellery Workshop (130 Stuart Street), wo fünf Juweliere modernen neuseeländischen Schmuck herstellen. Werke neuseeländischer Künstler verkaufen die Moray Gallery (55 Princes Street) und die Brett McDowell Gallery (5 Dowling Street). Der University Book Shop (378 Great King Street) bietet Bücher aus allen Fachgebieten.

Wohin zum … Ausgehen?

QUEENSTOWN

Nachtleben
SkyCity Lasseters Wharf Casino (Steamer Wharf) ist bis 2 Uhr, SkyCity Casino (16 Beach Street) bis 4 Uhr morgens geöffnet. Minus 5° ICE BAR (88 Beach Street) besteht komplett aus Eis. Gut aufgelegt wird im Vinyl Underground (12 b Church Street).

Festivals
Das Clyde Wine and Food Harvest Festival findet um Ostern statt, das Queenstown Winter Festival im Juni/Juli.

DUNEDIN

Kunst und Kultur
Regent Theatre (Octagon) bietet Aufführungen. Klassische Konzerte gibt das Dunedin Symphony Orchestra (65 Hanover Street).

Festivals
Das Summer Festival findet im Januar und Februar statt. die Scottish Week im März. Im März bringt das Fringe Festival zeitgenössische Künstler nahe. Alle zwei Jahre (2024, 2026) gibt's das Dunedin Arts Festival.

Eisiges Nightlifevergnügen: Bar »Minus 5°« in der Beach Street (Steamer Wharf) von Queenstown.

Andere Länder, andere Verkehrszeichen: In Neuseeland gehören zum »Wildwechsel«, vor dem hier gewarnt wird, auch Pinguine.

Spaziergänge & Touren

Ob mit dem Auto ans abgelegene East Cape oder zu Fuß am Lake Matheson: In Neuseeland ist man immer gut unterwegs.

Seite 182–189

Lake Matheson

Was?	Spaziergang
Länge	2,5 km
Dauer	1,5 Std.
Start/Ziel	214 B5
Anfahrt	Am Fox Glacier biegen Sie in die Cook Flat Road, nach etwa 5 km geht es rechts zum Parkplatz am See.

Der Lake Matheson bietet die beste Gelegenheit, die höchsten Gipfel des Landes zu betrachten, ohne sie erwandern zu müssen. An einem ruhigen Tag zaubert sein Wasser perfekte Spiegelungen.

1–2

Am schönsten sehen die Spiegelungen von Mount Cook und Mount Tasman im Lake Matheson am frühen Morgen oder in den Abendstunden aus. Der Rundgang um den See startet an einem Parkplatz, etwa 5 km vom Dorf Fox Glacier entfernt. Er führt um den gesamten See herum – teils am sumpfigen Ufer entlang, teils durch Wald – und zu drei Aussichtsplattformen. Zu Beginn quert der Weg eine Drehbrücke über den Clearwater und führt an dessen Ausfluss entlang

Stiller See, grandiose Bergkulisse: zum Sonnenuntergang am Lake Matheson.

durch dichten Wald. Nach etwa 20 Gehminuten ist der See mit Landungssteg erreicht. Hier lag einst ein wichtiges Vorratslager der Maori, die im See Aalfallen auslegten und im Wald Ringeltauben und Weka-Rallen jagten.

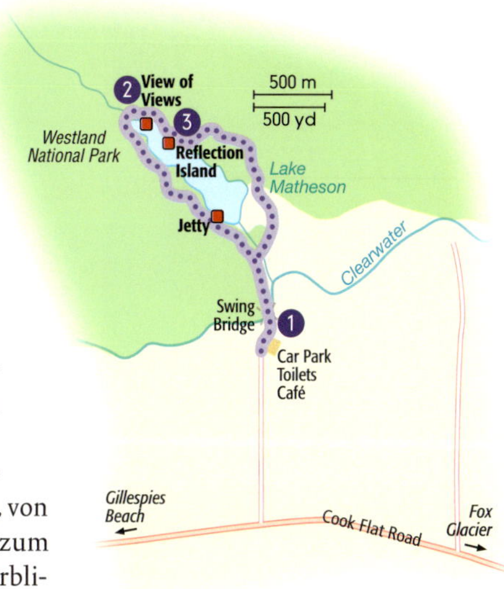

Wenn Sie den Weg fortsetzen, gerät der See bald wieder aus dem Blick. Über einen Holzsteg und ein paar Stufen gelangen Sie zur zweiten Aussichtsplattform View of Views, von wo aus Sie den ganzen See bis zum Fox-Tal und zum Gebirge überblicken können. Auch unterwegs haben Sie immer wieder eine schöne Aussicht auf die Berge, doch das Postkartenfoto der sich im See spiegelnden Gipfel können Sie hier am besten schießen. Die Wasseroberfläche des hier von dichten Wäldern umgebenen Sees ist an den meisten Tagen ruhig. Die Spiegelungen sind hier besonders deutlich, weil das Tannin aus den Pflanzenteilen, die in den See gefallen sind, und der humusreiche Boden dem Wasser die Farbe wie von schwarzem Tee verliehen haben.

In den Feuchtgebieten um den See leben eingeführte Wasser- und heimische Singvögel wie der Makomako, dessen melodischen Gesang Sie auf Ihrem Spaziergang in diesem Streckenabschnitt wahrscheinlich hören werden.

Tipp: Obwohl das »Matheson Café« als einziges Café weit und breit von vielen Touristen besucht wird, hat es seinen Charme – und ausgezeichnete kleine Mahlzeiten (1 Lake Matheson Road, tgl. 8.30–15 Uhr).

2–3

Von der View of Views dauert es fünf Minuten bis zum nächsten Ausguck: Reflection Island – eine kleine, ins Wasser ragende Plattform. Der restliche Weg führt in Schleifen durch den Wald zurück in landwirtschaftlich genutztes Gebiet mit vereinzelt stehenden hohen Sumpfzypressen. Bei Frost und Nebel sind diese knorrigen Bäume, die sich vor dem Gebirge abheben, ein weiteres schönes Fotomotiv am Lake Matheson.

East Cape

Was?	Autotour
Länge	334 km
Dauer	3–4 Tage für eine gemütliche Tour (4–5 Tage mit Stopp unterwegs)
Start	Opotiki, in der östlichen Bay of Plenty → 209 E3
Ziel	Gisborne → 209 E/F2

Das abgelegene East Cape wird von der Sonne als Erstes begrüßt. Eine Tour auf dem Pacific Coast Highway (SH35) führt an blauen Buchten und menschenleeren Stränden entlang, hin und wieder durch kleine Siedlungen. Das Gebiet mit seinen vielen Marae und Kirchen ist von der Geschichte der Maori geprägt. Lassen Sie sich Zeit für Strandspaziergänge, Cafébesuche, Gespräche mit den Menschen und die Ruhe der Natur.

Auf dieser Tour ist der Weg das Ziel. Wer es eilig hat, wird die besondere Stimmung dieser Region nicht genießen können.

1–2

Die Fahrt beginnt in Opotiki, einem kleinen, agrarisch geprägten Ort am Zusammenfluss von Waioeka und Otara. Die Küstenlinie an diesem östlichen Ende der Bay of Plenty besteht aus sicheren Sandstränden und vereinzelt zutage tretendem Vulkangestein. In Opotiki teilt sich die Straße: Der SH2 führt durch die Waioeka Gorge nach Gisborne, der landschaftlich reizvollere SH35 windet sich um das spektakuläre East Cape zum selben Ziel. Wenn Sie Opotiki verlassen, haben Sie einen schönen Blick auf die 48 km vor der Küste liegende Vulkaninsel White Island. Am Sandstrand von Tirohanga, etwa 6 km hinter Opotiki, liegen Reste eines alten *pa*, eines befestigten Maori-Dorfes; sie sind am Tirohanga Bluff deutlich zu erkennen.

2–3

Einige Sandstrände und felsige Buchten passierend, gelangen Sie nach Torere. Die schlichte Dreieinigkeitskirche neben dem Versammlungshaus lohnt einen kurzen Stopp.

Die nächsten 20 km folgt die Straße der Küstenlinie und eröffnet am Maraenui Hill Blicke über die Bay of Plenty.

3–4

Te Kaha ist eine kleine Stadt an einer hübschen Bucht, die einst Schauplatz von Stammeskämpfen war. Bis in die 1930er-Jahre wurde hier Walfang betrieben. Heute ist Te Kaha ein kleiner Urlaubsort. Als nächstes lockt die reizvolle Whanarua Bay mit abgeschiedenen Sandstränden. In Raukokore bietet die 1894 errichtete anglikanische Kirche ein eindrucksvolles Bild.

Whangaparaoa hat für die Maori eine mythologische Bedeutung, gilt es doch als Landeplatz für zwei der sieben Kanus, mit denen einst die ersten Maori kamen, um »Aotearoa« (das »Land der langen weißen Wolke«) zu besiedeln.

4–5

Während der nächsten 15 km schmiegt sich die Straße an die kurvenreiche Küstenlinie, mit Blick auf Felsbuchten und die strahlenden Strände von Waihau Bay und Oruaiti Beach. Bei Whangaparaoa nahe dem Cape Runaway, dem östlichsten Ausläufer der Bay of Plenty, verlässt die Straße die Küste. Seinen Namen erhielt das Kap im Oktober 1769 durch Captain Cook. Als sich seinem Schiff vier Maori-Kriegskanus näherten, befahl er, eine Kartätsche – ein mit Bleikugeln gefülltes Artilleriegeschoss – über ihre Köpfe hinweg abzufeuern, was die Krieger zum Rückzug veranlasste.

Danach verlässt der SH35 bald die Küste und führt zur Hicks Bay, wo Sie die Aussicht genießen, Buschwanderungen unternehmen oder auch Tiefseeangel-Ausflüge starten können. Die graue Muschel des aufgelassenen Kühlhauses in der Nähe der hölzernen Kaianlage erinnert an jene vergangenen Tage der regen Küstenschifffahrt vor dem Kap, ehe die Straße gebaut wurde.

5–6

Von Hicks Bay sind es weitere 12 km bis Te Araroa, wo es einige Geschäfte und eine Tankstelle gibt – sowie auf dem Schulhof den angeblich größten Pohutukawa-Baum des Landes. Er soll 600 Jahre alt sein, hat einen Umfang von 19 m und wird Te Waha o Rerekohu genannt. In Te Araroa zweigt eine Straße zum Leuchtturm des East Cape ab; er steht auf dem östlichsten Punkt des neuseeländischen Festlands. Der Abstecher (44 km hin und zurück auf unbefestigter Straße) dauert etwa 50 Minuten. Vom Parkplatz aus müssen Sie 700 Stufen zum Leuchtturm hochsteigen, doch die Mühe wird mit Blicken auf East Island mehr als belohnt. Ursprünglich stand der Leuchtturm auf dem felsigen Eiland, doch nachdem dort vier Männer bei dem Versuch, Vorräte anzulanden, ertranken, wurde er an den jetzigen Standort verlegt.

Das 25 km von Te Araroa entfernte Tikitiki, eine kleine Siedlung am Ufer des Waiapu, ist vor allem für St Mary's bekannt, eine reich geschmückte Maori-Kirche. Sie wurde 1924 zur Erinnerung an die im Ersten Weltkrieg gefallenen Soldaten aus dem Stamm der Ngati Po errichtet, der bis heute der wichtigste Maoristamm an der Ostküste ist.

Zentrum der Ngati Porou, eines weiteren Maori-Stamms, ist die kleine Stadt Ruatoria, 20 km weiter am Fuß des Mount Hikurangi gelegen. Der Berg ist den Maori heilig. Mit 1752 m ist dies der höchste Berg der Nordinsel nichtvulkanischen Ursprungs. Eine schöne Aussicht darauf haben Sie vom Rastplatz Ihungia, etwa 20 km weiter auf der Straße. Um den heiligen Berg zu besteigen, brauchen Sie eine Erlaubnis der Ngati Porou.

Auf einer teils unbefestigten, kurvenreichen Straße, die von der Hauptstraße abzweigt, erreichen Sie das Dorf Waipiro Bay. Der einst belebteste Ort an der Küste ist heute eine gemächliche Siedlung, in der sich alles um das Versammlungsgelände der Maori *(Marae)* dreht.

Te Puia hat einen See und heiße Quellen, Tokomaru Bay ist eine verfallende, aber malerische Stadt mit bezauberndem Strand. Die nächsten 40 km geht es an mehreren Stränden vorbei, bis Sie Tolaga Bay und den Cooks Cove Walkway südlich des Ortes erreichen. Der Fußweg (6 km hin und zurück) führt über Privatgelände an den Ort, an dem Cook vor Anker ging, um sein Segelschiff, die »Endeavour«, reparieren zu lassen und Wasservorräte aufzunehmen.

Die letzten 54 km bis Gisborne führen an Stränden vorbei und durch stille Orte wie Whangara, wo der sehr stimmungsvolle Film »Whale Rider« gedreht wurde.

Leuchtend am Kap: der Leuchtturm am East Cape.

KLEINE PAUSE

An einer der schönsten Buchten auf dieser einsamen Strecke wartet das Paradies für Nuss-Liebhaber: mit Macadamia-Nusseis, tollen Kuchen und Kaffee. Ein Stopp im **The Nuthouse Café** ist Pflicht! (8460 SH 35, Waihau Bay, Tel. 07 325 29 60, Dez. tgl. 10–15, Jan.–März Mo–Fr 10–15 Uhr; in den übrigen Monaten geschl.).

In Wellington auf der Nordinsel ist im Ausgehviertel rund um den Courtenay Place immer viel los.

Praktische Informationen

Was vor der Reise wichtig ist und wie Sie im Land gut zurechtkommen, erfahren Sie hier.

Seite 190–204

VOR DER REISE

Auf einen Blick
Größe: 269.652 km^2 (etwa drei Viertel so groß wie Deutschland); ca. 1600 km von Nord nach Süd, aber max. 450 km breit. Nord- und Südinsel trennt die 35 km breite Cook Strait. Neben den Hauptinseln zählen weitere 700 Inseln sowie einige teilautonome Pazifikarchipele und das Ross-Eis in der Antarktis zum Hoheitsgebiet.
Lage: Am Südwestrand des Pazifischen Ozeans. Die Nordspitze der Nordinsel befindet sich etwa auf der Höhe der argentinischen Hauptstadt Buenos Aires. Von Stewart Island im Süden sind es knapp 2700 km bis zur Antarktis. Der Nachbarkontinent Australien ist ca. 2000 km entfernt.
Staatsform: parlamentarische Monarchie; Staatsoberhaupt ist König Charles III., Regierungsoberhaupt ist seit 2023 Premierminister Chris Hipkins (Labour Party).
Hauptstadt: seit 1865 Wellington (212 000 Einwohner)
Einwohner: 5,1 Millionen, davon sind 67 % Europäer und 15 % Maori. 75 % der Neuseeländer leben auf der Nordinsel.
Amtssprachen: Te Reo Maori und Gebärdensprache (Englisch ist nur De-facto-Amtssprache).
Flagge: dunkelblau, mit dem englischen Union Jack im linken oberen Viertel und dem Sternbild Kreuz des Südens rechts

Auskunft
Nützliche Webseiten
www.newzealand.com: das offizielle Tourismusbüro Neuseelands
www.weltwunderer.de: *der* deutsche Neuseeland-Reiseblog
www.360Grad-Neuseeland.de: Neuseeland-Magazin für Fans des Landes mit aktuellen News und gut sortiertem Buchshop
www.newzealandnow.govt.nz: Website der neuseeländischen Regierung
www.heritage.org.nz: Website der offiziellen Verwaltung denkmalgeschützter Orte in Neuseeland, mit Navigation über eine Karte
www.teara.govt.nz: Neuseelands Enzyklopädie
www.metservice.com: präzise Wetterberichte und Erdbebenwarnungen
www.aa.co.nz/travel: Neuseelands Automobilclub
www.nzta.govt.nz: aktuelle Verkehrsinformationen und Infos über Verkehrsregeln
www.doc.govt.nz: Website des neuseeländischen Umweltschutzministeriums mit Listen aller staatlichen Campsites, Beschreibung aller Wanderwege, hunderten PDF-Broschüren und der Möglichkeit, sich als Helfer zu engagieren

Tourist-Informationen
Die über das ganze Land verteilten Tourist-Informationen sind mit einem grün-weißen »i« gekennzeichnet (»i-Site«). Auch das Umweltministerium DOC, das die Nationalparks, Wanderwege, Hütten und ca. 200 Campingplätze verwaltet, hat »visitor centres« in allen Nationalparks und vielen Städten. Adressen in den einzelnen Kapiteln.
i-Site Auckland mit landesweiten Informationen: Victoria/Federal Street, im Sky Tower; tgl. 9.30–16 Uhr, Tel. 09 365 99 18, www.aucklandisite.com

Botschaften
Deutsche Botschaft: 90–92 Hobson Street, Wellington, Tel. 04 473 60 63, www.wellington.diplo.de
Österreichisches Generalkonsulat: 74 Ghuznee Street, Wellington, Tel. 04 384 14 02, www.bmeia.gv.at
Schweizer Botschaft: 10 Customhouse Quay, Wellington, Tel. 04 472 15 93, www.eda.admin.ch/wellington

Elektrizität
Spannung: 230 Volt (50 Hertz), gebräuchlich sind dreipolige Flachstecker (Adapter nicht vergessen!).

Ermäßigungen
Senioren ab 65 Jahren sind an einigen Sehenswürdigkeiten, in öffentlichen Verkehrsmitteln und einigen Unterkünften ermäßigt. Kinder bis 5 Jahre zahlen in vielen Unterkünften und Sehenswürdigkeiten nichts, bis 14 oder 18 Jahre gelten Rabatte. In den Einrichtungen des DOC sind Kinder bis 5 Jahre kostenfrei, bis 18 Jahre gibt es eine Ermäßigung.

Viele Museen wie das Te Papa Museum in Wellington, das Canterbury Museum in Christchurch oder das Otago Museum in Dunedin sind für alle Besucher kostenfrei.

Feiertage
1./2. Januar: Neujahr
6. Februar: Waitangi Day
Karfreitag/Ostersonntag
25. April: ANZAC Day (Australian-New Zealand Army Corps Day, Heldengedenktag)
1. Mo im Juni: Queen's Birthday
Ein Mo oder Fr Ende Juni/Anfang Juli: Matariki (Maori-Neujahrsfest)
Letzter Mo im Okt.: (Labour Day)
25./26. Dezember: Weihnachten/Boxing Day)
Viele Sehenswürdigkeiten haben an diesen Tagen geschlossen, Restaurants erheben einen Feiertagsaufschlag von bis zu 20 %.

Geld
Landeswährung: Neuseeland-Dollar, Wechselkurs: 1 NZ$=0,55 Euro, 1 Euro=1,83 NZ$; tagesaktuelle Wechselkurse auf www.oanda.com. Tauschen Sie Kiwi-Dollars nicht im Ausland, am günstigsten bekommen Sie sie direkt in Neuseeland oder am Bankautomaten (ATM). Die günstigsten Wechselkurse bieten BNZ, National Bank, ANZ und Westpac.
Kreditkarten, Geldwechsel: Neuseeländer zahlen gern und oft mit Karte. Viele Läden, Autovermieter und Unterkünfte akzeptieren und verlangen die Zahlung mit Kreditkarte (VISA und Mastercard sind die gängigsten). Auf Bauernmärkten und in ländlichen Gebieten sollten Sie Bargeld dabeihaben.
Mit einer internationalen Kreditkarte können Sie an jedem Geldautomaten Bargeld abheben; einige akzeptieren sogar europäische Maestro-Karten. Tipp: Wählen Sie eine Kreditkarte ohne Gebühren für Zahlungen in Fremdwährung oder Abhebungen im Ausland.
Sperrnummern: Unter Tel. 0049 116 116 kann man in Deutschland Bank- und Kreditkarten, Onlinebanking-Zugänge und SIM-Karten sperren lassen. Für Österreich gilt die 0043 1 204 88 00. Die Schweiz hat keine einheitliche Notfallnummer. Die wichtigsten: 0041 44 659 69 00 (Swisscard); 0041 8 48 88 86 01 (UBS Card Center); 0041 58 9 58 83 83 (VISECA); 0041 44 8 28 32 81 (PostFinance).

Gesundheit
Sie brauchen eine private Auslandsreise-Krankenversicherung in Neuseeland, die auch den »medizinisch sinnvollen« Rücktransport sowie Zahnbehandlungen übernehmen sollte (nur wenige Tarife gelten für Reisen über 42 Tage!). Weitere Reiseversicherungen sind nicht nötig.
Die medizinische Behandlung in Neuseeland erlittener Unfälle deckt die »Accident Compensation Corporation« (ACC) ab, auch für Touristen (den Rücktransport und die Weiterbehandlung zu Hause allerdings nicht).
Viele Medikamente erhält man rezeptfrei im Supermarkt und in der Apotheke. Antibiotika sind verschreibungspflichtig. Größere Mengen Medikamente sollten von einer englischen Übersetzung des Rezepts begleitet werden.
Die erste Anlaufstelle bei Beschwerden ist der Allgemeinarzt (»general practitioner«, GP), der ggf. weiter überweist. Behandlungskosten werden i.d.R. sofort bezahlt; Quittung aufheben!
Leitungswasser ist als Trinkwasser unbedenklich. Trinken Sie aber nicht aus Flüssen und Seen, egal wie klar diese aussehen: Der Giardia-Parasit ist vielerorts ein Problem; er verursacht Magenkrämpfe und Durchfall.
Schützen Sie sich vor der starken UV-Strahlung in Neuseeland mit Kopfbedeckung und Sonnencreme, auch bei bewölktem, kühlem Wetter: Vor allem zwischen November und März hat die Sonne eine unbarmherzige Stärke.
Menschen mit Handicap: Neu errichtete und umgebaute Gebäude müssen in Neuseeland barrierefrei zugänglich sein, Stadtbusse sind es nicht. In Städten transportieren die »Total Mobility«-Taxidienste auch Rollstühle. Ein Reiseführer zum Thema kann unter www.accessiblenz.com bestellt werden.

In Kontakt bleiben
Post: Postämter sind oft in Buch- oder Schreibwarenläden untergebracht und öffnen meist von 9 bis 17 Uhr. Eine Ansichtskarte nach Europa kostet 3 NZ$. Werfen Sie sie in die roten Briefkästen der New Zealand Post ein und nicht in die blauen von »Universal Mail«, sonst dauert der Versand noch länger als die üblichen 10 Tage.

Telefon und Internet: Mit Ihrem Smartphone zahlen Sie in Neuseeland sehr hohe Roaming-Gebühren. Kaufen Sie am besten gleich bei der Ankunft am Flughafen eine neuseeländische Prepaid-SIM-Karte für Ihr Smartphone (von One NZ, Spark oder 2degrees) und tauschen sie aus. Es gibt günstige Tarife fürs Telefonieren oder reine Datenpakete. SIM-Karten für Touristen (Travel SIM) kosten ab ca. 30 NZ$ und gelten bis zu 2 Monate. Ohne neuseeländische SIM Card sollten Sie nur Nummern, die mit 0800 beginnen, anrufen – diese sind innerhalb Neuseelands kostenlos.
Mit Ihrer neuen neuseeländischen Telefonnummer empfangen Sie Anrufe aus Neuseeland kostenlos. In abgelegenen Regionen gibt es allerdings oft gar keinen Mobilfunkempfang.
WLAN: In vielen Unterkünften, Cafés und Bibliotheken ist WLAN (wifi) kostenlos, allerdings ist die Bandbreite dort gering.

Notrufe

Landesweiter Notruf: 111 (kostenlos aus jedem Netz) für Polizei, Feuerwehr und Rettungsdienst
AA-Roadservice bei Pannen:
0800 500 222

Öffnungszeiten

Während in kleineren Städten spätestens um 17.30 Uhr die Gehsteige hochklappen, sind die Geschäfte in Großstädten und die Großmärkte am Stadtrand oft täglich mindestens bis 21 Uhr geöffnet, manche rund um die Uhr. Samstags schließen kleinere Geschäfte meist um 13 Uhr und bleiben sonntags geschlossen; freitags öffnen die meisten dafür länger.
Tante-Emma-Läden (»dairies«) und Tankstellenshops sind die ganze Woche über mindestens von 8–21 Uhr geöffnet.
Banken und Behörden öffnen montags bis freitags von 9 bis 16.30 Uhr.

Rauchen

Zigaretten und Tabak sollen aus Neuseeland bis zum Jahr 2025 komplett verschwinden; bis dahin steigen die Preise in exorbitante Höhen (derzeit ca. 37 NZ$ für eine Packung). Rauchen ist fast überall verboten, Tabakwaren dürfen in Geschäften nicht zu sehen sein. Ab 2023 kann man nur noch Zigaretten mit vermindertem Nikotingehalt kaufen, und das auch nur noch in wenigen Spezialgeschäften. E-Zigaretten sind keine Ausnahme. Einen Vorrat mitzubringen, ist schwierig: Nur 50 Zigaretten bzw. 50 g Tabak dürfen nach Neuseeland eingeführt werden.

Reisedokumente

Deutsche, österreichische und Schweizer Staatsbürger brauchen für die Einreise nach Neuseeland einen Reisepass oder vorläufigen Reisepass, der noch mindestens 1 Monat gültig sein muss, sowie die elektronische Einreisegenehmigung NZeTA (mindestens 72 Stunden vor der Einreise online oder per App bei NZ Immigration beantragen, Kosten: 12 bzw. 9 NZ$, zzgl. 35 NZ$ »International Visitor Levy«, eine Tourismus-Abgabe). Spätestens bei der Ankunft am Zielflughafen muss außerdem die elektronische »Traveller Declaration« heruntergeladen sein, die ab Juli 2023 die »Passenger Arrival Card« ersetzt, welche bisher im Flugzeug auf Papier ausgefüllt wurde. Die für 3 Monate gültige Aufenthaltserlaubnis (»visa waiver«) wird direkt bei der Einreise in den Pass gestempelt. Sie müssen außerdem ein Rück- oder Weiterflugticket vorweisen können. Für längere Reisen durch Neuseeland oder andere Tätigkeiten im Land brauchen Sie ein Visum, das Sie bei Immigration New Zealand (www.immigration.govt.nz) beantragen.
Impfungen sind nicht vorgeschrieben. Es empfiehlt sich wie bei allen Reisen, einen kompletten Impfstatus inklusive Covid-19, Hepatitis A/B und Tetanus zu haben.
Wollen Sie in Neuseeland Auto oder Wohnmobil fahren, brauchen Sie Ihren gültigen Führerschein (Klasse B) sowie den Internationalen Führerschein oder eine amtlich beglaubigte englische Übersetzung (anerkannte Übersetzer unter www.nzta.govt.nz/licence/residents-visitors/translators.html).

Reisezeit

Neuseelands Klima ist gemäßigt; feuchter im Westen, trockener im Osten. Schnee ist unterhalb von 1600 m selten. Lange, warme Sommer und kurze, milde, aber regenreiche Winter herrschen im subtropischen Norden, dagegen kalte Winter und kurze, kühle Sommer im Süden der Südinsel. Im Frühling und Winter regnet es mehr, auch Taifune sind häufig. Im Spätsommer und Herbst ist das Wetter oft am beständigsten. Die Hauptreisezeit ist der Sommer (Dez. bis Febr.). Günstiger und ruhiger reisen Sie in der »shoulder season« (Okt./Nov. und März bis Mai). Im Winter sieht Neuseeland kaum Touristen; eine gute Idee, wenn Sie auf den Sommer zu Hause verzichten können.

Sicherheit

Neuseeland ist ein sicheres Reiseland, das gilt auch für allein reisende Frauen. Lassen Sie trotzdem nie Wertgegenstände sichtbar im Auto liegen, vermeiden Sie einsame Parkplätze und dunkle Gassen.

Die eigentliche Gefahr ist die wilde Natur: Das Wetter kann zu jeder Jahreszeit sehr rasch umschlagen, Bäche schwellen bei Regen in wenigen Minuten zu reißenden Strömen an. Informieren Sie sich vor jeder Wanderung und schätzen Sie Ihre Fähigkeiten realistisch ein! Packen Sie auch für kurze Tracks immer Erste-Hilfe-Ausrüstung, Proviant und Wechselkleidung ein. Informieren Sie Freunde oder das Personal des DOC, bevor Sie starten. Ein »personal locator beacon« ist eine gute Investition.

Etwa 15 000-mal im Jahr bebt in Neuseeland die Erde; nur 150 Beben sind aber stark genug, um sie überhaupt zu bemerken. Sowohl die alten Holzhäuser als auch moderne, erdbebensichere Gebäude überstehen auch stärkere Erschütterungen.

Die kostenlose Smartphone-App GeoNet Quakes (für Android und iOS) informiert Sie über aktuelle Erdbeben und anschließende Tsunami-Warnungen (bisher wurde Neuseeland noch nie von einem Tsunami getroffen).

Toiletten

Blitzsaubere, kostenfreie öffentliche Toiletten gibt es an allen Sehenswürdigkeiten, auf vielen öffentlichen Plätzen und in allen Parks und Reservaten. Viele Toiletten sind barrierefrei. In abgelegenen Gegenden und auf den DOC-Campsites sind Plumpsklos (»long drop toilets«) vorherrschend.

Trinkgeld

Zu den in Neuseeland üblichen Gepflogenheiten gehört das Zahlen von Trinkgeld (»tip«) nicht, aber es hat sich seit einigen Jahren immer mehr eingebürgert.

Wenn Sie mit dem Essen, der Taxifahrt oder dem Service zufrieden sind, geben Sie etwa 10 Prozent.

Zeit

Die »New Zealand Standard Time« ist Mitteleuropa zwischen dem letzten Sonntag im Oktober und dem letzten Sonntag im März (Beginn der Sommerzeit in Mitteleuropa) um 12 Stunden voraus. Nur in der Woche bis zum ersten Sonntag im April (Ende der Sommerzeit in Neuseeland) und vom letzten Sonntag im September bis zum letzten Sonntag im Oktober (Beginn Sommerzeit in Mitteleuropa) sind es 11 Stunden, ansonsten ist der Zeitunterschied +10 Stunden.

Zoll und Bio-Security

Bei der Einreise müssen Sie eine sehr strenge Biosicherheits- Überprüfung passieren. Lassen Sie alle frischen, nicht verpackten Lebensmittel zurück, auch wenn Sie sie erst im Flugzeug erhalten haben. Spürhunde schnüffeln in der Gepäckausgabezone nach tierischen und pflanzlichen Produkten. Jedes Gepäckstück wird durchleuchtet, gebrauchte Wanderschuhe und Outdoor-Ausrüstung muss man ggf. vor Ort nachputzen. Luftdicht verpackte Lebensmittel werden i.d.R. akzeptiert. Geben Sie trotzdem alles an, was Sie mitbringen. Die Strafen für die Einfuhr nicht deklarierter Waren (ob wissentlich oder versehentlich) belaufen sich auf bis zu 100 000 NZ$.

Erlaubt sind bei der Einfuhr 50 Zigaretten oder 50 g Tabak, 3,37 l hochprozentiger Alkohol, 4,5 l Wein oder Bier (aktuelle Informationen unter www.customs.govt.nz).

ANREISE

Neuseelands Lage macht das Flugzeug zum einzig sinnvollen Anreisemittel; ansonsten gelangen Sie allenfalls über einige Kreuzfahrtrouten dorthin. Die meisten Flüge landen an den internationalen Flughäfen Auckland und Christchurch, kleinere Airports sind Wellington, Queenstown, Dunedin, Hamilton und Rotorua.

Nach Neuseeland zu reisen, ist grundsätzlich eine Weltreise: 22 reine Flugstunden; schneller geht es (derzeit) ab Mitteleuropa nicht. Im Durchschnitt ist man mit Zwischenlandung(en) auf direktem Weg aber eher 28 Stunden unterwegs. Eine Übernachtung am Boden kann deshalb erholsam sein. Diese Option gibt es (s.u. »Stopover«).

Preise: Es gibt keine Direktflüge nach Neuseeland. Von Europa fliegen Sie mit mindestens einem Zwischenstopp in Asien oder den USA ca. 24 Stunden, Tickets kosten ab 1000 Euro (in der Nebensaison).

Spartipps: Buchen Sie frühzeitig, seien Sie flexibel mit den Daten und nehmen Sie mehr oder längere Zwischenaufenthalte in Kauf. Der Flug über Asien ist etwas kürzer als über die USA. Air New Zealand bietet die komfortable Skycouch ab London über L. A., Cathay Pacific z. B. die preislich attraktive Premium Economy Class via Hongkong.

Stopover: Singapore Airlines bietet gute Stopover-Möglichkeiten in Singapur, der Changi-Flughafen ist preisgekrönt. Auch Cathay Pacific bietet günstige Hotels für einen Zwischenstopp zum Ausruhen.

Ankunft in Auckland

Auckland International Airport (www.aucklandairport.co.nz) liegt 23 km südlich der Stadt. Hinter dem Zoll im Erdgeschoss sind Information und Geldwechsel, Gepäckaufbewahrung, der Check-in für Inlandsflüge und Autovermietungen.

In die Stadt fährt das SkyDrive Express-Shuttle (www.skydrive.co.nz, von 5 bis 22.30 Uhr, Ticket 18 NZ$, Tickets online oder im Bus kaufen) vom International und Domestic Terminal. Die Fahrt zum Sky Tower dauert ca. 45 Min. Sammeltaxis (ab ca. 45 NZ$; Supershuttle: Tel. 0800 748 885, www.supershuttle.co.nz) sind teurer, aber oft schneller. Einige Hotels und Wohnmobilvermieter bieten einen kostenlosen Abholservice an.

Ankunft in Christchurch

Christchurch International Airport (www.christchurch-airport.co.nz) liegt 12 km nordwestlich des Stadtzentrums. Beide Terminals (mit Informations- und Mietwagenschaltern) befinden sich in einem Gebäude.

Zwei Buslinien fahren alle 20–30 Minuten ins Zentrum (ca. 25 Min.). Tickets beim Fahrer (Infos unter www.metroinfo.co.nz und Tel. 03 366 88 55). Taxis (ca. 50 NZ$) und Sammeltaxis (ca. 30 NZ$) warten vor den Terminals.

UNTERWEGS IN NEUSEELAND

Grundsätzlich gilt: Unterschätzen Sie nie die Distanzen – auch mit dem Auto braucht man meist bedeutend länger als gedacht (www.aa.co.nz , NZ-Automobil-Club mit Entfernungs-Kalkulator und weitere Karten über www.wises.co.nz). Und reisen Sie nicht per Anhalter. Freundliche Kiwis lernen Sie auch so kennen, die Busverbindungen sind preiswert – und schneller! Als allgemeiner Reiseveranstalter im Land empfiehlt sich z.B. ravelessence (www.travelessence.de) oder, wer es gern ein bisschen luxuriöser mag, Ahipara Luxury Travel (www.ahipara.com).

Mit Bus und Bahn

In den größeren Städten gibt es gute öffentliche Verbindungen. Ansonsten sind Taxi, Fahrrad oder die Füße die beste Wahl.

In Auckland: Infos über Routen und Fahrpläne von Bussen, Bahnen und Fähren bei AT (Tel. 09 366 64 00 oder 0800 10 30 80, www.at.govt.nz). Bustickets können nur mit der aufladbaren AT Hop Card gekauft werden (10 NZ$ plus 5 NZ$ Start-Aufladung), Fähr- und Zugtickets auch mit Bargeld. Der rote CityLink Bus (1 NZ$ pro Strecke) und der grüne InnerLink Bus (4 NZ$ pro Strecke) fahren auf den Hauptlinien durch die Stadt. Der orangefarbene OuterLink Bus fährt in Aucklands Vororte sowie zu touristischen Hightlights wie Herne Bay, MOTAT (Museum of Technology) und Mt. Eden. Die Fähren verkehren ab Ferry Terminal (99 Quay St.) an der Queen Street, am häufigsten der »Seabus« nach Devonport (ca. 12 NZ$ hin und zurück). Routen, Zeiten und Preise unter www.fullers.co.nz, Tel. 09 367 91 11.

In Christchurch: Am Bus Interchange (Ecke Lichfield/Colombo Streets, www.metroinfo.co.nz) starten die meisten Stadtbuslinien, Regionalbusse in die Umgebung und Fernbusse. Tickets kosten ab 2 NZ$, bezahlt wird mit der Metrocard (10 NZ$ Pfand + 10 NZ$ Anzahlung zur Aktivierung). Die historische Tramway fährt ihre Runde durch die Innenstadt zwischen Cathedral Junction und Canterbury Museum. Tickets in der Bahn oder in der Cathedral Junction (109 Worcester Street, www.welcomeaboard.co.nz).
In Wellington: Elektrobusse (auch Nachtbusse), Metlink Train und Fähren fahren eng getaktet, Routen und Fahrpläne unter www.metlink.org.nz und www.eastbywest.co.nz. Zentrale Stops sind Wellington Station und Courtenay Place. Tickets kosten 1 NZ$ pro Strecke, beim Umsteigen wird ein neues Ticket fällig. Die historische Standseilbahn Cable Car (www.wellingtoncablecar.co.nz; 6 NZ$ einfach, 11 NZ$ hin und zurück) fährt alle 10 Min. vom Lambton Quay hinauf zum Botanischen Garten (Mo–Fr 7.30–20, Fr bis 21, Sa 8.30–21, So und Ferien 8.30–19 Uhr).

Mit dem Taxi

Wo Busse zu selten oder gar nicht hinfahren, sind Taxis in Neuseeland eine gute Wahl. Sie sind zuverlässig, günstig und man wird nicht wie in anderen Urlaubsländern übervorteilt. In den größeren Städten zahlen Sie etwa 2,50 bis 3,50 NZ$ pro Kilometer, mit einem Startpreis von 3-3,50 NZ$. Freitags- und samstagabends sind Taxis heiß begehrt und sollten vorher telefonisch reserviert werden. Eine günstigere, wenn auch weniger sichere Alternative ist der Social Sharing Dienst Uber; hier fahren Sie ganz normale Menschen in ihren Privatautos herum, bestellt und bezahlt wird mit der Uber-App.

Mit dem Fahrrad

Obwohl das Fahrrad als Freizeit-Verkehrsmittel hoch im Kurs steht, nutzen es eher wenige Neuseeländer für tägliche Wege. Radwege sind selten, Autofahrer nehmen kaum Rücksicht, und die vielen Hügel in Auckland und Wellington machen das Radeln zu einer anstrengenden Sache. Dennoch: Touristische Vermieter für City Bikes, Mountainbikes und (zunehmend) E-Bikes finden Sie in jeder Stadt.
Automatische Fahrradmietstationen wie in anderen Großstädten gibt es in Auckland und Christchurch nicht, dafür können Sie kleine E-Roller mieten. Hostels und Hotels verleihen Fahrräder zum Teil auch kostenlos an ihre Gäste. Beachten Sie die Helmpflicht!

Mit Auto und Wohnmobil

Neuseelands Infrastruktur ist stark auf Autoreisende eingestellt. Viele Attraktionen und Unterkünfte sind nur motorisiert zu erreichen. Außerhalb der Großstädte ist der Verkehr gering, eine Herausforderung ist allenfalls das Linksfahren. Fahren Sie immer ausgeruht, machen Sie vor dem Start eine Probefahrt auf dem Parkplatz des Vermieters und denken Sie bewusst an das Linksfahren – Touristen verursachen in Neuseeland immer wieder schwere Unfälle.
Bei einer Höchstgeschwindigkeit von 100 km/h und vielen kurvigen Highways kommen Sie langsamer voran als in Europa.
Zeitspartipps: Holen Sie Ihren Mietwagen auf der Südinsel ab und geben Sie ihn auf der Nordinsel zurück (oder umgekehrt). Auch mit Inlandsflügen sparen Sie Zeit.
Die nummerierten State Highways (meist zweispurig, selten vierspurig) verbinden die größeren Städte; Landstraßen haben oft nur einen Fahrstreifen. Das Tempolimit von 100 km/h sollten Sie mit Bedacht nur als Richtwert nehmen. Die zahlreichen »gravel roads« (geschotterte Straßen) im Hinterland erlauben nur sehr langsames Fahren und sind bei Regen äußerst glatt. Zwischen Mai und Oktober können Highways wegen Schnee und Schlechtwetter auch kurzfristig gesperrt sein. Straßenkarten für die Routenplanung finden Sie auf www.wises.co.nz und Google Maps. Informationen zur Verkehrslage hat www.nzta.govt.nz/traffic.
Um ein Auto oder ein Wohnmobil zu mieten, brauchen Sie einen internationalen oder ins Englische übersetzten Führerschein und eine Kreditkarte. Lesen Sie die Vertragsbedingungen genau!.
Mietwagen buchen Sie einfach und günstig z.B. über Avis, Budget, Ace Rentals oder Apex. Es gibt Hunderte kleine und große

Vermieter kleiner und großer Wohnmobile; Vermittler wie die CamperOase (www.cam peroase.de) beraten Sie kompetent und auf Deutsch. Besonders in der Hochsaison sind Wohnmobile lange im Voraus ausgebucht! Benzin kostet in Neuseeland etwas weniger als in Mitteleuropa, E-Autos finden ein recht großes Netz an Ladesäulen.
Tipp: Mit den Rabattkarten der großen Supermärkte erhalten Sie Ihren Treibstoff teils deutlich günstiger.
Maut fällt nur auf drei Highway-Abschnitten bei Auckland und bei Tauranga in der Bay of Plenty an, die auch umfahren werden können. Fahren Sie ein Mietfahrzeug auf Diesel, zahlen Sie dafür nachträglich noch die »road user charge«, die nach gefahrenen Kilometern berechnet wird und die ca. ein Drittel günstigeren Diesel-Preise relativiert.
Fast alle Vermieter haben Partnerwerkstätten und -Pannendienste. Als ADAC-Mitglied können Sie den Service der »New Zealand Automobile Association« (AA) in Anspruch nehmen.
Pannenhilfe: Tel. 0800 50 02 22
Verkehrsregeln: In Neuseeland herrscht Linksverkehr (wobei trotzdem »rechts vor links« gilt). Die Höchstgeschwindigkeit außerorts ist 100 km/h, in Ortschaften 50 km/h. Radarkontrollen sind besonders in der Hauptreisezeit häufig. Bußgelder (bis 630 NZ$) müssen vor Ort bezahlt werden. Das Anlegen des Sicherheitsgurts ist Pflicht, Telefonieren ist nur mit Freisprecheinrichtung erlaubt. Die gesetzliche Grenze für Alkohol am Steuer liegt bei 0,5 Promille (für Fahrer unter 20 Jahre bei 0,0 Promille).

Mit dem Fernbus

Fernbusse bringen Sie günstig und bequem an die meisten interessanten Orte, ohne dass Sie selbst ans Steuer müssen. Sie werden vor allem von jungen Reisenden genutzt. Wichtigster Anbieter ist Intercity (Tel. 09 583 57 80, www.intercity.co.nz), zu deren Netzwerk auch Newmans, Great Sights und Gray Line gehören. Buspässe gibt es für beliebig viele Fahrten. Preiswertere Angebote für junge Rucksackreisende bekommen Sie bei www.kiwiexperience.com, www.stray travel.com und www.nakedbus.com.

Mit dem Zug

Züge fahren nur noch auf wenigen Routen und dienen eher dem Sightseeing.
KiwiRail (Tel. 0800 87 24 67, www.greatjour neysnz.com) betreibt das neuseeländische Bahnnetz mit 3 Linien: von Auckland nach Wellington (»Northern Explorer«), von Picton nach Christchurch (»Coastal Pacific«) und von Christchurch nach Greymouth (»TranzAlpine«).

Mit dem Flugzeug

Die meisten neuseeländischen Städte sind per Flugzeug zu erreichen. In abgelegenen Gegenden verwendet man Kleinflugzeuge und Helikopter genauso selbstverständlich wie Boote, Quadbikes und Pferde.
Air New Zealand: tgl. Verbindungen zu 26 Zielen. Tel. 0800 73 70 00, www.airnew zealand.com, Sonderangebote über www. grabaseat.co.nz
Jetstar: Verbindungen zwischen Auckland, Wellington, Christchurch, Queenstown, Dunedin. Strenge Gepäckbestimmungen! Tel. 0800 80 09 95, www.jetstar.com/nz/ en/flights
Soundsair: kleinere Maschinen nach Picton, Wellington, Nelson, Blenheim, Paraparaumu, Westport, Taupo, Napier, Kaikoura und Christchurch. Tel. 03 520 30 80, 0800 50 50 05, www.soundsair.com

Mit Boot und Fähre

Boote gehören zum Alltag vieler Neuseeländer. Die Einwohner von Waiheke, Great Barrier und Stewart Island pendeln mit Fähren aufs Festland, in den Marlborough Sounds liefert das Mail Boat Waren und Post zu den Häusern. Bootsshuttles und Aqua-Taxis sind oft der einzige Weg zu abgelegenen Lodges und dem Start von Wanderwegen.
Um von der Nordinsel auf die Südinsel zu gelangen, ist die Fähre ebenfalls die beste Option. Mietautos werden i. d. R. am Hafen abgegeben und auf der anderen Insel neu angemietet, Miet-Camper kommen mit auf die Fähre. Die Schiffe von Interislander fahren fünfmal tgl. über die Cook Strait, Fahrtdauer etwa 3 Std. (Tel. 04 498 33 02, www. interislander.co.nz). Abfahrt am Aotea Quay ca. 3 km nördlich der Innenstadt. Die etwas

kleineren Bluebridge-Fähren fahren viermal tgl. zwischen Wellington und Picton (Tel. 0800 84 48 44, www.bluebridge.co.nz), Abfahrt vom Waterloo Quay direkt am Bahnhof Wellington.
Die Schiffe sind nicht mehr die jüngsten und fallen zunehmend oft wegen technischer Pannen aus. Buchen Sie Tickets weit im Voraus und planen Sie Verzögerungen ein.

ÜBERNACHTEN

Sie haben die Wahl zwischen luxuriösen Landhäusern, einfachen Campingplätzen und familiären Bed & Breakfasts. Nehmen Sie am Leben auf einer Farm teil, genießen Sie die Privatsphäre eines Apartments oder die Geselligkeit eines Hostels für Rucksacktouristen.

Hotels und Hostels

In den großen Städten finden Sie die meisten bekannten Hotelketten (Preise zwischen 180–700 NZ$/DZ). Zuverlässig gute Ausstattung bieten die neuseeländischen »Scenic-Hotels« (www.scenichotelgroup.co.nz, ca. 170–250 NZ$).
Lodges bieten in Neuseeland oft Unterkünfte der Spitzenklasse in reizvoller Umgebung und mit ausgezeichnetem Essen (ca. 500 bis 2000 NZ$/Person). Adressen unter »New Zealand Lodge Association«: www.lodgesofnz.co.nz
In kleineren Städten und ländlichen Gegenden finden Sie in den **Pubs** einfache Unterkünfte (oft noch mit Gemeinschaftsbad und ohne Heizung).
Günstige **Backpacker-Unterkünfte** gibt es in Neuseeland reichlich. Für ein Bett im Schlafsaal oder Mehrbettzimmer zahlen Sie ab 25 NZ$, ein Doppelzimmer mit eigenem Bad schlägt mit ca. 90 NZ$ zu Buche. Bringen Sie besser einen Schlafsack mit. Adressen unter www.bbh.co.nz (Buchung telefonisch bei den aufgeführten Hostels) oder YHA New Zealand (Tel. 03 379 9970, 0800 27 8299, www.yha.org.nz).
Viele **Campingplätze** verfügen über einfache Chalets und Bungalows (ab ca. 70 NZ$ mit 4 Betten), oft auch komfortablere »motel units« mit Küche für 130–150 NZ$.

Motels und Ferienhäuser

Autoreisende, die sich selbst versorgen, finden in Neuseeland viele einfach ausgestattete, aber günstige Motels. Sie bieten mit eigenem Bad, Kochgelegenheit, Telefon und Fernseher alles Nötige. Einige haben Gemeinschaftspools. Empfehlenswerte Ketten sind »Best Western« (www.bestwestern.co.nz), »Golden Chain« (www.goldenchain.co.nz) und »Bella Vista« (www.bellavista.co.nz).
Ferienwohnungen und Ferienhäuser jeder Größe und Ausstattung finden Sie im ganzen Land (Preise zwischen 100 und 350 NZ$/Nacht). Sie verfügen meist über eine voll ausgestattete Küche und Waschmaschine und werden täglich oder nach Bedarf versorgt. Buchung über www.booking.com, www.bookabach.co.nz, www.holidayhomes.co.nz oder www.bachcare.co.nz.

Bed & Breakfast, Pensionen und Privatzimmer

Kleine Pensionen mit wenigen Zimmern in Privathäusern (»homestays«) sind in Neuseeland sehr verbreitet. Die Eigentümer wohnen mit im Haus oder auf dem Anwesen, Gäste nutzen oft ein Gemeinschaftsbad. Abendessen und Frühstück gehören zum Angebot. Preise: ca. 80–350 NZ$/Nacht. Informationen unter www.bnb.co.nz, www.bed-and-breakfast.co.nz, www.truenz.co.nz, www.bedandbreakfastnz.co.nz.
Besonders schön übernachten Sie in historischen Unterkünften, die in der Regel mit sehr viel Liebe geführt werden: »Heritage and Character Boutique Accommodation« (www.heritageinns.co.nz). Das Start-up »Look after Me« bietet Unterkünfte mit typisch neuseeländischer Gastfreundschaft (www.lookafterme.co.nz).

Farmstays

Wer Neuseeland und die Neuseeländer kennenlernen will, der ist auf einer Farm gut aufgehoben. Informationen für »Urlaub auf dem Bauernhof« finden Intereressierte unter www.ruralholidays.co.nz, www.truenz.co.nz und www.farmstays.org. Beachten Sie, dass Sie als Tourist in Neuseeland nicht arbeiten dürfen, auch nicht gegen Kost und Logis!

Ungewöhnlich wohnen
Viele Neuseeländer suchen, während sie verreisen, zuverlässige Haus-Sitter. Als solcher wohnen Sie kostenfrei und kümmern sich im Gegenzug um den Garten und , Haustiere (www.kiwi housesitters.co.nz, www.housesitters.co.nz). Früh anmelden! Private Zimmer oder ganze Häuser von Privatpersonen mieten Sie über Airbnb (www. airbnb.co.nz), so bekommen Sie oft einen sehr persönlichen Einblick in das Leben der Menschen. Kostenfrei ist die Couchsurfing-Community, in der man sich weltweit gegenseitig Quartier gibt (www.couchsurfing.com).

Camping
Campingplätze finden sich fast in jeder Ecke des Landes. Auch mit dem Wohnmobil sind Sie hier gut aufgehoben, denn das braucht regelmäßig Stromzufuhr. Solide ausgestattet sind die »Top 10 Holiday Parks« (www. top10. co.nz, ca. 45–52 NZ$ pro Nacht für zwei Personen im Wohnmobil mit Stromanschluss), etwas einfacher die »Kiwi Holiday Parks« (www.kiwiholidayparks.com). Private Motorhome Parks und Holiday Parks sind so verschieden wie ihre Besitzer und bieten oft einen wunderbar familiären Empfang.
Die Plätze des Department of Conservation (DOC) liegen fast immer abgelegen in der Natur, Preise zwischen 0 und 18 NZ$ (Reisemobil/zwei Personen). Dafür gibt es wenig Komfort. Übersicht auf www.doc.govt.nz/ parks-and-recreation/things-to-do/camping. Über das Portal »Campable« finden Sie privat angebotene Stellplätze in Gärten oder auf Farmen (www.campable.com).
Wildes Camping in der freien Natur (»freedom camping«) ist generell nur dort erlaubt, wo es explizit ausgeschildert ist. Wohnmobile müssen eine Toilette und Wasserversorgung haben und mit der »self containment«-Plakette zertifiziert sein. Kostenfreie Stellplätze findet man auf www.rankers.co.nz (oder per App auf dem Smartphone: CamperMate, Rankers, WikiCamps).

ESSEN UND TRINKEN

»Braten mit Soße« war früher der Standard in Neuseeland. Heute ist das Angebot mit frischen Meeresfrüchten, Biofleisch und Ethno-Küche schier unbegrenzt. Neuseeländer geben sich eher zwanglos; preisgekrönte Küchenchefs trifft man auch mal in kleinen Weinstuben oder Food Trucks.
Das britische Erbe Neuseelands ist immer noch deutlich: klassische Braten, Pies und english breakfast bekommt man immer noch auf Farmen und in Landgasthäusern. Die typische Familienmahlzeit ist das Barbecue, Maori laden ihre Gäste zum Hangi, ihrem traditionellen Festmahl.
Die moderne neuseeländische Küche ist mit Einflüssen aus Asien, dem Mittelmeer- und dem Pazifikraum durchsetzt; der Trend heißt East West Food. Rind, Muscheln, Austern, Wein und Käse sind Lieblingszutaten, die oft aus der Region stammen. Die meisten Restaurants bieten auch vegetarische und vegane Gerichte an. Eine förmliche Dinner-Atmosphäre ist unüblich, selbst bei auserlesenem Essen. Das Rauchen ist in allen Pubs und Restaurants verboten.
Öffnungszeiten: Restaurants sind meist von 12 bis 14.30 Uhr und von 18.30 bis 22.30 Uhr geöffnet, auf dem Land oft kürzer. Cafés bieten bis ca. 16 Uhr Essen an.
Preise: Die Preise für Lebensmittel sind recht hoch, entsprechend hoch sind auch die Restaurantpreise. Ein gutes 3-Gänge-Menü kostet um die 70 NZ$. Bedienung und Steuern sind in den auf der Karte angegebenen Preisen enthalten.

Cafés
Auf dem Land sind die Cafés oft herrlich altbacken oder vintage, in Städten stylish und ausgefallen, häufig mit Deli-Bar und gutem Kaffee. Hier wie da sind sie beliebte Treffpunkte für Einheimische mit preiswertem Angebot. Hauptgerichte kosten unter 20–25 NZ$, ein Kaffee um 4,50 NZ$.

Ethnische Restaurants und Imbisse
Zu den preiswertesten Gaststätten zählen japanische Sushi-Bars, thailändische, chinesische, mexikanische und indische Restaurants. Chinesisches »yum cha« (auch bekannt als Dim Sum) ist ein beliebtes Mittagessen am Wochenende.
Eine günstige Alternative sind Take-aways,

die von Pizza und Pies bis Fish and Chips oft überraschend gutes Fastfood bieten.

Bring Your Own (BYO)
Restaurants ohne staatliche Ausschank-Lizenz dürfen keinen Alkohol verkaufen. Sie können aber ihren eigenen Wein oder Bier zum Essen mitbringen und zahlen dann ein Korkgeld (ca. 5–8 NZ$ pro Flasche Wein).

Pubs
Viele Landgasthöfe versorgen ihre Gäste mit preiswerten, herzhaften Mahlzeiten. Dazu gibt es eine Auswahl an Fass- und Flaschenbieren (teils selbst gebraut), Spirituosen und eine begrenzte Auswahl an Wein. Es ist nicht ungewöhnlich, dass zu späterer Stunde Bands auftreten und getanzt wird. Achtung: Pubs auf dem Land schließen oft schon um 17 oder 19 Uhr, kommen Sie rechtzeitig!

Wein und Craft Beer
Neuseelands Weine gewinnen an internationalem Ruhm, besonders der markante Sauvignon Blanc. Marlborough ist das größte Anbaugebiet, Nelson und Waiheke sind die hübschesten. Waipara und Martinborough (Wairarapa) sind klein und fein, die Hawke's Bay garantiert Qualitätsweine, das weit südlich gelegene Central Otago hat die eindrucksvollsten Rotweine.
Karten von Weinpfaden, die als Rad- oder Roadtrip über mehrere Güter führen, bekommen Sie direkt auf den Weingütern oder in der i-Site. Geführte Touren gibt es für kleine Gruppen bis hin zur Party-Meute. Viele Winzer heißen Besucher zur Weinprobe willkommen und haben attraktive Weinkeller (»cellar doors«), oft mit Restaurant.
Neben dem Wein werden Boutiquebrauereien immer beliebter. Der Craft-Beer-Trend aus den USA hat sich in Neuseeland fest etabliert, viele regionale Brauereien bieten Verkostungen an. Das Zentrum der Szene ist Nelson – mit Neuseelands bestem Hopfen.

AUSGEHEN

Outdoor-Aktivitäten
Wer nach Neuseeland reist und die vielfältigen Outdoor-Möglichkeiten nicht nutzt, ist selbst schuld. Testen Sie Ihre Grenzen, probieren Sie Neues aus, und lassen Sie sich bloß nicht vom Regenwetter abhalten!
Wandern ist quasi der Nationalsport der Neuseeländer. Stadtverwaltungen und das DOC halten im ganzen Land tausende Wanderwege, Campingplätze und Hütten instand und bieten kostenfreie Karten (in der i-Site und im DOC Visitor Centre vor Ort). Wanderwege sind nach ihrem Anspruch nach den Standards »easiest« (z.T. rollstuhltauglich, Spaziergänge bis zu einer Stunde), »easy« (bequeme Wege von 15 Min. bis Tageswanderung), »intermediate« (einfache Mehrtageswanderungen) und »advanced« (nur für geübte und erfahrene Wanderer) eingeteilt. Die ersten Kategorien sind immer gut markiert und ausgeschildert, anspruchsvollere Tracks und Routen nur noch wenig oder gar nicht. Bereiten Sie sich aber in jedem Fall auch auf kurze Wanderungen gut vor! Geführte Wanderungen mit ausgebildeten Rangern geben Sicherheit und nette Gesellschaft; zu buchen über die i-Sites.
Radfahren: Radtouren und anspruchsvolle Mountainbike-Trails werden immer beliebter. Mieten Sie sich einen Drahtesel (in vielen Unterkünften inklusive) und erkunden Sie das Hinterland oder die Küsten abseits der Highways – Autofahrer teilen die Straße nur ungern. Helm ist Pflicht, wetterfeste Kleidung anzuraten, Kondition vor allem wegen des starken Windes und fieser Steigungen in einigen Regionen nötig. Infos zum Radfahren auf dem NZ Cycle Trail bietet www.nzycletrail.com.
Wassersport: Kein Ort in Neuseeland liegt weit vom Meer, das Inland bietet wunderschöne Flüsse und Seen. Ob Surfen, Segeln, Kajak oder Rafting – für jede Wassersportart findet sich ein Angebot. Beliebte Badestrände sind von Ende Dezember bis Mitte Februar mit Rettungsschwimmern (»lifeguards«) besetzt; Brandungsrückstrom (»riptide«) können das Schwimmen hier gefährlich machen. Sonnenliegen und Schirme suchen Sie in Neuseeland vergeblich.
Sorgen Sie immer für Sonnenschutz und tragen Sie, wenn möglich, UV-Schutzkleidung. Echte Kiwis gehen auch im Winter ins Wasser, dann halt im Neoprenanzug.

FKK ist in Neuseeland nicht üblich und wird vor allem von den Maori nicht gern gesehen. Auf der Nordinsel herrscht im Sommer oft bestes Badewetter. Beliebte Surf-Spots sind Raglan und Muriwai Beach auf der Nordinsel sowie Dunedin und Westport auf der Südinsel. Tauchen können Sie am besten an der Ostküste der Nordinsel vor Poor Knights Island. Ist Ihnen das Wasser zu kalt, können Sie in Te Paki im Northland auch auf Sanddünen surfen.

Reiten: Die Landschaften Neuseelands sind prädestiniert für Ausritte; ob durch dichten Wald, über sanfte Hügel oder am Strand entlang. Am Eastcape und im Northland ist das Pferd noch vielerorts Hauptfortbewegungsmittel.

Auch Laien dürfen sich auf geführten Ausritten versuchen; die Kosten liegen bei ca. 50 bis 80 NZ$/Stunde. Wunderschöne Reitmöglichkeiten finden Sie z.B. in Glenorchy bei Queenstown, am Wharariki Beach in der Golden Bay und am Ninety Mile Beach im Northland.

Angeln: Ausrüstung und Genehmigungen (»permits«) für das Angeln in Seen bekommen Sie überall im Land, Angeln im Meer ist kostenfrei erlaubt. Hochseefischen lohnt im Hauraki Gulf, der Bay of Plenty oder auch im Doubtful Sound. Im Lake Taupo und in vielen Flüssen fangen Sie Lachse und Regenbogenforellen – letztere dürfen in Neuseeland nur selbst geangelt und nicht verkauft werden!

Tipp: Auch die leckeren Grünlippmuscheln und die schillernden Paua-Seeschnecken können Sie am Strand direkt vom Felsen pflücken oder aus dem Sand graben. Beachten Sie die lokalen Fangquoten!

Wintersport: In den Hochlagen der Gebirge kann man zwischen Mai und Oktober gut skifahren. Skigebiete konzentrieren sich auf die Region um Queenstown und Wanaka sowie nordwestlich von Christchurch.

Die größten Skigebiete der Nordinsel liegen am Mount Ruapehu (Whakapapa und Turoa). Langlauf ist nur im Snow Park in Wanaka möglich, da Schnee unterhalb von 1600 m selten liegenbleibt. Ski und Ausrüstung können Sie direkt am Hang oder in Sportgeschäften ausleihen; Tagespässe kosten ab ca. 70 NZ$.

Abenteuersport: Die Neuseeländer haben Bungy Jumping, Jetboat-Fahren und Zorbing (in einem Gummiball eine Wiese hinabrollen) erfunden. Auch Wildwasserrafting, Fallschirmspringen und »Abseiling« in tiefe Höhlen sind enorm beliebt. Springen Sie wenigstens einmal während Ihrer Reise über Ihren Schatten und erleben Sie den Adrenalinrausch. Zentrum dieser Sportarten ist Queenstown, aber auch in Rotorua und Auckland können Sie sich überwinden.

Tipp: Prüfen Sie, ob Ihre Auslands-Krankenversicherung Risikosportarten abdeckt.

Freiwilligenarbeit

Sie wollen dem Land etwas zurückgeben, etwas Besonderes aus Ihrer Reise machen und Eindrücke sammeln, die Sie als Tourist nicht bekommen? Dann helfen Sie dem Department of Conservation (DOC). Volunteers können auch ohne Arbeitsvisum kurzfristig an Arbeitseinsätzen teilnehmen, abgelegene Campsites betreuen oder beim Kontrollieren von Fallen helfen. Auf der DOC-Website finden Sie aktuell anstehende Projekte aufgelistet nach Regionen: www.doc.govt.nz/get-involved/volunteer/.

Kultur

Die kleine Nation hat viel zu bieten! Das nationale Sinfonieorchester und das Ballett in Wellington veranstalten regelmäßig Aufführungen. Auch in kleineren Orten gibt es Theater, Chöre und Orchester.

Viele Städte veranstalten eigene Kunst-, Musik- und Literaturfestivals. In den langen Sommerferien gehen die Künste ins Freie, z.B. zur Oper unter Sternen, zum Theater im Park, zu Weingut-Konzerten und Straßenmusik.

Kartenreservierung: Viele Theater-, Konzert- und Sportveranstaltungen nutzen Vorverkaufsstellen wie Ticketek (www.ticketek.co.nz).

Festivals

Von Art déco in Napier bis World Buskers in Christchurch nutzen Neuseeländer jeden Anlass für ein Festival. Der Reigen beginnt im Frühjahr mit dem Cherry Blossom Festival in Nelson, über den Sommer können Sie sich von einem Musikfestival zum nächsten durch

das ganze Land bewegen und nebenbei eine Menge an Food and Wine Festivals und Kunst-Festivals wie dem International Festival of the Arts in Wellington mitnehmen. Pflichttermine im Winter sind das Lux Light Festival in Wellington (Ende Mai) und das Winter Festival in Queenstown (Mitte Juni). Auch die vielen kulturellen Minderheiten feiern in Neuseeland selbstbewusst und fröhlich, vom Chinese New Year (Januar/Februar) über das Mega-Event Pasifika in Auckland (Anfang März) bis zum Maori-Neujahrsfest Matariki (Anfang Juni).
Bauernmärkte (A+P Shows) sind traditionell Großereignisse in ländlichen Regionen, mit Wettbewerben im Schafscheren und Holzhacken, Jahrmarkt und Imbissbuden. Aucklands Royal Easter Show (April) und Christchurchs Cup and Show Week (November) sind am populärsten. Neuseelands wichtigste Gartenshow, die Ellerslie Flower Show, findet im März im North Hagley Park in Christchurch statt. Stolze Gartenbesitzer präsentieren ihre Werke beim Dunedin Rhododendron Festival (Ende Oktober).
Weitere Empfehlungen finden Sie in den regionalen Kapiteln dieses Bandes und unter www.newzealand.com/ie/events.

Nachtleben
Außer einigen Nachtclubs an der Karangahake Road in Auckland und am Courtenay Place in Wellington findet das Nachtleben Neuseelands eher in Bars und Pubs statt. Mit Livemusik und Tanzflächen kann man sich hier oft genauso amüsieren wie in einer Disco. Neuseelands Partyzentrum ist nicht etwa Auckland oder Wellington, sondern Queenstown.
Kneipen müssen in Neuseeland spätestens um 4 Uhr morgens schließen, an Feiertagen bereits um Mitternacht. Wie überall in Neuseeland sind die Regeln eher locker; nur selten gelten Kleidervorschriften. Beachten Sie die örtlichen »alcohol bans«, die das Trinken von Alkohol in der Öffentlichkeit (auch am Strand) zu bestimmten Zeiten verbieten.
Im Zeichen des Regenbogens: Auch wenn Neuseeland vielleicht nicht das ausgefallene Nachtleben mancher anderer Städte bietet, so gibt es doch zahlreiche Schwulenbars und -clubs. In Auckland liegen Bars und Clubs an der Ponsonby und der Parnell Road. Der am besten besuchte Nachtclub (nur freitags und samstags) ist die vor allem beim jüngeren Publikum beliebte Faist ein Drag-Cabaret/Restaurant (461 Karangahape Rd.). In Wellington ist die Ivy Bar empfehlenswert (63 Cuba St.), in Christchurch das Cruz (77 Victoria Street, Mi–Sa 21–4.30 Uhr, www.cruz.co.nz).

EINKAUFEN

Neuseeland ist zwar kein Schnäppchenparadies, aber in schicken Boutiquen und alteingesessenen Kaufhäusern, auf Märkten und in Handwerkerkooperativen kann man durchaus shoppen. Und in riesigen Supermärkten, wenn man das mag.

Kunstgewerbe
Im ganzen Land verkaufen Künstler in Galerien und Kooperativen ihre Produkte – von Bildern über Kunsthandwerk bis zu Schmuck. Das Arts Centre in Christchurch ist eine der besten Anlaufstellen. Craft Trails und Art Trails führen durch viele Regionen; Broschüren in den i-Sites.
Einzigartige Souvenirs sind Schmuckstücke aus Paua-Schalen oder *pounamu* (neuseeländischer Jade), Holzgegenstände aus »swamp Kauri« oder Knochenschnitzereien der Maori. Stilisierte Angelhaken, Farntriebe oder Schutzgeister (»hei-tiki«) gibt es als Anhänger oder Broschen allerorts zu kaufen. In Te Puia in Rotorua oder an der West Coast kann man den Künstlern bei der Arbeit zusehen und sogar mitmachen.
Antiquitätengeschäfte und Secondhand-Läden (»Op Shops«) sind echte Fundgruben, die Neuseeländer werfen ungern Dinge weg. Am besten stöbern Sie am Broadway in Dunedin und an der Cuba Street in Wellington.

Kleidung
Auch wenn sich die Kiwi-Damen am liebsten praktisch und wetterfest kleiden: Neuseeland hat DesignerInnen von Weltruhm. Die Shops von Karen Walker, Nom*D, Zambesi, Zana Feuchs und Kate Sylvester finden Sie

vor allem in Auckland auf der High Street und in Newmarket. Auch andere Städte bieten Erkundenswertes: Bummeln Sie in Christchurch durch Merivale, in Wellington über den Lambton Quay und die Willis Street. Die World of Wearable Arts präsentiert jeden März in Wellington, was Neuseeland an fantastischen Mode-Ideen hervorbringt.
Aus neuseeländischer Schafwolle entstehen nicht nur modische Strickwaren, sondern auch robuste Regenjacken (Swanndri) und Merino-Unterwäsche (Icebreaker). Die unerlässliche Outdoor-Bekleidung ist in Neuseeland weithin in hoher Qualität erhältlich, etwa von Earth Sea Sky (NZ made), Macpac und Alchemy. In Auckland sitzen viele Ausrüster im mittleren Teil der Queen Street, in Wellington auf der Cuba und Wakefield Street. Macpac hat ein Outlet in Christchurch (Blenheim Road/Mandeville Street), der Bivouac-Store ist in Wellington (39 Mercer Street). Um Ostern veranstaltet Kathmandu seinen Sale. Günstige Camping-Ausrüstung findet sich vor allem beim roten Giganten The Warehouse.

Lebensmittel
Lange Importwege und kaum Subventionen sorgen für hohe Lebensmittelpreise. Aber regionale Produkte wie Obst und Gemüse erhalten Sie saisonal auf Bauernmärkten oder direkt am Straßenrand sehr günstig, oft in Bio-Qualität. Wild, Rind- und Lammfleisch kommen in Neuseeland meist direkt von der Weide, auch Muscheln und Luxus-Meeresfrüchte wie Austern und Langusten sind vergleichsweise spottbillig.
Honige aus einheimischen Blüten wie Rata oder der Klassiker »Marmite« (Vorsicht, nicht süß!) sind schöne Mitbringsel. Der ziemlich teure Manuka-Honig schmeckt gewöhnungsbedürftig intensiv, seine starke medizinische Wirksamkeit ist aber wissenschaftlich bestätigt. Achten Sie auf die Gütesiegel MGO+® und UMF®!
An Wochenenden finden in jedem Ort Märkte statt. Aucklands »Otara Market« ist bekannt für seine polynesischen Spezialitäten (Sa 6–12 Uhr), der »Marlborough Farmer's Market« in Blenheim für seine lokalen Erzeugnisse (Okt.– April So 9–12 Uhr).
Ein breites Sortiment an Wein und Bier wird in Supermärkten verkauft, Hochprozentiges nur im »liquor store« (wo Sie unter Umständen Ihren Ausweis vorzeigen müssen). Gute Weinhändler sind »Glengarry« in Auckland oder Wellington und »Vino Fino« in Christchurch. Dessertweine, liebevoll »stickies« genannt, sind im Vergleich zu den europäischen recht preiswert.
Achtung: Nicht alles, was Sie in Neuseeland gefunden und gekauft haben, dürfen Sie mit nach Hause nehmen. Verboten sind unbearbeitete Paua- und Muschelschalen sowie endemische (lebende) Pflanzen, alte Maori-Schnitzereien und Kolonialzeit-Antiquitäten, die älter als 50 Jahre sind.

SPRACHE

Zwar wird in Neuseeland Englisch gesprochen (die Aussprache ähnelt dem australischen Dialekt), aber Maori ist (neben der Gebärdensprache) die offizielle Landessprache. Zumindest einige Begriffe sollten Sie kennen:
Aotearoa: Neuseeland (»Land der langen weißen Wolke«)
Haere Mai: Willkommen
Haere Ra: Auf Wiedersehen
Hawaiki: legendäre Urheimat der Maori
Hongi: Maori-Begrüßung mit aneinandergedrückten Nasen
Iwi: Stamm
Kai: Essen, Lebensmittel
Ka Pai: Gut, in Ordnung
Kia Ora: Hallo/Guten Tag
Mana: spirituelle Kraft, Autorität
Marae: Versammlungsplatz, für Nicht-Stammesangehörige tabu
Moko: Muster der Tätowierung
Pa: befestigte Siedlung
Pae: Ruheplatz, Horizont
Pakeha: Neuseeländer europäischer Abstammung
Pounamu: Nephrit (neuseeländische Jade)
Rangatira: hochgestellte Persönlichkeit
Rangi: Himmel
Tangi: Trauer
Tapu: göttliches Verbot, »tabu«
Tena koe: Hallo (zu einer Person)
Waka: (traditionelles) Kanu, Boot
Whanau: Familie

Reiseatlas

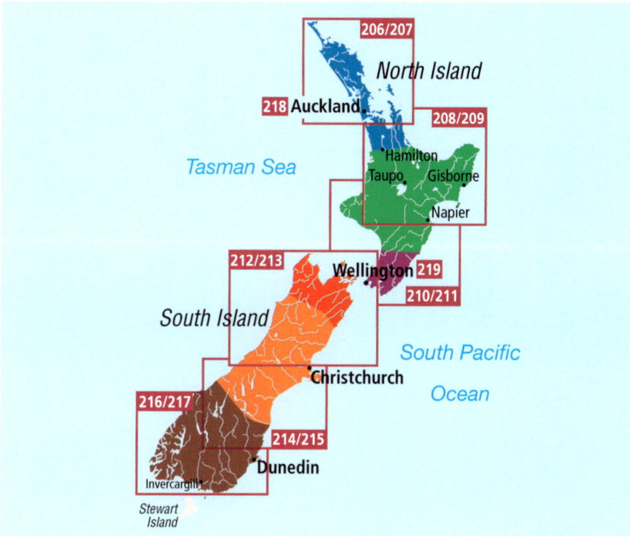

Legende

- Motorway
- State Highway
- Hauptstraße
- Nebenstraße
- Straße, nicht befestigt
- Wanderweg
- Straße in Bau; Straße in Planung
- Straße für Kfz gesperrt
- Tunnel
- Eisenbahn
- Fähre, Schiffsverbindung
- Nationalpark; Naturpark
- Gletscher
- Denkmal, Monument; Post
- Museum; Information
- Busbahnhof; Krankenhaus
- Theater; Bibliothek
- Polizei; Parkplatz
- Meeresschutzgebiet
- Hafen, Ankerplatz
- Internationaler Flughafen
- Nationaler Flughafen
- Sehenswürdigkeit
- Wasserfall
- Leuchtturm
- Bergwerk
- Berggipfel; Pass
- Wanderweg, Trail
- Badestrand
- Surfen; Tauchen
- Aussichtspunkt
- Campingplatz
- 2 ★★ TOP 10
- 11 Nicht verpassen!
- 16 Nach Lust und Laune!

1 : 1 700 000

0 — 30 — 60 miles

0 — 40 — 80 km

A
B
C
5
4
3
2
1
Cape Boulders
22
Spirits Bay
Tom Bowling Bay
North Cape
Cape Reinga
Kapowairua
Motuopao I.
Cape Maria van Diemen
Te Paki
Te Hapua
Ohao Pt.
Te Paki Stream (Giant Sand Dunes)
Waitiki Landing
Paua
Karatia
Parengarenga Harbour
23
Great Exhibition Bay
Aupouri Peninsula
Tangoake
Te Kao
The Bluff
Rarawa Beach
Ninety Mile Beach
21
Ngataki
Grenville Pt.
Moturoa Is.
Cape Karikari
Waihopo
Houhora
Rangaunu Bay
Karikari Peninsula
Matai Bay
Merita
Whatuwhiwhi
Pukenui
Motutangi
Rangiputa
Doubtless Bay
Kaimaumu
Tokerau Beach
Berghan Pt.
Taemaro
Whangaroa Bay
Cavalli Is.
Stephenson I
Waiharara
Gumdiggers Park
L. Waiparera
Paparore
Unahi
Cable Bay
Taupo Bay
Tauranga Bay
Lake Ohia
Taipa
Mangonui
Wainui
Motukawanui I
Waipapakauri Beach
Kaingaroa
Kahoe
Matauri Bay
Waipapakauri
Awanui
Kareponia
Oruru
Waitaruke
Whangaroa
Bay of Islands Maritime & Historic
Ahipara Bay
Kaitaia
Awanui
Peria
Totoroa
Takou Bay
Pamapuria
Omaunu
Kaeo
Te Tii
Purerua Peninsula
2
Ahipara
Pukepoto
Victoria Valley
Waiare
Kapiro
Purerua
Hole in
Tauroa Pt.
Tauroa Peninsula
Takahue
Mangamuka Bridge
Manginangina Scenic Reserve
Waipapa
Kerikeri
Bay of Islands
Cape Brett
Manukau
Broadwood
Mohuiti
Waihou Valley
Waitangi
20
Russell
Herekino
Awaroa
Umawera
Waimate North
Puketona
Paihia
Ngaiotonga
Herekino Harbour
Runaruna
Te Karae
Rangiahua
Okaihau
Opua
Waihaha
Home
Whangaruru
Whangape
Wairere Boulders Nature Park
Ohaeawai
Kawakawa
Tupareha
Pawarenga
Horeke
L. Omapere
Kohukohu
Ngawha
Punaruku
Oakura
Whangape Harbour
Panguru
Motukiore
Moerewa
Waiomio
Rawene
Kaikohe
Twin Coast Trail
Ruapekapeka
Mokau
Mitimiti
Omanaia
Helena Bay
Rangi Point
Kohu
Taheke
Tautoro
Tapuhi
Opononi
Waima
Kirioke
Opahi
Towai
Opuawhanga
Omapere
Otaua
Matawaia
Hukerenui
Hokianga Harbour
Waimamaku
Mataraua
Awarua
Otonga
Whakapara
Waiotemarama
Wekaweka
Mangakahia
Kaikou
Tanekaha
Marua
Giant Kauri Trees
24
Tutamoe
Twin Bridges
Moengawahine
Hikurangi
Waipoua Forest
Purua
Kiripaka
Katui
Nukutawhiti
Kamo
Glenbervie
Donnellys Crossing
Trounson Kauri Park
Parakao
Maungatapere
WHANG
Aranga
Kiwi Watching
Titoki
Onerahi
Waipoua Coast Walkway
Whatoro
Houto
Otaika
Parua Bay
Kai-Iwi-Lakes
Kaihu
Maropiu
Avoca
Tangiteroria
Portland
One Tree Point
Mamaranui
Waihue
Oakleigh
Omamari
Awakino Point
Omana
Tauraroa
Moewhare
Dargaville
Manganui
Waiotira
Baylys Beach
Mt Wesley
Turiwiri
Taipuha
Wairoa
Arapohue
Te Kopuru
Tatarariki
Naumai
Ararua
Mareretu
Redhill
Ruawai
Matakohe
Maungaturoto
Tikinui
Te Kowhai
Pahi
Whakapirau
Te Kauri Museum
Giant Moreton Bay Fig Tree
Taingaehe
Batley
Kellys Bay
Tinopai
Rototuna
Kaipara
Oruawharo
L. Mokeno
Pouto
Tapora
North Head
South Head
Kaipara Entrance
South Head
Harbour
Kakanui
Waioneke
Shelly Beach
Parkhurst
Paraka
Helensville
Woodhill
Waimauku
19
Gannet Colony
Muriwai Beach
Bethells Beach
11
12
13
AUC
15
16
17
18
Piha
Karekare
218
Waitakere Ranges Regional Park
Whatipu
Awhitu

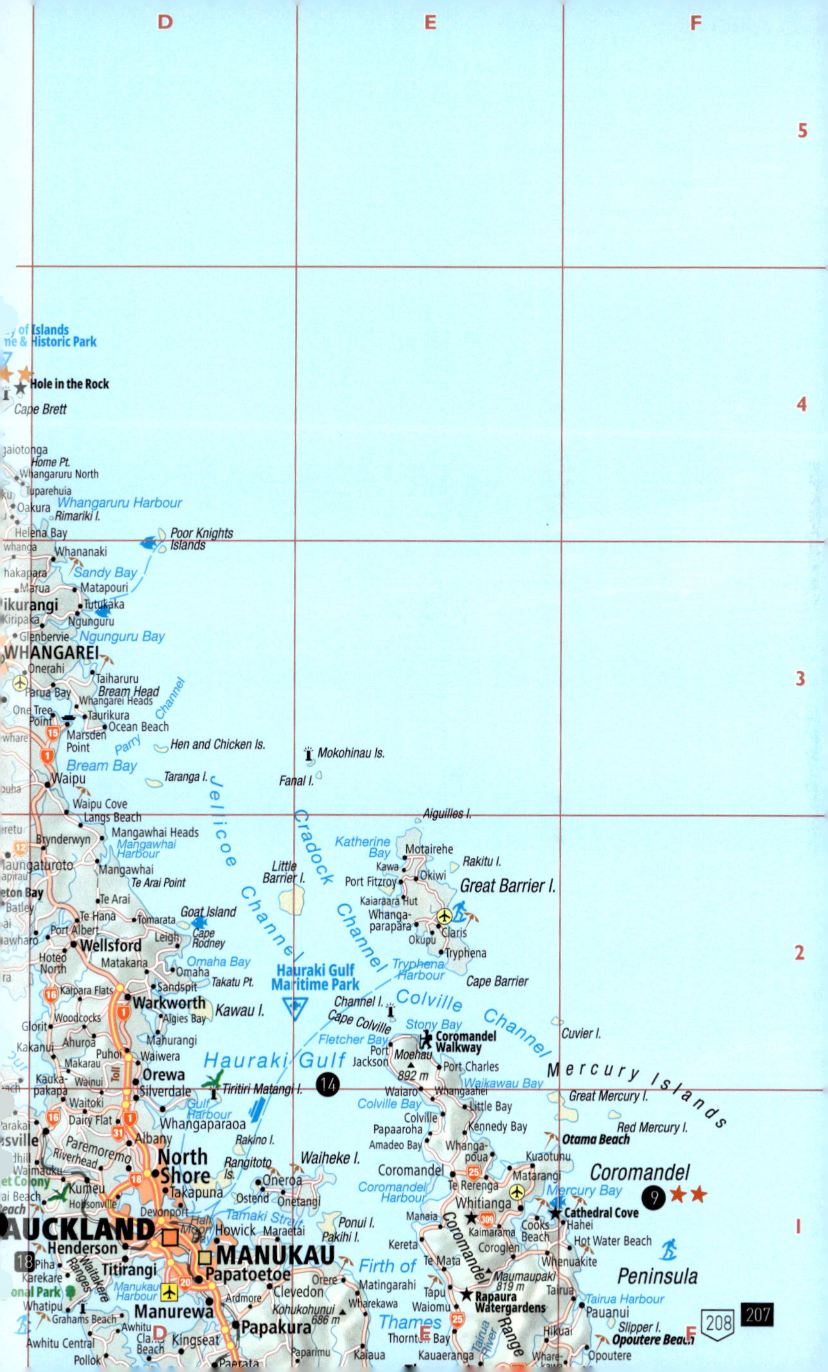

D
E
F
5
4
3
2
1
of Islands
ne & Historic Park
Hole in the Rock
Cape Brett
Home Pt.
Whangaruru North
Tuparehuia
Oakura
Whangaruru Harbour
Rimariki I.
Helena Bay
Poor Knights Islands
Whananaki
Sandy Bay
Matapouri
Tutukaka
Ngunguru
Glenbervie
Ngunguru Bay
WHANGAREI
Onerahi
Taiharuru
Parua Bay
Bream Head
Whangarei Heads
One Tree Point
Taurikura
Ocean Beach
Channel
Parry
Marsden Point
Hen and Chicken Is.
Mokohinau Is.
Bream Bay
Waipu
Taranga I.
Fanal I.
Jellicoe
Waipu Cove
Langs Beach
Cradock
Aiguilles I.
Brynderwyn
Mangawhai Heads
Mangawhai Harbour
Katherine Bay
Motairehe
Kawa
Rakitu I.
Little Barrier I.
Mangawhai
Te Arai Point
Port Fitzroy
Okiwi
Great Barrier I.
Te Arai
Kaiaraara Hut
Whanga-parapara
Claris
Te Hana
Tomarata
Goat Island
Cape Rodney
Okupu
Tryphena
Port Albert
Leigh
Wellsford
Matakana
Omaha Bay
Omaha
Hoteo North
Hauraki Gulf Maritime Park
Tryphena Harbour
Cape Barrier
Kaipara Flats
Sandspit
Takatu Pt.
Warkworth
Kawau I.
Channel I.
Colville
Algies Bay
Cape Colville
Stony Bay
Coromandel Walkway
Cuvier I.
Woodcocks
Glorit
Mahurangi
Fletcher Bay
Ahuroa
Kakanui
Puhoi
Waiwera
Port Jackson
Moehau
892 m
Port Charles
Makarau
Hauraki Gulf
Orewa
Kauka-pakapa
Wainui
Toll
Silverdale
Tiritiri Matangi I.
14
Waiaro
Whangaahei
Waikawau Bay
Mercury Islands
Great Mercury I.
Waitoki
Colville Bay
Little Bay
Gulf Harbour
Dairy Flat
Whangaparaoa
Colville
Papaaroha
Kennedy Bay
Red Mercury I.
Otama Beach
Albany
Rakino I.
Paremoremo
Amadeo Bay
Whanga-poua
Kuaotunu
Riverhead
North Shore
Rangitoto Is.
Waiheke I.
Coromandel
Te Rerenga
Matarangi
Coromandel
Kumeu
Oneroa
Coromandel Harbour
Whitianga
Mercury Bay
9
Hobsonville
Takapuna
Ostend
Onetangi
Cathedral Cove
Devonport
Tamaki Strait
Manaia
Hahei
AUCKLAND
Half Moon
Howick
Maraetai
Ponui I.
Kaimarama
Cooks Beach
Pakihi I.
Hot Water Beach
Henderson
MANUKAU
Kereta
Coroglen
Piha
Waitakere Ranges
Firth of
Te Mata
Coromandel
Whenuakite
Karekare
Titirangi
Papatoetoe
Orere
Peninsula
Manukau Harbour
Clevedon
Matingarahi
Maumaupaki 819 m
Tairua
Whatipu
Ardmore
Kohukohunui 686 m
Wharekawa
Tapu
Rapaura Watergardens
Tairua Harbour
Pauanui
Grahams Beach
Manurewa
Thames
Waiomu
Range
Awhitu
Papakura
Thornton Bay
Tairua River
Hikuai
Slipper I.
Opoutere Beach
Awhitu Central
Clarks Beach
Kingseat
Paparimu
Kaiaua
Kauaeranga
Opoutere
Pollok
Paerata
1
12
15
16
18
20
25
31
309

208

AUCKLAND
MANUKAU
Papatoetoe
Manurewa
Papakura
Pukekohe
Firth of Thames
Coromandel Range
Peninsula
Thames
Hauraki Rail Trail
Waihi
Paeroa
Huntly
Ngaruawahia
HAMILTON
Cambridge
Te Aroha
Morrinsville
Matamata
Rings Scenic Tours (Hobbiton)
TAURANGA
Mount Maunganui
Te Puke
Kiwi 360
Raglan
Te Awamutu
Otorohanga
Te Kuiti
Waitomo Glowworm Caves
Marokopa Falls
Mangapohue Natural Bridge
Putaruru
Tokoroa
Rotorua
Lake Rotorua
Waimangu Thermal Valley
Wai-O-Tapu Thermal Wonderland
Orakei Korako Hidden Valley
Aratiatia Rapids
Craters of the Moon
Huka Falls
Taupo
Lake Taupo
Turangi
Taumarunui
Whanganui Journey (Great Walk)
The Timber Trail
Hauhungaroa Range
Kaimai Range
Kaingaroa Forest
Ahimanawa Range
Kaimanawa Mts.
Kaweka Range
Tongariro N.P.
2. Tongariro Northern Circuit (Great Walk)
Tongariro Crossing
Mt. Tongariro 1968 m
Mt. Ngauruhoe 2287 m
Mt. Ruapehu 2797 m (Active Volcano)
National Park
Ohakune
Raetihi
Waiouru
Army Museum
Whanganui National Park
Bridge to Nowhere
Forgotten World Adventure Rail Carts
Mt. Damper Falls
Waikawau Stock Tunnel
Gibson Beach
Ruapuke Beach
Bridal Veil Falls
Kawhia Harbour
Aotea Harbour
Matemateaonga Range
Gentle Annie Road
Desert Rd.

D
E
F
5
4
3
2
1
White Island Volcano
White Island
32
Bay of Plenty
Moutohora I.
Cape Runaway
Whangaparaoa Bay
Lottin Pt.
Matakaoa Pt.
Whanga-paraoa
Orete Pt.
Potaka
Hicks Bay
Waihau Bay
Oruiti Beach
Whanarua Bay
Natural Solution
Te Araroa
East Cape Lighthouse
Waikawa Pt.
Raukokore
Te Kopua
Pukeamaru 992 m
Awatere
Te Kaha Pt.
Awanui
Te Kaha
Raukumara
Omaio Bay
Pariokara
1413 m
Rangitukia
Whitianga
Omaio
Whanokao 1618 m
Tikitiki
Waiomatatini
Houpoto
Tapuaeroa
Reporua
Motu
Ruatoria
Pohutukura
Hawai
Hikurangi 1752 m
Mahora
Hiruharama
Whareponga
Pukehina
Pongakawa
Matata
Thornton
Whakatane
Awakaponga
Edgecumbe
Paroa
Ohope
Ohiwa Harbour
Waiotahi Beach
Tirohanga
Opape
Torere
Otakiri
Awakeri
Waiinui
Opotiki
Omarumutu
Kopuaroa
Waipiro Bay
L. Rotoehu
L. Rotoma
Te Teko
Taneatua
Kutarere
Otara
Takaputahi
Takapau
Ihungia
Te Puia Springs
Kawerau
Putanaki 821 m
Nukuhou North
Toatoa
Mata
Huiarua
Koutunui Head
Tarawera Falls
Waimana
Waioeka Pa
Whitikau
Tuatini
Waima
Tokomaru Bay
25
Rangitaiki
Tanatana
Hikuwai
Mawhai Pt.
Mt. Tarawera 1111 m
Waiohau
Waikirikiri
Oponae
Waioeka
Motu Falls
Arero
Cook's Second Landing 20.10
Motu
Wairata
Rerewhakaaitu
Maungahaumi 1213 m
Tauwhare
Tauwhareparae
Anaura Bay
Mangatuna
Kopuriki
Moutohora
Huanui
Kaingaroa Forest
Horomanga
Hopeone
Wharekaka
Kaiaua Bay
Traffords Hill
Matawai
Whatatutu
Tolaga Bay Cashmere Company
Tolaga Bay
Galatea
Tawhatemanuka
Rakauroa
Arakihi 613 m
Takapau
Pourewa I.
Te Urewera
Hauiti
Murupara
Maungapohatu 1366 m
Koranga
Otoko
Puha
Waihau Bay
Ikawhenua Range
Te Karaka
Waimata
Puatai Beach
Te Whaiti
Wharekopae
Rere
Waipaoa
Gable End Foreland
Ngaputahi
Ngatapa
Ormond
Ruatahuna
Te Waiti
Manuoha 1403 m
Hangaroa
Whangara
Whirinaki
Pehiri
Maka-raka
Pouawa
Minginui
Taupeupe Saddle
Matawhero
Gisborne
Whirinaki Forest
Waerengaokuri
Hangaroa
Manutuke
Wainui
Okitu
Aniwaniwa
Ruakituri
L. Waikaremoana
Waikaremoana
Ruakituri
Muriwai
Poverty Bay
Kaitawa
Tuai
Waingake
Young Nick's Head
Maungataniwha 1369 m
Lake Waikaremoana Great Walk
Mangaaruhe
Te Reinga
Mangapoike
Maraetaha
Tarapatiki
Ardkeen
Bartletts
Wairoa
Marumaru
Nuhaka
Waiau
Rangiahua
Frasertown
Ohine-paka
Tuhara
Morere
Willow Flat
Mahanga
Tarawera
Mohaka
Wairoa
Opoutama
Pukenui Beach
Kotemaori
Kihitu
Nuhaka
Kopuawhara
Te Haroto
Raupunga
Waikokopu
Oraka Beach
Waikari
Waihua
Mahia Beach
Mahia
Table Cape
Mohaka
Whakamahi Beach
Putorino
Long Pt.
Te Kapu 366 m
Titiokura Summit
Tutira
L. Tutira
Te Pohue
Mahia Peninsula
Hawke's Bay
Ahuriri Pt.
Esk
Patoka
Tangoio
Waipatiki Beach
Whirinaki
Portland I.
Eskdale
Tutaekuri
Bay View
Rissington
Westshore
NAPIER
35
Taradale
Clive
Fernhill
Flax-
2
5
30
34
35
36
38
211

A
B
C
5
4
3
2
208
213
NEW PLYMOUTH
Bell Block
Waitara
Pukearuhe
Uruti
Mt. Messenger 306 m
Okau
Kotare
Mt. Damper Falls
Tatu
Taumarunui
Ohinepane
Aukopae
Manunui
Pungapunga
Piriaka
Whanganui Journey (Great Walk)
Owhango
Olo
Kirikau
Ohura Falls
Kaitieke
Raurimu
2. Tongariro Northern Circuit (Great Walk)
National Park
Erua
Whakapapa Villag
Retaruke
Whakahoro
Whangamomona
Tahora Saddle
Kohuratahi
Tahora
Forgotten World Adventure Rail Carts
Whangamomona Saddle
Pohokura
Waitoetoe
Onaero
Brixton
Senty Hill
Omata
Oakura
Lake Mangamahoe Scenic Park
Okato
Egmont Village
Inglewood
Norfolk
Tarata
Purangi
Stony River
Puniho
Tumahu
Warea
Cape Egmont
Kapoaiaia Stream
Pungarehu
Rahotu
Okahu Stream
Oaonui
Egmont National Park
Mt. Taranaki (Mt. Egmont) 2518 m
Tariki
Huiroa
Strathmore
Te Wera
Aotuhia
Whanganui
Bridge to Nowhere
Midhirst
Toko
Douglas
Makahu
Matemateaonga Range
Cardiff
Stratford
Ngaere
Kaponga
Makaka
Mangatoki
Te Mapou 746 m
National Park
Pokaka
Horopito
Tohunga Junction
Ohakune
Raetihi
Opunake
Te Kiri
Eltham
Matapu
Te Roti
Puraroto Caves
Mangaeturoa
Karioi
Pihama
Kapuni
Manaia
Normanby
Ohangai
Tokaora
Ohawe
Kaupokonui Beach
Hawera
Nigel Ogles Tawhiti Museum
Patea
Whenuakura
Taumatatahi
Makahaho
Makakaho Junction
Pipiriki
Jerusalem
Ranana
Raukawa Falls
Bells Junction
Colliers Junction
Mokoia
Manutahi
Alton
Hurleyville
Tawhiwhi
Orangimea
Matahiwi
Koriniti
Mangawhero
Kakatahi
Kakaramea
Waverley
Puau
Waitotara
Paparangi
Downes Hut
Atene
Parikino
Tirirau
Patea
Waitotara
Maxwell
Pungarehu
Nukumaru
Wainui Beach
Kai Iwi
Westmere
Kai Iwi Beach
Castlecliff Beach
WHANGANUI
Kaitoke
Kauangaroa
Hunterville
Otairi
Rata
Fordell
Whangaehu
Ratana
Turakina
Marton
Tutaenui
Beacons
South Taranaki Bight
Lake Alice
Santoft
Bulls
Halcombe
Mount Biggs
Ohakea
Tangimoana
Rongotea
PALMERSTON NORTH
Himatangi Beach
Glen Oroua
Himitangi
Longburn
Rangiotu
Foxton Beach
Opiki
Manawatu River
Foxton
Tokomaru
Poroutawhao
Makerua
Waitarere
Shannon
L. Horowhenua
Ihakara
Ohau River
Ohau
Kuku
Levin
Waikawa Beach
Eketahuna
Manakau
Tararua Range
Otaki Beach
Otaki
Te Horo
Mitre 1571 m
Mount Bruce
Tararua Forest Park
Kapiti I.
Waikanae
Southward Car Museum
Paraparaumu
Raumati
Reikorangi
Mt. Hector 1529 m
Waiohine
Pukerua Bay
Paekakariki
Upper Hutt
Greytown
Plimmerton
Mana I.
Hay-wards
Porirua
Pigeon Bush
Featherston
Tawa
Stokes Valley
Kaiwaiwai
LOWER HUTT
L. Wairarapa
Martinborough
Redwood
Wainuiomata
Kahutara
Ohau Pt.
Makara
Eastbourne
Makara Beach
Cape Terawhiti
WELLINGTON
Tuhitarata
Hinakura
Ruakokoputuna
Sinclair Head
219
Mt. Matthews 941 m
Pirinoa
Lake Onoke
Lake Ferry
Wharekauhau
Orongorongo
Rimutaka
Baring Head
Turakirae Head
Palliser Bay
Putangirua Pinnacles "Paths of the Dead"
Mt. Ross 983 m
Te Humenga Pt.
Aorangi Mts.
Ngawi
Cape Palliser
Cape Stephens
Stephens I.
Port Hardy
Patuki
Rangitoto I.
D'Urville I.
Marlborough Sounds Maritime Park
Greville Harbour
Attempt Hill
Ragged Pt.
729 m
Owhata
Atau Paparua
Chetwode Is.
French Pass
Forsyth I.
Admiralty Bay
Bulwer
Alligator Head
Mt. Shewell 775 m
Titirangi Bay
Port Gore
Cape Jackson
Croisilles Harbour
Croisilles-French Pass Rd.
Anakoha Bay
Endeavour Inlet
Cape Soucis
Elaine Bay
Delaware Bay
Tennyson Inlet
Pelorus Sound
Mt. Stokes 1203 m
Motuara Island
Cape Koamaru
Arapawa I.
Pepin I.
Okiwi Bay
Whangamoa
Kenepuru Head
Queen Charlotte Track
Queen Charlotte Sound
Perano Head
Nydia Track
Kenepuru Rd.
Carluke
Portage
Tory Channel
Hira
Saddle Hill 1214 m
Rai Valley
Anakiwa
Waikawa
Havelock
Queen Charlotte Drive
Picton
Pelorus Bridge
Canvastown
Port Underwood Rd.
Robertson Pt.
Koromiko
Wakamarina
Richmond Range
Okaramio
Kaituna
Tuamarina
Rarangi
Spring Creek
Grovetown
Mt. Richmond 1760 m
Renwick
Rapaura
Blenheim
Woodbourne
Riverlands
Big Lagoon
White Bluffs
Wairau Valley
Wairau River
Te Rou
Hillersden
Fairhall
Dashwood
Seddon
Pelorus
Delaware Bay
42
44
45
210
36 37 8
38 39 40
41
43
3
3A
43
45
47
48
49
4
1
56
57
59
58
2
53
6
62
63

Hawke's Bay
D
E
F
5
4
3
2
1
Turangi
Tongariro N.P.
Tongariro Crossing
Mt. Tongariro 1968 m
Mt. Ngauruhoe 2287 m
Mt. Ruapehu 2797 m (Active Volcano)
Kaimanawa Mts.
Makorako 1727 m
Kaweka Range
Kaweka 1724 m
Maungataniwha 1369 m
Lake Waikaremoana Great Walk
Wairoa
Frasertown
Whakamahi Beach
Mohaka
Raupunga
Kotemaori
Willow Flat
Putorino
Tutira
Te Pohue
Tangoio
Waipatiki Beach
Whirinaki
Bay View
Westshore
NAPIER
Taradale
Clive
Haumoana
Gannet Colony
Cape Kidnappers
Clifton
HASTINGS
Flaxmere
Havelock North
Te Mata Peak 399 m
Ocean Beach
Waimarama
Pakipaki
Bridge Pa
Fernhill
Otamauri
Rissington
Eskdale
Puketitiri
Patoka
Titiokura Summit
Te Haroto
Tarawera
Pohokura
Rangitaiki
Kuripapango
Gentle Annie Road
Ohakune
Waiouru
Army Museum
Desert Rd
Moawhango
Taihape
Mataroa
Ruanui
Bells Junction
Utiku
Mangaweka
Hunterville
Vinegar Hill
Ohingaiti
Mangarimu
River Valley
Mokai Bridge
Taoroa Junction
Pukeokahu
Mangaweka 1733 m
Ruahine Forest Park
Ruahine Range
Kereru
Maraekakaho
Wakarara
Tikokino
Blackburn
Ashcott
Ruataniwha
Pukehou
Otane
Patangata
Elsthorpe
Kairakau Beach
Mangakuri Beach
Waipawa
Waipukurau
Takapau
Hatuma
Omakere
Ouepoa
Pourerere
Paoanui Pt.
Aramoana
Wanstead
Flemington
Wallingford
Porangahau
Ormondville
Whetukura
Norsewood
Umutaoroa
Matamau
Dannevirke
Te Uri
Motea
Weber
Wimbledon
Cape Turnagain
Herbertville
Waione
Puketoi Range
803 m
Pongaroa
Mangatiti
Akitio
Halcombe
Feilding
Bunnythorpe
Ashhurst
Manawatu Gorge
Woodville
Ballance
Pahiatua
Linton
Shannon
Eketahuna
DOC Wildlife Centre Pukaha Mt. Bruce
Alfredton
Castle Hill
Mataikona
Whakataki
Castle Point
Tinui
Masterton
Carterton
Whareama
Whareama River
Riversdale Beach
Rewa 579 m
Uruti Pt.
Homewood
Martinborough
Te Wharau
Flat Pt.
Mt. Adams 664 m
Honeycomb Rock
Pahaoa
Tararua Forest Park
Mitre 571 m

A
B
C
5
4
3
2
1
Cape Farewell
Wharariki Beach
Port Puponga
Whanganui Inlet
Mangarakau
Paturau River
Wakamarama Range
Rockville
Kahurangi Pt.
Bainham
Mt. Stevens 1213 m
Heaphy Track
Te Waikoropupu Springs
Wekakura Pt.
Heaphy
Tasman Mts.
Aorere
Devil River Pk. 1775 m
Kahurangi
Scotts Beach
Nikau Palm Walk
Kohaihai
Mt. Domett 1623 m
Cobb Reservoir
Karamea
Caldervale
Oparara Basin
Leslie-Karamea Track
Oparara
Karamea
Market Cross
National Park
Kongahu
Arapito
Bight
Mt. Kendall 1811 m
Karamea
Tasman's Great Taste
Little Wanganui
Te Namu
Wangapeka Track
Wangapeka
Queen Charlotte Trail
67
Corbyvale
Gentle Annie Point
Waimarie
Mokihinui
Mokihinui
Mt. Owen 1875 m
Seddonville
Charming Creek Walkway
Hector
Old Ghost Trail
Hope Saddle 637
Ngakawau
Stockton
Granity
Millerton
Owen River
Owen
Kawatiri
Birchfield
Matiri
Denniston Incline
Waimangaroa
Denniston
Newton Flat
Buller Gorge Swingbridge
Buller
Gowanbridge
Cape Foulwind
Carters Beach
Banbury Coal Mine
Long-ford
Rotoroa
Seal Colony
Cape Foulwind
Fairdown
Burnetts Face
Westport
Orikaka
Mangles
Tauranga Bay
Buller
Lyell
Murchison
Tutaki
Deepdale
Inangahua Jct.
Buller Gorge
Six Mile
Rotoroa
6
Tiroroa
Berlins
Inangahua
Glengarry
Charleston
Maruia Falls
Rainbow
Nile River
Paenga
Paparoa Range
69
Nile River Caves
Rotokohu
Nelson Lakes National Park
Woodpecker Bay
Mt. Victoria 1637 m
Larrrys Creek
Mt. Uriah 1532 m
65
Tiromoana
Victoria Range
Paparoa National Park
Burnbrae
48
Pahautane
Waitahu
Reefton
Spenser Mountains
Inland Pack Track
Warwick Junction
61
Punakaiki
Taipoiti
Maruia
Pancake Rocks
Maimai
Crushington
Mawheraiti
Maruia
Tennyson
Inangahua
Pike River Mine
Pakiroa Beach
Mt. Una 2301 m
Pike29 Memorial Track
Hukarere
Waiuta
Barrytown
7
Greigs
Ghost Town
Craigieburn
Ikamatua
Springs Junction
Waiau
3
Paparoa Track
Totara Flat
Rahu Saddle
Atarau
Raupo
Lewis Pass 864 m
Blackball
Grey
Rapahoe
Ahaura
Mt. Rameses 1478 m
Maruia Springs
Runanga
Ngahere
7
Ahaura
L. Christabel
Lewis Pass National Reserve
Nelson Creek
Kamara
Greymouth
L. Hochstetter
Stillwater
Paroa
Kokiri
Amuri Pass
Boyle Village
Aratika
L. Ahaura
Lewis
Gladstone
Waiau
Moana
Engineers Camp
Shantytown
Mt. Ajax 1832 m
Kumara Junction
Haupiri
Marsden
Te Kinga
Kopara
Glynn Wye Station
West Coast Wilderness Trail
Awatuna
Rotomanu
Hope
Trent
Stafford
Kumara
L. Brunner
Seaview
Harper Pass
Hurunui
Mt. Longfellow 1898 m
Arahura
Taramakau
Hokitika
Blue Spur
Inchbonnie
L. Sumner
Kaniere
73
Turiwhate
Jacksons
Mananui
Arahura
Woodstock
Wainihinihi
Aickens
Mt. Crossley 1987 m
South Branch
L. Mahinapua
Arthur's Pass
Hurunui
Ruatapu
Rimu
Taipo
Otira
Kokatahi
L. Kaniere
Arthur's Pass 924 m
Mt. Franklin 2088 m
Westcoast Treetop Walk
Horsley Down
Ross
6
Dampier Range
Mt. Rolleston 2271 m
Poulter
Masons Flat
Kowhitirangi
National Park
Donoghues
Kokatahi
Arthur's Pass
Pyramid Valley
Historic Goldfields
Hokitika
Puketeraki Range
60
Mt. Binser 1859 m
Fergusons
Hokitika Gorge
Mt. Murchison 2400 m
Okuku
Pukekura
Bealey
Cass
212
Waitaha
214
Black Range
Whiterock
Wanganui
Rolleston
Wilberforce
A
B
C

D
E
F
5
4
3
2
1
Cape Farewell
Hilltop Walk
Puponga
Port Puponga
Farewell Spit
Gannet Colony
Seaford
Pakawau
Opou
Golden Bay
47
Ruataniwha Inlet
Collingwood
Rockville
Parapara
Separation Pt.
Puramahoi
Takapou
Totaranui
Takaka
Pohara
Awaroa Bay
Te Waikoropupu Springs
Motupipi
Abel Tasman National Park
7
Abel Tasman Coast Track (Great Walk)
Torrent Bay
Adele I.
Hamama
Uruwhenua
Marahau
Tasman Bay
Upper Takaka
Kaiteriteri
Takaka Hill Saddle 791 m
Riwaka
Cobb Reservoir
Cobb River
Motueka
Kina Beach
Mariri
Tasman
Pangatotara
Ngatimoti
Pokororo
Harakeke
Ruby Bay
Mapua
Waimea Inlet
Redwoods Valley
Thorpe
Dovedale
Richmond
NELSON
46
Stanley Brook
Tasman's Great Taste Trail
Mara-rewa
Brightwater
Stoke
Hope
Tapawera
Foxhill
Wakefield
Rakau
Tadmor
Motupiko
Belgrove
Kohatu
Hiwipango
Korere
Golden Downs
Tui
Atapo
Hope Saddle 637 m
Glenhope
Howard Junction
Kikiwa
Kawatiri
Gowanbridge
Tophouse
Rotoroa
Saint Arnaud
Tutaki
Rotoiti
Rotoroa
Rainbow Ski Area
Mt. Travers 2338 m
Nelson Lakes National Park
48
St. Arnaud Range
Spenser Mountains
Tennyson
Mt. Una 2301 m
Hanmer Rainbow Rd.
Clarence
Lewis Pass
Hanmer Range
Miromiro 1875 m
Jacks Pass
Jollies Pass
Waiau Ferry Bridge
Hanmer Springs
49
Hanmer Springs Attractions
Glynn Wye Station
Waiau
Mouse Point
Rotherham
Culverden
Red Post Junction
Balmoral
Pahau
Medbury
Hurunui
Hawarden
Waikari
Weka Pass
Waipara
Glasnevin
Amberley
Amberley Beach
Spye
Omihi
Motunau
Motunau Beach
215
Scargill
Tormore
Blythe Valley
Beckenham Hills
Domett
Mina
Cheviot
Gore Bay
Port Robinson
Hurunui Mouth
Leamington
Spotswood
Parnassus
Hawkswood
Conway Flat
Hundalee
Claverly
Spy Glass Point
Whales Back Saddle
Oaro
Goose Bay
Whale, Dolphin & Pelagic Bird Watching
Puketa
Seal Colony
Kaikoura Peninsula
Charwell
Maori Leap
Kaikoura
10
Hapuku
Mangamaunu Beach
Rakautara
Mangamaunu
Mount Fyffe
Coastal Pacific
Manakau 2610 m
Papatea Fault Line
Clarence
Seaward Kaikoura Range
Inland Kaikoura Range
Dillon Cone 2174 m
Acheron Rd.
Mt. Lyford Alpine Village
Mt. Tinline 1747 m
Island Saddle 1350 m
Molesworth
Parikawa
Kekerengu
Tapuae-o-Uenuku 2885 m
Wharanui
Mirza
Ward
Gladstone
Awatere
Pinnacle 2131 m
Barometer 1780 m
Jordan
Richmond Brook
Altimarlock
Netherwood
The Branch
Red Hill 1790 m
Hillersden
Wairau Valley
Wairau River
Te Rou
Craiglochart
Rossmore
Seddon
Dashwood
Lake Grassmere
Cape Campbell
Hauwai
Clifford Bay
White Bluffs
Big Lagoon
Riverlands
Woodbourne
Blenheim
45
Grovetown
Spring Creek
Rarangi
Renwick
Rapaura
Mt. Richmond 1760 m
Richmond Range
Okaramio
Kaituna
Tuamarina
Koromiko
Picton
Queen Charlotte Drive
Canvastown
Pelorus Bridge
Saddle Hill 1214 m
Rai Valley
Havelock
Carluke
Hira
Wakapuaka
Pepin I.
Delaware Bay
Cape Soucis
Croisilles Harbour
Croisilles-French Pass Rd.
Okiwi Bay
Whangamoa
Tennyson Inlet
Nydia Track
Elaine Bay
Mt. Shewell 775 m
French Pass
Atau Paparua
Owhata
Ragged Pt.
Greville Harbour
D'Urville I.
Attempt Hill 729 m
Admiralty Bay
Port Hardy
Cape Stephens
Stephens I.
Patuki
Rangitoto I.
Marlborough Sounds Maritime Park
Chetwode Is.
44
Forsyth I.
Bulwer
Alligator Head
Titirangi Bay
Anakoha Bay
Endeavour Inlet
Mt. Stokes 1203 m
Kenepuru Head
Kenepuru Rd.
Portage
Anakiwa
Queen Charlotte Track
Waikawa
Port Underwood Rd.
Robertson Pt.
Cape Jackson
Motuara Island
Cape Koamaru
Arapawa I.
Perano Head
Makara Beach
Ohau Pt.
Makara
Cape Terawhiti
WELLINGTON
36 37 8
38 39 40
Sinclair Head
210
Pelorus Sound
Queen Charlotte Sound
Tory Channel
Wakamarina
Omaka
Waihopai
Leatham
Branch
Wairoa
Lee
Motueka
Owen
Clarence
Conway
Acheron
Alma
Waima
Pahau
Hurunui
Waikari
Waipara
60
6
62
63
1
7
7A
70

A
B
C
212
216
217
214
5
4
2
Abut Head
White Heron Colony
Okarito Lagoon
Okarito
Kiwi Watching
Rotokino
Whataroa
Herepo
Harihari
Te Taho
Mt. Adams
2223 m
The Forks
Waiho
Mapourika
Tatare
Franz Josef
Franz Josef Glacier
Fox Glacier
Fox
Gillespies Beach
Gillespies Pt.
Lake Matheson
Cook
Karangarua
Mt. Tasman
3498 m
Aoraki
(Mt. Cook)
3724 m
52
58
Westland Tai Poutini
Mount Cook National Park
Mt. Sefton
3157 m
Jacobs River
Heretaniwha Pt.
Bruce Bay
Mahitahi
Lake Paringa
Lake Moeraki
Knights Point
Moeraki
Bannock Brae Range
Strachan Range
Landsborough
Mt. Ward
2644 m
Aoraki Mt. Cook Village
Liebig Range
Tasman Glacier
Southern Alps
Mt. Whitcombe
2644 m
Mt. Arrowsmith
2795 m
Erewhon Station
Mt. Potts, Helipark
Havelock
Potts
South Branch
The Thumbs
2545 m
Mt. Sunday ("Edoras")
Hakatere
L. Clearwater
Mesopotamia Station
Rangitata
Two Thumb Range
Mt. Musgrave
2246 m
Mt. Peel
1717 m
L. Tekapo
57
Clayton
Sherwood Downs
Trentham
Opihi
Opuha
Cattle Valley
Woodbury
Geraldine
Alexandrina
Glentanner
Mt. John Observatory
Lake Tekapo
Burke Pass
Kimbell
Allandale
Fairlie
Haast Beach
Haast
Shattered Peak
2089 m
Dun Fiunary
2499 m
Ben Ohau Range
Hopkins
Dobson
L. Pukaki
80
Flightseeing "Grand Traverse"
Burke Pass
671 m
Winscombe
Cricklewood
Albury
Pleasant Point
Mawaro
Cave
Levels
Waiatoto
Mt. Huxley
2499 m
Barrier Range
Haast Pass
563 m
Mount Aspiring
Mt. Alba
2355 m
Siberia Experience
Young Range
Mount Cook Lookout
Lake Pukaki
L. Ohau
Lake Ohau Alpine Village
"Plains of Rohan" "Pelennor Fields"
Twizel
Grays Hills
Grampian Mts.
Dalgety Range
Mount Nessing
Cannington
Motukaika
Gordons Valley
Southburn
Pollux
2542 m
Makarora
Wilkin River
Mt. St. Mary
2332 m
Alps 2 Ocean Cycle Trail
Haldon
Clearburn
Black Forest
Kirkliston Range
The Hunter Hills
Mt. Aspiring
3030 m
Dingle Burn
L. Benmore
Mt. Melina
1905 m
Omarama
Cattle Creek
Struan
Mount Aspiring
Mt. Alta
2347 m
L. Wanaka
L. Hawea
6
8
83
Lindis Pass
971 m
Benmore Dam
Hakataramea
Matukituki
Gladstone
Lake Hawea
Otematata
L. Aviemore
L. Waitaki
Aviemore
Pentland Hills
Waihaorunga
Kelchers
Waihao Downs
Arno
Diamond Lake Track
Maungawera
Hawea Flat
Albert Town
St. Bathans Range
Hawkdun Range
Wharua
Hakataramea
Lake Waitaki
Kurow
Takiroa Maori Rock Art
82
Waimate
Glendhu Bay
Wanaka
63
Clutha River
Lindis Pk.
1223 m
Lindis Valley
Kohurau
2008 m
Otekaieke
Ikawai
Tawai
Mount Barker
Luggate
Queensbury
89
8A
Duntroon
Waitaki
Mt. Cardrona
1934 m
Pisa Range
Tarras
Lindis Crossing
St. Bathans
Mt. Ida
1691 m
Danseys Pass
618 m
Georgetown
Ngapara
Peebles
Cardrona
66
Mt. Pisa
1961 m
Dunstan Mts.
Cambrians
Hills Creek
Kyeburn Diggings
Tokarahi
Livingstone
Tapui
Papakaio
Windsor
Mount Pisa
Crippleton
Drybread
85
Oturehua
Idaburn
Naseby
Kakanui Mts.
Five Forks
Enfield
Weston
Ardgowan
Pukeuri
Arrowtown
Arrow Junction
Lowburn
Cromwell
Lauder
Becks
Wedderburn
Mt. Pisgah
1643 m
Totara Estate
Oamaru
Blue Penguin
Kawarau Gorge
Gold Fields Mining Centre
Waenga
Auripo
Ida Valley
Ranfurly
Totara
Reidston
Cape Wanbrow
65
Double Cone
2324 m
Bannockburn
Omakau
Ophir
Otago Central Rail Trail
Maheno
Kakanui
All Day Bay
L. Dunstan
Poolburn
Gimmerburn
Kyeburn
Red Cutting Summit 640 m
Clyde Dam
Clyde
Springvale
Waipiata
Kokonga
Taranui
Waianakarua
The Remarkables
Nevis Crossing
Galloway
Moa Creek
Patearoa
Morrisons
Herbert
Waianakarua
Lower Nevis
Earnscleugh
Alexandra
"Plains of Rohan" "Rohirrim Village"
Rock and Pillar Range
Shag
Waihemo
Hampden
Moeraki Boulders
Moeraki
Nevis
Obelisk
1695 m
67
Central
Hyde
87
Macraes Flat
Waynes
Dunback
Katiki Point
Katiki
Katiki Beach
Fruitlands
Roxburgh Gorge Trail
Poolburn Reservoir
Manorburn Reservoir
Gorge Creek
Paerau
Rock and Pillar
Macraes Gold Mine
Shag Pt.
Hector Mts.
Garvie Mts.
Old Man Range
L. Roxburgh
Coral Creek Flat
Roxburgh Hydro
62
Greenland Reservoir
Taieri
Moonlight
Meadowbank
Palmerston
Roxburgh Dam
Otago
Old Dunstan Rd.
Middlemarch
Wairunga
Garston
Umbrella Mts.
Roxburgh
L. Onslow
Sutton
Hummock
736 m
Waikouaiti
Merton
Karitane
Dumbarton
Teviot
Lammerlaw Top
1211 m
Lammermoor Range
Taieri Gorge Railway
Matarae
Pukerangi
Shannon
Warrington
Seacliff
Eltrick
Millers Flat
Rigney
Clutha Gold Trail
Evansdale
69
Waikaia
Craig Flat
Clarks Junction
Hindon
70
Waitati
Taiaroa Head
Moa Flat
Lee Stream
Port Chalmers
Aramoana
Albatross Colony

213

D
E
F
5
4
3
2
1
Rolleston Range
Birdwood Range
Craigieburn Range
Castle Hill Village
Mt. Enys 2195 m
L. Coleridge
Lake Coleridge
Porters Pass 945 m
Broken
L. Pearson
TranzAlpine
Mt. Benmore 1657 m
Mt. Hutt 2188 m
L. Heron
Mt. Taylor 2330 m
North Branch
South Branch
Rakaia Gorge
Mount Hutt
Rakaia
Whitecliffs
Glentunnel
Windwhistle
Alford Forest
Ashburton Gorge
Hakatere
Staveley
Buccleuch
Bushside
Methven
Cairnbrae
Mount Somers
Cavendish
Ashburton Forks
Montalto
Anama
Mount Peel
Mt. Peel 1717 m
Mayfield
Ruapuna
Inland Scenic Route 72
Peel Forest
Arundel
Carew
Woodbury
Ealing
Orari Bridge
Geraldine
Hilton
Geraldine Flat
Pleasant Point
Levels
Taiko
Epworth
Winchester
Temuka
Seadown
Washdyke
TIMARU
Gleniti
Fairview
Southburn
Pareora
St. Andrews
Otaio
Hunter
Otaio Beach
Makikihi
Hook
Studholme
Waimate
Morven
Glenavy
Tawai
Waitaki
Richmond
Pukeuri
Ardgowan
Blue Penguin Colony
Oamaru
Cape Wanbrow
Kakanui
Lauriston
Mitcham
Greenstreet
Westerfield
Lagmhor
Lismore
Tinwald
Ashburton
Eiffelton
Hinds
Ashton
Rangitata
Orton
Orari
Lowcliffe
Longbeach
Coldstream
Milford
Canterbury Bight
Canterbury Plains
Rakaia
Chertsey
Dromore
Fairton
Pendarves
Seafield
Kyle
Wakanui
Riverside
Hakatere
Te Pirita
Dunsandel
Bankside
Overdale
Brookside
Leeston
Southbridge
Milltown
Doric
Rakaia Huts
Norwood
Irwell
Motukarara
L. Ellesmere
Kaitorete Spit
Springfield
Annat
Sheffield
Waddington
Bexley
View Hill
Coopers Creek
Oxford
Inland Scenic Route 72
Homebush
Darfield
Kirwee
Hororata
Charing Cross
Aylesbury
Greendale
Selwyn
Rolleston
Burnham
Lincoln
Waimakariri
Swannanoa
Eyreton
West Melton
Hornby
Halswell
Oaklands
Taitapu
Glentui
Loburn North
Loburn
Whiterock
Glasnevin
Amberley
Balcairn
Ashley
Sefton
Rangiora
Springbank
Cust
Fernside
Ohoka
Kaiapoi
Woodend
Belfast
Waimairi Beach
New Brighton
CHRISTCHURCH
Sumner
Lyttelton Harbour
Lyttelton
Allandale
Ataahua
Little River
Birdlings Flat
Wainui
Pigeon Bay
Charlton
Okains Bay
Le Bons Bay
Duvauchelle
Akaroa
Onuku
Hickory Bay
Akaroa Harbour
Banks Peninsula
Banks Peninsula Track
Waipara
Motunau Beach
Amberley Beach
Leithfield
Pegasus Bay
Waikuku Beach
Puketeraki
50
51
53
54
55
56
59
73
77
72
79
71
75
1
82

A
B
C
5
4
3
2
1
214
Jackson Bay
Seal Rocks
Cascade Pt.
Neils Beach
Arawata
Halfway Bluff
Cascade River
Cascade River Valley
Dagon 1693 m
Haast Range
Awarua Pt.
Big Bay
Pyke Big Bay Track
Long Reef
Martins Bay
Mt. Aspiring 3030 m
National
Mt. Edward 2586 m
Hollyford Track
L. McKerrow
Park
Rees/Dart Track
Yates Pt.
Darran Mts.
Humboldt Mts.
Alabaster
Harris Mts.
Milford Sound
Mt. Tutoko 2746 m
Mt. Earnslaw 2819 m
Centaur Peaks 2518 m
Dart R.
Shotover River
Mitre Peak 1692 m
Seabreeze Pt.
Poison Bay
Routeburn Track (Great Walk)
"Isengard" "Lothlorien" "Amon Hen"
Paradise
Jetboating
64
Skippers Canyon
Sutherland Sound
Milford Sound
1
Sutherland Falls
Homer Tunnel
Mt. Christina 2502 m
Hollyford
Ailsa Mts.
Mt. Bonpland 2348 m
Kinloch
Glenorchy
Macetown
Bligh Sound
The Divide 532 m
George Sound
Milford Track (Great Walk)
L. Gunn
Cascade Creek
Caples Track
Elfin Bay
Mount Creighton
Coronet Peak 1646 m
Franklin Mts.
Wharehuanui
Two Thumb Bay
Knobs Flat
Greenstone Track
Tooth Pk. 2050 m
Arthurs Pt.
Frankton
Mt. McDougall 2036 m
Mirror Lakes
Queenstown
Fernhill
Caswell Sound
Fiordland
Closeburn
Kelvin Heights
Charles Sound
Stuart Mts.
Livingstone Mts.
Thomson Mts.
L. Wakatipu
5
Walter Peak Station
Nancy Sound
94
Thompson Sound
L. Te Anau
Te Anau Downs
Mt. Irene 1879 m
Murchison Mts.
Secretary I.
Te Anau Caves
Mavora Lakes
Jane Peak 2035 m
Mt. Lyall 1905 m
Snowdon 1577 m
Doubtful Sound
National
"Fangorn Forest"
Kingston
Mararoa River
Mt. Nicholas Rd.
Mountains
Kepler Track (Great Walk)
Mt. Forbes 1305 m
Mt. Soaker 1593 m
Kepler Mts.
The Dail
Fairlight
Dagg Sound
Spire Peak 1696 m
Te Anau
Eyre
Towing Head
"River Anduin"
Athol
Manapouri Power Station
95
6
L. Manapouri
The Key
Parawa
Wilmot Pass
94
Mt. Kellard 1210 m
Manapouri
Five Rivers
Mid Dome 1478 m
Breaksea I.
Mt. Ward 1719 m
Flat Mt. 1768 m
97
Lowther
Breaksea Sound
Dingwall Mts.
Hunter Mts.
Takitimu Mts.
Mossburn
94
Resolution I.
Mt. Clerke 1070 m
Castlerock
Lumsden
Five Fingers Point
Josephville
Linley
St. Patricks
Mt. Solitary 1454 m
Cooper I.
Green L.
Blackmount
Caroline
Balfour
Long I.
Monowai
Etal Creek
Wairaki
Aparima
Glenure
Anchor I.
L. Monowai
Dipton West
Dipton
Riversdale
Park
Waiau
Ohai
Opio
Hokonui
Edwardson Snd.
Princess Mts.
Caroline Pk. 1722 m
Birchwood
Wreys Bush
Benmore
West Cape
Cameron Mountains
Otahu Flat
Nightcaps
South Hillend
Kauana
96
Scotts Gap
Cape Providence
Long Sound
Orawia
Wairio
Otapiri
Treble Mt. 1049 m
Clifden
Aparima
Heenans Corner
Limehills
L. Hauroko
Chalky Inlet
L. Poteriteri
Piko Piko
Pukemaori
Oreti Plains
Winton
Hokonui
Chalky I.
Mt. Aitken 1189 m
Jetboating
Tuatapere
Otautau
Browns
Preservation Inlet
Papatotara
Ringway
Drummond
Northope
96
Coal I.
Hump Ridge Track
Te Tua
Longwood Range
Lochiel
Hedgehope
Puysegur Point
Te Waewae
Fairfax
Isla Bank
Oreti
Hakapoua
Te Waewae Bay
99
Waihoaka
Ryal Bush
Thornbury
Gummies Bush
99
Makarewa
South Coast/ Waitutu Track
Monkey Island Beach
Long Pt.
Orepuki
Riverton
98
Pahia Pt.
Wallacetown
Lorneville
Pahia
Woodlands
The Rocks
Kennington
Wakapatu
Colac Bay
Longwood
Oreti Beach
INVERCARGILL
Centre I.
Otatara
Waimatua
Woodend
Escape Reefs
New River Estuary
Awarua
Greenhills
Awarua Bay
1
Greenpoint
Ocean Beach
Foveaux Strait
Bluff
Solander I.
Dog I.
Bishop and Clerks Is.
Black Rock Pt.

Mount Aspiring
Haast Pass 563 m
Young Range
Barrier Range
Ben Ohau
Mt. Huxley 2499 m
L. Pukaki
Mount Cook Lookout
Flightseeing "Grand Traverse"
Burke Pass 671 m
Fairlie
Twizel
L. Ohau
"Plains of Rohan" "Pelennor Fields"
Lake Ohau Alpine Village
Mt. St. Mary 2332 m
Alps 2 Ocean Cycle Trail
Siberia Experience
Makarora
L. Wanaka
L. Hawea
Wanaka
Lake Hawea
Albert Town
Diamond Lake Track
Cromwell
Lindis Pass 971 m
Omarama
L. Benmore
Benmore Dam
Otematata
Kurow
Hawkdun Range
St. Bathans Range
Dunstan Mts.
Pisa Range
Takiroa Maori Rock Art
Macetown
Arrowtown
Frankton
Kawarau Gorge
Gold Fields Mining Centre
Ranfurly
Otago Central Rail Trail
Kakanui Mts.
Totara Estate
Clyde
Clyde Dam
Alexandra
Central Otago
"Plains of Rohan" "Rohirrim Village"
Roxburgh Gorge Trail
Rock and Pillar Range
Moeraki Boulders
Katiki Point
Macraes Gold Mine
Palmerston
Roxburgh Dam
Roxburgh
The Remarkables
Garvie Mts.
Old Man Range
Umbrella Mts.
Lammermoor Range
Taieri Gorge Railway
Clutha Gold Trail
Waikouaiti
Port Chalmers
Mosgiel
Taiaroa Head
Albatross Colony
Penguin Colony
Otago Peninsula
DUNEDIN
Tunnel Beach
First Gold 1861
Lawrence
Milton
Gore
Mataura
Balclutha
Kaitangata
Chrystalls Beach
Measley Beach
Nugget Point
Catlins Forest Park
Purakaunui Falls
Lost Gypsy Gallery
Cathedral Caves
Southern Scenic Route
Curio Bay
Catlins Coastal Heritage Trail
INVERCARGILL
Hokonui Hills

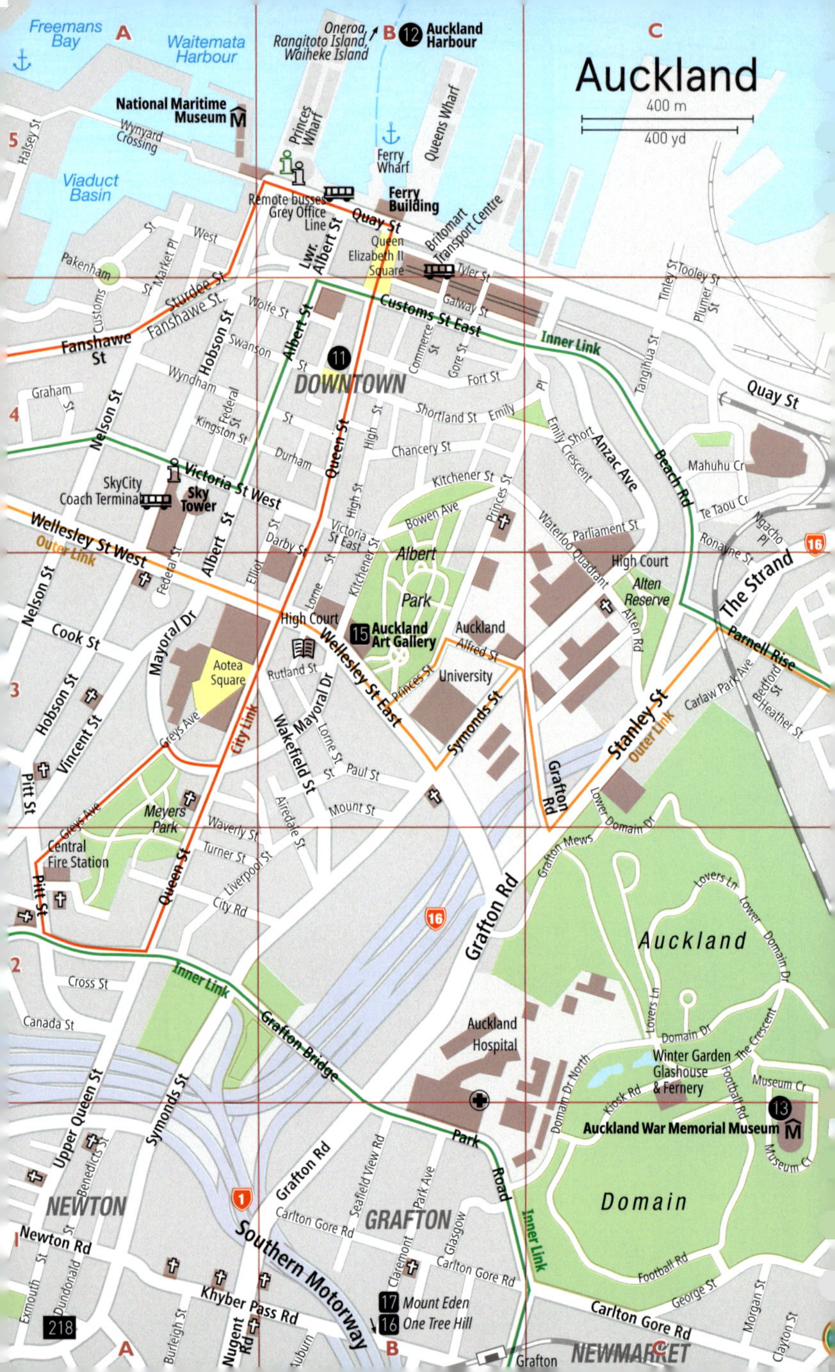
Auckland
400 m
400 yd
A
B
C
5
4
3
2
1
Freemans Bay
Waitemata Harbour
Oneroa, Rangitoto Island, Waiheke Island
12 Auckland Harbour
National Maritime Museum
Wynyard Crossing
Princes Wharf
Ferry Wharf
Queens Wharf
Viaduct Basin
Halsey St
Remote busses Grey Office Line
Ferry Building
Quay St
Britomart Transport Centre
Queen Elizabeth II Square
Lwr. Albert St
West St
Market Pl
Pakenham St
Customs St
Sturdee St
Fanshawe St
Tyler St
Galway St
Customs St East
Inner Link
Tooley St
Tinley St
Plumer St
Wolfe St
Albert St
Hobson St
Swanson St
11
DOWNTOWN
Commerce St
Gore St
Fort St
Tangihua St
Quay St
Graham St
Nelson St
Wyndham St
Federal St
Kingston St
Durham St
Queen St
High St
Shortland St
Emily Pl
Chancery St
Emily Crescent
Short St
Anzac Ave
Beach Rd
Mahuhu Cr
Victoria St West
SkyCity Coach Terminal
Sky Tower
Kitchener St
Princes St
Bowen Ave
Waterloo Quadrant
Parliament St
Te Taou Cr
Ngacho Pl
Ronayne St
Wellesley St West
Outer Link
Darby St
Victoria St East
Albert Park
High Court
Alten Reserve
Alten Rd
The Strand
16
Elliot St
Lorne St
Nelson St
Cook St
Mayoral Dr
High Court
15 Auckland Art Gallery
Auckland University
Alfred St
Parnell Rise
Wellesley St East
Rutland St
Aotea Square
Hobson St
Vincent St
Greys Ave
City Link
Wakefield St
Mayoral Dr
Lorne St
Paul St
Symonds St
Stanley St
Outer Link
Carlaw Park Ave
Bedford St
Heather St
Pitt St
Meyers Park
Waverly St
Airedale St
Mount St
Grafton Rd
Lower Domain Dr
Central Fire Station
Turner St
Liverpool St
City Rd
Grafton Mews
Lovers Ln
Lower Domain Dr
Pitt St
Queen St
16
Grafton Rd
Auckland
Cross St
Canada St
Inner Link
Grafton Bridge
Lovers Ln
Auckland Hospital
Domain Dr
Winter Garden Glashouse & Fernery
The Crescent
Football Rd
Museum Cr
Kiosk Rd
Domain Dr North
13
Auckland War Memorial Museum
Museum Cr
Upper Queen St
Benedicts St
Symonds St
Park Road
NEWTON
1
Grafton Rd
Seafield View Rd
Park Ave
Domain
Carlton Gore Rd
GRAFTON
Glasgow
Newton Rd
Claremont
Carlton Gore Rd
Inner Link
Southern Motorway
Football Rd
George St
Exmouth St
Dundonald St
Khyber Pass Rd
17 Mount Eden
16 One Tree Hill
Carlton Gore Rd
Morgan St
Burleigh St
Nugent Rd
Auburn
Grafton
NEWMARKET
Clayton St

Wellington
300 m
300 yd
Town Belt
THORNDON
NORTHLAND
LAMBTON
KELBURN
TE ARO
MT COOK
Lambton Harbour
Wellington Botanic Garden
Carter Observatory
NZ Met Service
Cable Car Museum
Cable Car
Cricket
Kelburn Park
Anderson Park
Lady Norwood Rose Garden
Zealandia Sanctuary
Victoria University
Parliament Library
Parliament
Beehive
Cathedral
National Library
Old St Paul's
National Archives
Railway Station
Bluebridge Ferry Terminal
Bluebridge
Westpac Stadium
Katherine Mansfield Park
New Zealand Portrait Gallery
Old Government Building
New Zealand Academy of Fine Arts
Museum of Wellington City & Sea
Old Bank Arcade
Frank Kitts Park
Central Library
City Gallery
Civic Square
Sea Bridge
Michael Fowler Centre
Town Hall
Te Papa Museum
Tinakori Road
Glenmore Street
Bowen St
Hill St
Hawkestone St
Molesworth St
Murphy St
Mulgrave St
Thorndon Quay
Waterloo Quay
Lambton Quay
Whitmore St
The Terrace
Featherston St
Customhouse Quay
Jervois Quay
Willis St
Salamanca Road
Salamanca Rd
Kelburn Pde
Glasgow St
Upland Rd
Aurora Terrace
Bolton St
Boulcott St
Manners Mall
Manners St
Cuba Mall
Cuba St
Dixon St
Ghuznee St
Vivian St
Taranaki St
Wakefield St
Cable St
Courtenay Place
Tory St
Cambridge Terr
Kent Terrace
Aro St
Majoribanks St
Essex St
Abel Smith St
Willeston St
Hunter St
Grey St
Panama St
Brandon St
Johnston St
Waring Taylor St
Hobson St
Davis St
Turnbull St
Pipitea St
Guilford Ter
Portland St
Harris St
Mercer St
Wakefield St
Victoria St
Herd St
Chaffers St
Allen St
Blair St
Tennyson St
Jessie St
Lorne St
College St
Elizabeth St
Levy St
Alpha St
Jacobs Pl
York St
Garrett St
Marion St
Kensington St
Walter St
Palmer St
St Johns St
Devon St
Buller St
Percival St
McDonald Cres
Allenby Ter
Church St
Everton Ter
Clifton Terrace
Talavera Ter
Wesley St
Kinross St
Easdale St
Ballance St
Stout St
D
E
F
1
2
3
4
5
36
37
38
39
40
8

Register

AA/A Belcher: 6 (2) u. 42, 19 links/rechts, 25 oben rechts/unten rechts, 29, 40, 41, 53 u., 73, 77 unten, 98, 99, 124, 141 unten rechts, 146, 164, 169
AA/P Kenward: 80, 101, 165
AA/M Langford: 6 (9) u. 43, 44, 70, 71 oben links/rechts, 120, 125, 145 unten rechts, 148,
AA/A Reisinger & V Meduna: 167
Avenue Images/©Jose Fuste Raga: 32/33
DuMont Bildarchiv/Clemens Emmler: 6 (1) u. 136, 15, 23, 26, 77 unten, 84, 110/111, 123, 142, 151, 153, 156/157, 166, 168 rechts, 184
DuMont Bildarchiv/Markus Kirchgessner: 5 oben/unten, 6 (3) u. 141 oben, 6 (4) u. 71 unten, 6 (6) u. 171 unten, 6 (7) u. 119 oben, 6 (8) u. 97 unten rechts, 8, 11 oben, 17, 20, 22, 27 links/rechts, 37 oben/unten, 38 rechts, 45 unten, 48, 49 oben, 49 unten links/rechts, 52, 54, 56, 67, 75, 76 oben/unten, 78 oben, 78 unten links/rechts, 81, 96, 97 oben/unten links, 102 oben/unten, 109, 118, 119 unten links/rechts, 126, 130, 132/133, 137 rechts, 138 rechts, 141 unten links, 143, 144 oben/unten, 145 oben, 147, 149, 154, 155, 161, 162 oben links, 168 unten links, 170 oben/unten, 171 oben, 172, 174 oben/unten, 175, 176, 178, 181, 190/191
DuMont Bildarchiv/Mike Schröder/Hartmut Schwarzenbach: 11 unten, 57, 137 links
Huber Images/Massmimo Ripani: 68 rechts, 105, 138 links
Huber Images/Maurizio Rellini: 46, 139, 163
Huber Images/Michael Breitung: 62/63
Huber Images/Rainer Mirau: 45 oben
Huber Images/Riccardo Spila: 88/89, 116
laif/Emmer: 104
laif/Gamma: 28
laif/Aurora/Andrew Peacock: 12/13
Laif/hemis.fr/Franck Guiziou: 50, 51 links, 53 oben
Laif/hemis.fr/Richard Soberka: 51 rechts
laif/Markus Kirchgessner: 74, 95
laif/Robert Harding/Jeremy Bright: 117 links
laif/Robert Harding/Jochen Schlenker: 69 unten rechts
laif/Robert Harding/Nick Servian: 94/95
laif/Robert Harding/Tony Waltham: 68 links
laif/Thomas Linke: 69 oben rechts
laif/Toma Babovic: 82
Lookphotos/age fotostock: 162 unten links, 162 rechts
Lookphotos/Hauke Dressler: 38 links, 93
Lookphotos/Karl Johaentges:6 (10) u. 122, 39, 121, 122
Lookphotos/Lukas Wernicke128
mauritius images/David Wall/Alamy: 6 (5) u. 168, 117 oben rechts, 168 oben
mauritius images/hemis.fr/ Franck Guitiou: 115
mauritius images/Gerold Grotelueschen: 127 links
mauritius images/John Kershaw: 127 rechts
mauritius images/Latitude Stock/Alamy: 94 oben
mauritius images/Mint Images/ Frans Lanting: 25 oben links
mauritius images/MJ Photography/ Alamy: 94 unten
mauritius images/Theo Moye/ Alamy: 69 links
mauritius images/Thonig: 117 u.r.
Tourism New Zealand/Corin Walker Bain: 83
www.kiwirailscenic.co.nz: 30/31

Titelbild: U1 oben: NurlsmailPhotography/ Getty Images
U1 unten: Eastcott Momatiuk/Getty Images
U 8: Christopher Kimmel / Aurora Photos/ Getty Images

4. aktualisierte Aufl. 2024

Text: Jenny Menzel, Veronika Meduna, Mavis Airey, Susi Bailey, Bruni Gebauer und Stefan Huy
Übersetzung: Brigitte Beier, Beatrix Gehlhoff
Aktualisierung: Jenny Menzel
Redaktion: Achim Bourmer

Kartografie: KOMPASS-Karten GmbH, A-6020 Innsbruck; MAIRDUMONT, D-73751 Ostfildern
3D-Illustration: jangled nerves, Stuttgart
Visuelle Konzeption: Neue Gestaltung, Berlin

Printed in China

Trotz aller Sorgfalt von Autorinnen, Autoren und Redaktion sind Fehler und Änderungen nach Drucklegung leider nicht auszuschließen. Dafür kann der Verlag keine Haftung übernehmen. Berichtigungen, Kritik und Verbesserungsvorschläge sind uns jederzeit willkommen, bitte informieren Sie uns unter:

Baedeker Redaktion
Postfach 3162
D-73751 Ostfildern
Tel. 0711 4502-262
smart@baedeker.com
www.baedeker.com

FSC
www.fsc.org
MIX
Papier aus verantwortungsvollen Quellen
FSC® C124385

Meine Notizen

Meine Notizen